EVVRES
DE
LOVÏZE LABÉ.

EVVRES

DE

LOVÏZE LABÉ

LIONNOIZE.

A LION
PAR DVRAND ET PERRIN.

M. DCCC. XXIIII.

PATRIAE

AMICITIAE

ET

MVSIS

AVERTISSEMENT.

Cette édition de Louise Labé n'est pas le produit d'une spéculation mercantile : les frais en ont été faits par une société de gens de lettres de Lyon, la plupart membres de l'académie et du cercle littéraire de cette ville, qui ont voulu rendre un nouvel hommage à la mémoire d'une femme justement célèbre, que leur patrie s'honore d'avoir vu naître. Les exemplaires en seront partagés entre eux, et distribués à leurs amis. On peut donc être sûr qu'ils n'iront prendre place que dans des bibliothèques appartenant à de vrais littérateurs et à des hommes d'un goût distingué. Les cinq éditions faites avant celle-ci, mais surtout les trois d'entre elles dont la publication eut lieu du vivant de l'auteur, sont aujourd'hui extrêmement rares, et presque introuvables. On est cependant venu à bout de se les procurer toutes, et il en est résulté pour cette réimpression l'avantage d'avoir été soigneusement collationnée avec les textes primitifs. On espère que cet avantage n'est pas le seul qu'elle offrira, et que les accessoires dont elle est enrichie, contribueront aussi à lui assurer sur les éditions précédentes une grande supériorité.

Un Dialogue, composé par M. DUMAS, sert de préface : sous une forme, pour ainsi dire, dramatique, il fait connoître le caractère de Louise Labé et le genre de son talent, ainsi que les rapports et les différences qui existent entre elle et l'immortelle Sappho ; et il finit par signaler le but qu'on s'est proposé d'atteindre, en reproduisant pour la sixième fois le recueil entier de ses ouvrages.

Dans une Notice historique mise à la suite de ce dialogue, M. Cochard a rassemblé tous les détails et tous les renseignements qu'il a pu découvrir sur la vie, la personne et les écrits de Louise Labé; il a consulté nos archives municipales et un grand nombre d'auteurs, et s'est principalement appliqué à justifier l'illustre Lyonnoise des imputations calomnieuses dont elle a été l'objet. Ce travail biographique a été complété par M. Breghot dans des notes où il a consigné ses recherches particulières, et indiqué fidèlement les sources où les faits ont été puisés.

M. Breghot, chargé, en outre, du soin de diriger l'entreprise et de surveiller l'exécution typographique, a rédigé un Commentaire, imprimé immédiatement après le texte, et destiné à offrir des preuves de l'érudition peu commune de Louise Labé, et l'explication des passages difficiles et des allusions fréquentes, soit à l'histoire, soit à la mythologie, que l'on rencontre dans ses œuvres ; il a enfin terminé le volume par un Glossaire des mots dont elle a fait usage, qui ont cessé d'appartenir à notre langue.

Puisse l'exemple donné par cette publication être bientôt imité ! Louise Labé n'est pas le seul écrivain dont Lyon ait droit de s'enorgueillir : il en est plusieurs autres dont les productions mériteroient aussi d'être plus répandues, et qui seroient dignes de reparoître avec les mêmes honneurs.

DIALOGUE

ENTRE

SAPPHO ET LOUISE LABÉ. *

~~~~~~

LOUISE.

Non, non, illustre amie, je n'ai la prétention de vous avoir égalée, ni dans les triomphes de la poésie, ni dans les succès de l'amour.

SAPPHO.

Il me semble, ma chère Louise, que vous ne vous rendez pas assez de justice. Si j'ai été nommée la dixième Muse, vous avez passé vous-même pour une Muse fort aimable ; et quoique nous soyons nées à plus de deux

---

* On a souvent comparé Louise Labé à Sappho. Notre belle Lyonnoise semble avoir offert elle-même l'idée de ce rapprochement. Au commencement de sa première élégie, elle annonce que le moment est venu pour elle de faire des vers, et que Phébus la remplit d'ardeur :

> Il m'a donné la lyre, qui les vers
> Souloit chanter de l'Amour Lesbienne.

mille ans d'intervalle, on vous a justement comparée à moi. Lyon, sous ce rapport, n'a rien à envier à Lesbos.

LOUISE.

Mais vos concitoyens ont gravé sur leur monnoie leur admiration pour vous, en y gravant votre image. Les poètes et les écrivains de la Grèce et de l'Italie vous ont célébrée à l'envi, et Silanion vous éleva une statue en Sicile.

SAPPHO.

Si vous n'avez eu ni des statues, ni des médailles empreintes de votre figure, c'est dans les cœurs que vous avez pris place. Italiens, François, Espagnols, tous les beaux esprits de votre siècle ont, suivant leur langage, fait retentir de vos louanges les échos du sacré vallon. Vous ne pouvez pas en disconvenir, car vos propres écrits en font foi. Dans une de vos élégies, ne dites-vous pas à votre amant dont vous ne recevez aucune nouvelle :

> Si toutefois, pour estre enamouré
> En autre lieu, tu as tant demeuré,
> Si sáy ie bien que t'amie nouuelle
> A peine aura le renom d'estre telle,
> Soit en vertu, beauté, grace et faconde,
> Comme plusieurs gens sauans par le monde
> M'ont fait à tort, ce cróy ie, estre estimee.
> Mais qui pourra garder la renommee?
> Non seulement en France suis flatee,
> Et beaucoup plus, que ne veus, exaltee.
> La terre aussi que Calpe et Pyrenee
> Auec la mer tiennent enuironnee,
> Du large Rhin les roulantes arcines,
> Le beau païs auquel or' te promeines

Ont entendu (tu me l'as fait à croire)
Que gens d'esprit me donnent quelque gloire.

Ce que les gens d'esprit faisoient sous François I.er, ils le font encore sous Louis XVIII. J'apprends même qu'aujourd'hui, plus de deux siècles et demi après votre mort, quelques-uns de vos concitoyens vous érigent un nouveau monument, aux applaudissements du bon goût.

LOUISE.

Je viens de l'apprendre aussi, et ma modestie en rougit. Ce monument est la réimpression de mes œuvres légères. Ce sont les vôtres que la postérité regrette et que la presse réclame.

SAPPHO.

Il est vrai que l'on m'admire un peu sur parole.

LOUISE.

Votre gloire n'en a pas moins acquis le mérite et la force de la chose jugée. Vos hymnes, vos odes, vos élégies, et quantité d'autres pièces, composées par vous, la plupart sur des rhythmes que vous avez introduits vous-même, sont toutes brillantes d'expressions heureuses et riches, dont vous faisiez présent à la langue. Rien n'égale les couleurs, l'harmonie et la hauteur de votre poésie lyrique.

SAPPHO.

Sur quoi donc porte un jugement si favorable? sur deux pièces seules que vous trouvez dans le petit recueil de celles d'Anacréon. En vérité, c'est être célèbre à bon marché. Pour vous, Louise, le bagage de votre gloire, s'il n'est immense, est du moins plus considérable, et l'on va voir éclater de nouveau le feu, l'esprit et la délicatesse de vos compositions dans cette édition lyonnoise, qui ne s'engloutira pas, j'en suis sure, dans les gouffres de notre Léthé.

LOUISE.

Si quelque chose me le fait espérer, c'est que l'équité publique pèsera sans doute dans sa balance les difficultés du temps où j'écrivois. Alors les lettres commençoient à renaître dans ce beau pays de France, qui restera la capitale du monde; les savans s'ensevelissoient dans la poussière des bibliothèques, comme pour préparer les succès des siècles suivants; mais aucune femme n'avoit encore manié le pinceau, le burin ou la lyre.

SAPPHO.

Elles s'en sont bien dédommagées depuis. *

---

* Ce n'est sans doute pas une épigramme que Sappho veut faire. De notre temps, Mesdames de Staël, de Genlis, de Flahaut, Cottin, Bourdic-Viot, Dufrénoy, Desbordes-Valmore, d'Hautpoul, de Mandelot, Amable Tastu, Bernier, Gay, Souza, Montolieu, et tant d'autres, ont prouvé que le beau sexe a la main assez forte et assez habile pour cultiver avec succès le domaine de la littérature. La peinture peut s'enorgueillir justement des Lebrun, des Fragonard, des Benoit; et parmi les statuaires, il nous sera permis de citer ici, avec une certaine fierté nationale, Mme de Sermézy, de l'académie de Lyon, artiste fort distinguée, à laquelle on doit le *Platon*, et beaucoup de compositions charmantes d'une moins grande dimension. Cette dame joint à son talent une instruction immense et une modestie qui en augmente le prix. Elle peut montrer à Louise Labé que l'érudition n'est pas perdue dans le sexe et dans la patrie de la Belle Cordière.

LOUISE.

Vous, contemporaine et rivale d'Alcée dans les beaux jours de la Grèce, vous avez été jugée sans avoir besoin d'indulgence, et l'on ne craint pas de s'égarer en suivant l'opinion unanime d'Aristote, de Démétrius, de Denys, de Cicéron, d'Horace, de Plutarque et de Longin. D'ailleurs, le peu d'écrits qui nous reste de vous prouve suffisamment avec quelle force de génie vous nous entraînez, lorsque vous décrivez les charmes, les transports et l'ivresse de l'amour.

SAPPHO.

Ah! l'amour, l'amour, chère Louise. C'est l'être infini, la lumière pure, la source de la vie. L'amour est l'étoffe de la nature que l'imagination a brodée.

LOUISE.

Halte-là, Sappho. Ce n'est pas du grec, c'est du Voltaire que vous citez, et vous me dérobez une image qui appartiendroit tout naturellement à ma ville natale. N'importe, au nom d'amour, je le vois, vous retrouvez votre enthousiasme et la chaleur de vos tableaux. Dominée, comme la Pythie, par le dieu qui vous agitoit, vous jetiez sur le papier des expressions enflammées. Vos sentiments y tomboient comme une grêle de traits, comme une pluie du feu qui va tout consumer. Dans vos écrits, tous les symptômes de cette passion s'animent et se personnifient, pour exciter les plus fortes émotions de l'âme *. S'il falloit rappeler des exemples transportés dans notre langue....

---

* Barthélemi, Voyage du jeune Anacharsis, chap. III.

DIALOGUE

SAPPHO.

Oui, je sais que votre Boileau et votre Delille m'ont fait l'honneur d'être mes interprètes.

LOUISE.

N'ont-ils pas assez bien rendu votre éloquence du sentiment?

> Heureux celui qui près de toi soupire,
> Qui sur lui seul attire ces beaux yeux,
> Ce doux accent et ce tendre sourire!
>   Il est égal aux dieux.
>
> De veine en veine une subtile flamme
> Court dans mon sein, sitôt que je te vois;
> Et dans le trouble où s'égare mon âme,
>   Je demeure sans voix.
>
> Je n'entends plus; un voile est sur ma vue;
> Je rêve et tombe en de douces langueurs;
> Et sans haleine, interdite, éperdue,
>   Je tremble, je me meurs.

SAPPHO.

Mais vous-même, si je ne me trompe, vous paroissez avoir bien connu les impressions, les effets et le délire de l'amour; et, sur ce point encore, il n'est pas certain que la Lesbienne l'emporte sur la Lyonnoise. Sans parler de votre charmante allégorie du *Debat de Folie et d'Amour,* que votre imitateur La Fontaine n'a pu faire oublier, vous donnez, dans plus d'un passage, l'essor à la passion la plus vive:

SONNET VIII.

> Ie vis, ie meurs : ie me brule et me noye.
> I'ay chaut estreme en endurant froidure :

La vie m'est et trop molle et trop dure.
I'ay grans ennuis entremeslez de ioye:

Tout à un coup ie ris et ie larmoye,
Et en plaisir maint grief tourment i'endure:
Mon bien s'en va, et à iamais il dure:
Tout en un coup ie seiche et ie verdoye.

Ainsi Amour inconstamment me meine:
Et quand ie pense auoir plus de douleur,
Sans y penser ie me treuue hors de peine.

Puis quand ie croy ma ioye estre certeine,
Et estre au haut de mon desiré heur,
Il me remet en mon premier malheur.

SONNET XVIII.

Baise m'encor, rebaise moy et baise:
Donne m'en un de tes plus sauoureus, *
Donne m'en un de tes plus amoureus:
Ie t'en rendray quatre plus chaus que braise.

Las, te pleins tu? ça que ce mal i'apaise,
En t'en donnant dix autres douccreus.
Ainsi meslans nos baisers tant heureus
Iouissons nous l'un de l'autre à notre aise,

---

* Il faut espérer que les érudits nous apprendront quels baisers préféroit Louise Labé. Il y a je ne sais quelle religion attachée à certaines parties du corps : le revers de la main, par exemple, se présente au baiser...; mais si nous appliquons le baiser aux yeux, nous semblons pénétrer jusqu'à l'âme et la toucher. *Inest et aliis partibus quædam religio: sicut dextra osculis aversa appetitur... hos (oculos) cùm osculamur, animum ipsum videmur attingere.*

> Lors double vie à chacun en suiura.
> Chacun en soy et son ami viura.

LOUISE.

Il est vrai que ce morceau est assez animé. Mais je n'oubliois pas que

> La pudeur fut toujours la première des grâces.*

Craignant de l'avoir effarouchée et d'avoir éveillé la médisance, je me hâtois de me justifier en invoquant l'amour lui-même :

> Permets m'Amour penser quelque folie :
>
> Tousiours suis mal, viuant discrettement,
> Et ne me puis donner contentement,
> Si hors de moy ne fay quelque saillie.

SAPPHO.

Ainsi, suivant l'usage, c'étoit l'amour qui vous rendoit coupable, et c'étoit lui qui vous servoit d'excuse.

LOUISE.

Peut-être avons-nous eu tort de tant nous occuper de l'amour. Comme on ne connoissoit pas assez les détails de notre vie, on a conformé nos actions à nos discours, et, par nos vers trop érotiques, nous avons aiguisé contre nous les armes de l'envie.

SAPPHO.

Il est certain qu'elle ne nous a ménagées ni l'une ni l'autre. Et l'envie qui s'attache aux noms illustres, meurt, à la vérité, mais laisse après elle la calomnie qui ne meurt pas.

* La Chaussée.

LOUISE.

Envie ou calomnie, la mort et le temps n'ont pas effacé la tache imprimée sur votre conduite ; car la poésie sapphique n'a pas seule reçu votre nom.

SAPPHO.

Un de nos meilleurs écrivains * en a fait la remarque judicieuse : de grandes indiscrétions suffisent pour flétrir la réputation d'une personne exposée aux regards du public et de la postérité. La chaleur de mes expressions a servi la haine de quelques femmes puissantes humiliées de ma supériorité. Vous voyez qu'ici-bas on parle sans feinte modestie.

LOUISE.

Continuez, je vous prie : j'attache beaucoup de prix à voir réhabiliter votre mémoire. Il est temps de confondre les odieuses imputations dont elle étoit souillée.

SAPPHO.

Eh bien ! chez nous autres Grecs, la sensibilité étoit extrême. Les liaisons les plus innocentes empruntoient souvent le langage de l'amour. Que n'a-t-on pas dit du sage Socrate et de ses élèves ? J'aimois avec excès mes disciples, parce que je ne pouvois rien aimer autrement ; je leur exprimois ma tendresse avec la violence de la passion, et voilà tout.

LOUISE.

Comment ! voilà tout ! Vous n'auriez pas eu d'amants ? Les sens n'auroient eu sur vous aucun empire, et la chimère de Platon....

---

* Barthélemi.

SAPPHO.

Gardez-vous de le croire, *l'amour platonique chez les femmes est le sophisme de la pudeur.* Sans vous arrêter sur mon mari, Cercale d'Andros, que j'aimois au moins autant que vous avez aimé le bonhomme Perrin, ce cordier dont votre beauté* immortalisa la profession et le domicile, j'eus, comme vous, d'assez nombreux adorateurs; mais leurs succès sont notre secret, et dans leur docte et curieuse incertitude, nos biographes feroient bien de garder sur ce point un silence respectueux pour notre sexe et pour nous.

LOUISE.

Sans doute, si nos actions d'éclat n'avoient pas été trop indiscrètes. Il est fâcheux qu'en montrant ma bravoure au siége de Perpignan, j'aie montré aussi mon attachement pour l'amant que j'y suivis**; et le saut

---

* La tradition a consacré la beauté de Louise Labé. Tous les auteurs ses contemporains ont vanté ses attraits et ses charmes, et bien que son portrait ne soit pas arrivé jusqu'à nous, on a recueilli d'agréables détails sur sa taille et sur sa figure. Beaucoup de gens consciencieux doutent, au contraire, que Sappho fût aussi célèbre par sa beauté que par son génie. Les images qui nous restent de cette Muse lesbienne, ne nous donnent pas même l'idée d'une figure passable, et l'indifférence de Phaon, ses refus obstinés de répondre à la passion de Sappho, sont parfaitement d'accord avec l'iconographie : mais le génie embellit tout.

** Quelques personnes pensent que Louise conçut dans les camps cette première et vive passion. Mais il est bien probable que, dans l'âge le plus tendre, une fille doit sa valeur à son

périlleux que vous avez fait à Leucade, n'a pas laissé ignorer votre passion désespérée pour Phaon.

SAPPHO.

Pouvons-nous changer la marche de la nature ? Les passions sont chez les hommes, comme le souffle des vents, nécessaires pour mettre tout en mouvement, quoiqu'ils causent des orages *. Si j'en crois un de vos sublimes orateurs**, qui eut souvent des inspirations lyriques, *les passions ont une infinité qui se fâche de ne pouvoir être assouvie.* Je me trouvai dans ce cas à l'égard de Phaon qui me refusoit son hommage. L'infinité de ma passion se fâcha un peu des dédains de ce jeune Lesbien, que les parfums de Vénus avoient rendu si beau. Mais les poursuites du turbulent Alcée ne me firent point sortir des bornes du devoir, et lorsqu'il m'écrivit qu'il voudroit s'expliquer, mais que la honte le retenoit, vous savez ce que je lui répondis.

LOUISE.

Non, je ne m'en souviens plus.

SAPPHO.

« Votre front n'auroit pas à rougir, lui répondis-« je, si votre cœur n'étoit pas coupable. »

LOUISE.

C'est fier et beau. Ainsi ce n'est que par amour pour la liberté qu'Alcée vous engagea dans la conspiration contre Pittacus, et que vous fûtes bannie de Mitylène ?

---

amour, plutôt qu'elle n'est transportée d'une ardeur guerrière sans motif et sans objet.

* Fontenelle.
** Bossuet.

SAPPHO.

Ah! cet amour sacré de la liberté fut sans doute mon premier titre à la vénération de mes concitoyens.

LOUISE.

Lorsqu'on cherche à se soumettre des esclaves, est-il convenable de prêcher la liberté? Pour moi, je ne me suis jamais mêlée d'affaires publiques. J'ai toujours cru que les hommes aimoient mieux voir une quenouille dans les mains d'Hercule, que d'entendre des théories politiques dans la bouche d'une femme.

SAPPHO.

Voilà justement pourquoi on n'a point frappé de monnoie à votre effigie, ni dressé votre statue sur les bords du Rhône et de la Saône.

LOUISE.

Oui; mais votre monnoie n'a plus de cours, votre statue de Sicile est en poudre, vos écrits même ont disparu, et, comme vous l'avez dit vous-même, ma patrie consacre en ce moment à ma gloire un sixième monument que le temps ne sauroit détruire.

SAPPHO.

Rendez-en grâces à cet art merveilleux, inconnu de mon siècle, qui changera progressivement la face du globe, en assurant la liberté des peuples et l'immortalité des bons rois.

NOTICE

SUR

LOUISE LABÉ.

(Les notes marquées par des chiffres sont de M. Cochard, auteur de cette Notice; celles qui sont marquées par des astérisques sont de M. Breghot.)

On sait combien le règne de François I.er fut favorable aux lettres : ce prince éminemment instruit sentoit plus que tout autre à quel point l'ignorance est pernicieuse, et contribue au malheur des hommes ; il encouragea les études par tous les moyens qui étoient en son pouvoir, soit en fondant des colléges dans les principales villes du royaume, et en plaçant à la tête de l'enseignement public les professeurs les plus expérimentés, soit en honorant de sa protection les savants de tous les genres, et en favorisant d'une manière spéciale les établissements utiles. Il acquit par-là une gloire immortelle, et la postérité reconnoissante a donné son nom au siècle où il vécut.

Les femmes participèrent à cette heureuse amélioration: leur éducation fut plus soignée, plus étendue, plus libérale; on ne se contenta pas de leur enseigner les arts d'agrément, on les initia de bonne heure dans les mystères des sciences : les progrès qu'elles y firent prouvent que le penchant à la frivolité, dont on les accuse, est plutôt l'effet des institutions que celui de leur caractère*.

Cette influence ne se fit peut-être remarquer nulle part avec autant d'éclat que dans la ville de Lyon : on y vit à cette époque plusieurs personnes du sexe obtenir, dans la carrière littéraire, une grande célébrité. Nos annales ont conservé les noms de Catherine de Vauzelles, de Louise Sarrasin, de Pernette du Guillet, de Claudine Péronne, de Jeanne Creste, de Jeanne Gaillarde**, qui se distinguoient alors autant par les charmes de leur esprit que par la régularité de leur conduite, et qui toutes jouirent du rare avantage d'inspirer aux meilleures poètes du temps les meilleurs vers qu'ils aient mis au jour.

* « Ie dis que les masles et les femelles sont iectez en mesme
« moule ; sauf l'institution et l'usage, la différence n'y est pas
« grande. Platon appelle indifferemment les uns et les autres à
« la société de touts estudes, exercices, charges et vacations,
« guerrieres et paisibles, en sa Republique ; et le philosophe
« Antisthenes ostoit toute distinction entre leur vertu et la nos-
« tre. Il est bien plus aisé d'accuser l'un sexe que d'excuser
« l'autre. C'est ce qu'on dict, le fourgon se mocque de la
« paele. » MONTAIGNE, Essais (III, 5).

** Ajoutez à ces noms celui de Jacqueline de Stuard, et ceux de Claudine et Sibylle Sceve, célébrées, ainsi que Jeanne Gaillarde, par Clément Marot. Voy. Colonia, Histoire littéraire de Lyon (tome II, page 539).

Mais celle que sa réputation éleva au-dessus de toutes les autres, est Louise Charly ou Charlin, dite Labé, surnommée la Belle Cordière. «Supérieure à la plupart des
« écrivains de son temps, elle l'emportoit sur eux tous
« par le tour passionné et la vérité de sentiments qu'elle
« savoit mettre dans ses poésies. » Elle l'emportoit encore sur eux par la variété de ses connoissances, par une profonde érudition et par une richesse d'expression qu'on ne peut s'empêcher d'admirer en lisant ses ouvrages. Elle joignit encore à ces brillants avantages la beauté et les grâces naturelles.

Les savants de son temps, nous dit Pernetti, charmés de ses talents et de sa figure, se sont bornés à la louer, sans daigner nous apprendre ni sa naissance, ni sa famille : ceux qui leur ont succédé, loin de s'attacher à éclaircir des faits aussi essentiels, se sont permis, au contraire, de répandre sur ses mœurs une couleur fausse ou équivoque, capable d'obscurcir l'éclat de ses belles qualités.

Charles-Joseph de Ruolz, dans un discours lu à l'académie de Lyon, au mois d'avril 1746[*], a bien vengé

---

[*] Discours sur la personne et les ouvrages de Louise Labé, lyonnoise, Lyon, Aymé Delaroche, 1750, in-12, de 63 pages. Cet opuscule est devenu très-rare. M. Delandine, dans son Catalogue des manuscrits de la bibliothèque de Lyon, n.ᵒˢ 1032 et 1468, se trompe doublement; 1.º en attribuant le discours dont il s'agit à J. P. (Marie) de Ruolz; 2.º en donnant tour à tour à ce même J. P. Marie et à Charles-Joseph de Ruolz, son fils, la qualité d'éditeur des œuvres de Louise Labé, qualité qui n'appartient ni à l'un ni à l'autre. L'édition dont veut parler

Louise Labé des traits lancés contre elle ; mais il ne nous a donné aucun détail biographique qui fût inconnu avant lui.

Pernetti * est le seul qui ait fourni quelques particularités sur cette femme intéressante : M. Besson, commissaire à terriers, de qui il les tenoit, les avoit puisées dans les archives de l'archevêché. « Louise Labé,
« dit-il, étoit fille d'un nommé Charly, dit Labé ; En-
« nemond Perrin, son mari, marchand cordier fort
« riche, possédoit plusieurs maisons à Lyon, une, entre
« autres, située à l'angle de la rue Confort et d'une
« petite rue tendant à la porte de Bellecour. Cette der-
« nière rue fut ouverte alors, et prit dans la suite le
« nom de *Belle Cordière*, qui étoit le surnom de Louise
« Labé. Ennemond Perrin étoit mort en 1565, après
« avoir fait sa femme son héritière universelle : il lui
« avoit substitué Jacques et Pierre Perrin, ses neveux,

M. Delandine, est de 1762 ; or, J. P. Marie de Ruolz étoit mort depuis 1726, et Charles-Joseph se noya avec sa femme et son frère, en traversant la rivière d'Ain, le 10 juillet 1756. On concevra d'autant plus difficilement l'erreur du savant bibliothécaire, qu'il indique lui-même ailleurs, comme nous le verrons plus bas, les Lyonnois qui publièrent l'édition de 1762, et que, parmi eux, il ne mentionne aucun des membres de la famille de Ruolz.

* Recherches pour servir à l'histoire de Lyon, ou les Lyonnois dignes de mémoire, Lyon, frères Duplain, 1757, 2 vol. in-12 (tome I, page 348). En citant le texte de cet ouvrage, M. Cochard y a fait quelques changements qui ne touchent point au sens.

« fils de François Perrin, et, à leur défaut, l'Hôtel-
« Dieu. Louise Labé étoit morte au mois de mars 1566.
« Jacques et Pierre Perrin, héritiers substitués, étant
« aussi morts sans enfants, l'Hôtel-Dieu entra aussitôt en
« possession des biens d'Ennemond Perrin. La maison,
« d'abord vendue à noble homme *, conseiller au par-
« lement de Grenoble, passa ensuite dans les mains du
« sieur de Courtine, écuyer, et, après lui, dans celles
« du sieur Dupré, négociant. » Ces renseignements,
inexacts sur quelques points, sont précieux à recueillir
sur tous les autres.

Le désir de rendre à la mémoire d'une femme qui a
honoré son siècle et sa patrie, le tribut d'éloge qui lui
est dû, m'a porté à faire quelques recherches : je suis
parvenu à me procurer le testament de Louise Labé,
et plusieurs autres documents qui me permettront de
donner sur sa vie des détails ignorés jusqu'à ce jour par
tous les auteurs qui ont parlé d'elle.

Loyse Charlin [1], dite Labé** (ainsi nommée dans son

---

* Pernetti ou son imprimeur ont omis en cet endroit le nom
du conseiller au parlement de Grenoble, qui y est désigné. Ce
conseiller se nommoit Berthier, comme on le verra plus bas.

[1] A la tête de l'édition de ses œuvres, publiée en 1762, elle
est nommée *Charly*, dans son testament *Charlin*, et dans divers
actes *Charlieu*.

** La Monnoye, Glossaire bourguignon, v.° *Euvre*, observe
que c'est ainsi que ce nom doit être écrit, et non l'*Abé*, l'*Abbé* ou
Labe; et il ajoute : « Bayle, qui a écrit *Labe*, a été trompé par
« l'orthographe d'Antoine du Verdier, lequel n'accentuoit pas les
« é fermés lorsque les lettres étoient capitales, écrivant ANDRE

testament), naquit à Lyon vers l'an 1525 ou 1526 ². Elle eut pour père Pierre Charlin ou Charlieu, dit Labé, marchand cordier. Le nom de sa mère est inconnu. Le genre de commerce qu'avoit embrassé Pierre Charlin,

« et RENE pour ANDRÉ et RENÉ, ANNE D'URFE pour ANNE
« D'URFÉ, et ainsi du reste, ce qu'il est bon d'observer pour
« éviter les méprises. » Une chose décisive, c'est qu'on lit LABÉ, avec un *é fermé*, à la tête des trois éditions des œuvres de la Belle Cordière, publiées sous ses yeux. Quant aux deux *b*, que plusieurs auteurs mettent à ce nom, ils doivent être rejetés par le même motif. Cependant, comme dans le système d'orthographe suivi dans les éditions dont je viens de parler, on retranchoit souvent les lettres doubles, il se pourroit que la véritable manière d'écrire ce nom fût *Labbé*. A cette époque, le lyonnois Loys Maigret ou Meigret, et Pelletier ou Peletier du Mans faisoient de grands efforts pour réformer l'orthographe françoise, et le goût d'innovation qu'ils avoient mis sur ce point à la mode, n'épargnoit pas même les noms propres.

² L'élégie III de notre savante Lyonnoise détermine cette époque :

    Ie n'auois vu (dit-elle) encore seize Hiuers,
    Lors que i'entray en ces ennuis diuers ;
    Et ià voici le treizieme esté
    Que mon cœur fut par Amour arresté.

Elle écrivoit en 1555, et avoit alors 29 ans. Ceci place donc naturellement sa naissance à l'année 1525 ou 1526, et le commencement de ses amours, à l'année 1542. Un acte de 1524 m'apprend que Charlieu étoit veuf d'Étiennette Deschamps, *alias* Compagnon, qu'il en avoit eu trois fils, Barthélemy, François et Matthieu. Ainsi Louise n'est née que postérieurement et d'un second mariage.

étoit alors moins restreint qu'il ne l'est aujourd'hui : il s'étendoit à la fourniture des cables et des autres cordages nécessaires au service de la navigation, tant sur la Méditerranée que sur les rivières et les fleuves qui y ont leur embouchure. La proximité où se trouve cette ville, de la Bourgogne, de la Bresse et du Dauphiné, qui produisoient en abondance du chanvre de la plus belle espèce, le grand nombre de marchands *cannebassiers* qui habitoient Lyon, l'industrie de ses habitants qui les portoit à exploiter tous les arts utiles, et la facilité de communiquer avec Marseille, rendent cette conjecture extrêmement probable; mais ce qui lèveroit tous les doutes à cet égard, s'il en restoit encore, c'est que plusieurs familles des plus distinguées exerçoient ce genre de négoce [3].

Deux actes de reconnoissance, consentis en 1533 et 1535 par Pierre Charlin ou Charlieu, dit Labé, en faveur de l'abbaye de St. Pierre, nous apprennent que ce particulier étoit propriétaire d'une grande maison dans la rue de l'Arbre-Sec et d'une terre de huit bicherées, dans laquelle il avoit fait construire une maison, située au territoire de la Gella, sur la côte de la Déserte ou de St. Vincent; terre qui a ensuite fait partie de l'enclos des religieuses carmélites.

Honnête homme, François Charlieu, dit Labé, mar-

---

[3] Estienne et Hugonin de Cuchermois, famille qui a fourni plusieurs conseillers de ville à Lyon, étoient aussi marchands cordiers; ils possédoient dans la rue de l'Arrbe-Sec une maison et un jardin joignant la maison de Pierre Charlieu.

chand cordier, fils et héritier de Pierre, reconnut ces mêmes immeubles le 21 juin 1553.

Ces titres justifient que le père et le frère de Louise Labé avoient une très grande aisance, puisque, indépendamment des capitaux employés dans leur commerce, ils possédoient dans la ville, comme nous venons de le voir, deux immeubles d'une valeur considérable.

Les heureuses dispositions que Louise manifesta pour l'étude, au sortir de l'enfance, déterminèrent son père à lui donner l'éducation la plus soignée; il lui procura les meilleurs maîtres, et elle fit bientôt dans les sciences les progrès les plus rapides. Elle trace elle-même, dans sa III.e élégie, le tableau fidèle des occupations de sa jeunesse :

> Lors qu'exerçoi mon corps et mon esprit
> En mile et mile euures ingenieuses, etc., page 82.

Ainsi que la broderie, qu'elle appelle si bien au même endroit l'art de *peindre auec l'esguille*, la musique étoit un de ses plus agréables délassements:

> Louise ha voix que la musique auoue,
> Louise ha main qui tant bien au luth joue. *

Mais les arts d'agrément ne suffisoient point à une âme aussi active: tout ce qui servoit à orner l'esprit, à éclairer la raison, à rectifier le jugement, étoit de son ressort. Histoire, fable, poésie, éloquence, rien ne lui

---

* Page 115. Elle dit elle-même dans son épitre dédicatoire à Clémence de Bourges (page 1), qu'elle avoit « passé partie de « sa jeunesse à l'exercice de la musique. »

sembloit étranger. « Elle estoit, dit un auteur contem-
« porain *, instituée en langue latine dessus et outre
« la capacité de son sexe. » Elle écrivoit en italien, en
espagnol, avec autant de facilité que dans sa propre
langue, et réunissoit ainsi au don de la beauté tout ce
qui peut contribuer au charme de la vie.

Avide de tous les genres de gloire, Louise ambitionna
même celle que donne la valeur. François I.er ayant
résolu de faire la guerre à Charles-Quint, envoya le
Dauphin, en 1542, à la tête d'une armée, mettre le
siége devant Perpignan, capitale du Roussillon. Une
partie des troupes destinées à cette expédition, passa
dans notre ville. Notre jeune héroïne ne put les voir
sans éprouver un vif désir d'aller partager leurs périls.
Elle avoit alors à peine seize ans; mais l'ardeur qui
l'animoit lui fit braver tous les obstacles; elle partit, et
concourut à toutes les opérations de cette entreprise
mémorable. Perpignan étoit défendu par Ferdinand de
Tolède, duc d'Albe. Le siége ne fut pas heureux : on le
leva après trois mois d'efforts inutiles. Cependant cet
événement devint pour Louise une occasion de montrer son courage : on peut en juger par les vers suivants qu'un poëte contemporain publia à sa louange :

> Louïze ainsi furieuse
> En laissant les habiz mols, etc., page 136.

Le poëte peint ensuite, avec la même vérité, l'adresse

* Guillaume Paradin, mém. sur l'histoire de Lyon, livre III,
chap. 29.

de notre jeune Lyonnoise à manier les armes, à gouverner un cheval, et sa contenance martiale dans ces divers exercices; il va jusqu'à dire:

> Ell' sembloit parmi l'armee
> Un Achile ou un Hector, pages 136 et 137.

Un courage si extraordinaire dans une personne de son sexe et d'un âge si tendre, lui fit donner, par les gentilshommes qui avoient accès auprès d'elle, le surnom de *Capitaine Loys*.

Mais quel motif avoit pu porter Louise Labé à prendre un parti si aventureux? Ce ne pouvoit être l'amour, puisqu'elle-même nous apprend qu'elle ne le connut qu'après cette expédition. Ce dieu, dit-elle (élégie III),

> ne put longuement voir
> Mon cœur n'aymant que Mars et le sauoir.

Il n'y a donc que le seul désir de s'illustrer dans une nouvelle carrière qui ait pu l'entraîner à cette démarche : elle ne s'y détermina sans doute qu'avec l'approbation de sa famille; peut-être même son frère avoit-il suivi l'armée par suite de quelques spéculations de commerce, et l'avoit-il engagée à l'accompagner* : car, autrement, comment supposer qu'une jeune fille de seize ans, bien élevée, eût pu se soustraire à la vigi-

---

* Dans les Recherches sur la vie de Louise Labé, placées à la tête de l'édition de ses œuvres, publiée en 1762, on conjecture (page viij) que son père l'accompagna au siége de Perpignan, et qu'il possédoit dans l'armée *quelque emploi utile*.

lance paternelle, se procurer des armes, un cheval et tout ce qui lui étoit nécessaire pour exécuter un semblable dessein? Comment auroit-elle garanti son innocence des piéges qu'elle eût sans cesse rencontrés, en vivant au milieu des camps, si elle eût été sans appui, sans guide, sans conseil?... Ce qui prouve que son action ne doit pas être jugée d'une manière défavorable, c'est que ses contemporains y applaudirent, que les chefs de l'armée lui marquèrent de la considération, qu'elle continua, à son retour, de vivre avec les siens comme auparavant, que sa réputation n'en souffrit point, et que la malignité n'y trouva aucune prise.

Ce fut peu de temps après cette expédition, que Louise, comme nous l'avons déjà dit, commença à ressentir les premières atteintes de l'amour, et qu'elle en éprouva quelques rigueurs : l'absence de celui qu'elle aimoit, lui inspira les vers les plus touchants, les plus empreints d'une vive sensibilité.

> ...... Jamais femme ne t'aymera,
> Ne plus que moy d'amour te portera. (Élégie II, p. 79.)

Cet amant faisoit sans doute partie de l'armée que la France avoit en Italie*; car, dans la même élégie, elle s'exprime ainsi :

> Or' que tu es auprès de ce riuage
> Du Pau cornu, peut estre ton courage
> S'est embrasé d'une nouuelle flame. (Pages 77 et 78.)

---

* Il paroît, en effet, certain que l'amant de Louise Labé étoit *un homme de guerre*. Un des poètes qui ont chanté ses

Quoi qu'il en soit, Louise fut constante dans son inclination :

>.... Ià voicy (dit-elle) le treiziéme Esté
> Que mon cœur fut par Amour arresté. (Élégie III, p. 83.)

Ailleurs elle lui donne la plus grande preuve de sa tendresse, en lui disant :

> Maints grans Signeurs à mon amour pretendent, etc.
> Tu es tout seul, tout mon mal et mon bien,
> Auec toy tout, et sans toy ie n'ay rien. (Élégie II, p. 80.)

Il n'est point étonnant que les plus grands seigneurs recherchassent avec empressement une femme qui réunissoit de si rares qualités, et qu'ils missent en usage tous les moyens de lui plaire. C'est un des droits de la beauté de commander aux plus superbes, et lorsqu'à ce don de la nature se trouvent joints le savoir, les talents et la vertu, son empire ne connoît plus de bornes.

louanges, suppose que Vénus lui apparut et lui dit entre autres choses :

> Car ia desia il (l'Amour) te darde
> Son tret ápre et rigoureus :
> Dont il t'abatra par terre,
> Rendant d'un homme de guerre
> Ton tendre cœur amoureus. (Page 149.)

La même pièce nous apprend encore qu'elle avoit eu parmi ses adorateurs *un vieil poëte rommain*, et qu'elle s'étoit montrée insensible à son amour ; que ce *vieil poëte rommain* n'existoit plus alors, et qu'il étoit mort en Espagne. Voy. la 115.ᵉ note sur les œuvres de Louise Labé.

Les poètes les plus renommés du temps s'empressèrent aussi d'offrir leurs hommages à notre aimable Lyonnoise.

L'un vante l'étendue de ses connoissances, un autre la compare aux cieux, un troisième veut en faire la dixième Muse, un quatrième trouve dans son nom l'anagramme de BELLE A SOY*, un autre fait la description de tous les charmes répandus sur sa personne ; mais aucun ne laisse planer le moindre soupçon sur la régularité de sa conduite, sur la pureté de ses mœurs.

* On trouve dans BELLE A SOY toutes les lettres des mots LOYSE LABÉ. Les anagrammes étoient alors à la mode. Chaque auteur avoit la sienne qu'il plaçoit ordinairement au bas de ses ouvrages, et qui lui servoit, en quelque sorte, de signature. Ce sont peut-être des anagrammes que ces devises, NON SI NON LA (page 105 de ce volume), DEVOIR DE VOIR (page 108), D'IMMORTEL ZELE (page 110), mises à la suite de quatre des pièces faites à la louange de Louise Labé. Je n'ai pu découvrir les noms d'où elles étoient tirées, moins heureux dans cette recherche que ne l'a été M. Pericaud aîné dans une recherche semblable. Il a trouvé dans cette devise BONTÉ N'Y CROIST, qui accompagne l'Avis au lecteur du Formulaire récréatif de Bredin le Cocu, le nom, resté inconnu jusqu'à ce jour, de l'auteur de ce livre curieux, imprimé pour la première fois à Lyon, chez Rigaud, en 1594, in-16. Ce nom est celui de BENOIST TRONCY ou du TRONCY, contrôleur du domaine du roi et secrétaire de la ville de Lyon, connu par d'autres ouvrages. M. Pericaud a fait de cette découverte le sujet d'une petite dissertation ou Notice (Lyon, Brunet, 1821, in-8.°) que M. Barbier s'est empressé d'insérer dans la seconde édition de son Dictionnaire des Anonymes, n.° 6813.

On ne se contenta pas de faire l'éloge de ses cheveux d'un blond doré, de la rose qui coloroit le lys de son teint, de la douce gravité de son front, de sa bouche coralline, de ses yeux qui serrèrent mainte âme en prison, de sa grâce à chanter, baller et sonner, de sa grand'beauté qui tenoit tout en son pouvoir; on terminoit cette riche esquisse par les traits suivants:

> Ici le Ciel liberal me fait voir
> En leur parfait, grace, honneur, et sauoir,
> Et de vertu le rare témoignage. (Page 106.)

Paradin, qui publia son histoire de Lyon six ans après la mort de Louise Labé*, fait ainsi le portrait de cette belle: « Ceste auoit la face plus angelique qu'humaine:
« mais ce n'estoit rien à la comparaison de son esprit
« tant chaste, tant vertueux, tant poëtique, tant rare
« en sçauoir, qu'il sembloit qu'il eust esté creé de Dieu
« pour estre admiré comme un grand prodige entre les
« humains. » Et après avoir fait l'énumération de ses ouvrages, il ajoute: « Et ne s'est ceste nymphe seule-
« ment faite cognoistre par ses escrits, ainçois par sa
« grande chasteté**. »

---

* Les Mémoires de l'histoire de Lyon, en trois livres, par Guillaume Paradin, parurent à Lyon, chez Antoine Gryphius, en 1573, in-fol.

** Livre III, chap. 29. « Cet écrivain ecclésiastique, distin-
« gué par sa place et par son mérite, si plein de mœurs lui-
« même, auroit-il fait cet éloge d'une personne dont la répu-
« tation eût souffert quelque atteinte, lui qui d'ailleurs écrivoit
« sous les yeux et par les conseils d'un magistrat, l'un des plus

Du Verdier, qui a écrit long-temps après *, est le premier qui ait osé révoquer en doute la sagesse de Louise Labé, et nous représenter cette femme célèbre comme une courtisane éhontée **. Rubys qui, dans

« recommandables que nous eussions alors : c'étoit M. de Lange,
« cet homme si respecté dans ces provinces, et qui à un pareil
« égard eût exigé de l'auteur un judicieux silence. » DE RUOLZ,
Discours sur Louise Labé, pag. 18-19.

* Environ onze ans après Paradin; car la Bibliothèque françoise d'Antoine du Verdier fut publiée à Lyon, en 1584, in-fol.

** Voici les propres termes de du Verdier, Bibliothèque françoise (art. *Loyse Labé*) : « Loyse Labé, courtisane lyonnoise
« (autrement nommée la Belle Cordière, pour estre mariée à un
« bon homme de cordier), piquoit fort bien un cheual, à raison
« de quoy les gentilshommes qui auoient accez à elle, l'appel-
« loyent le Capitaine Loys, femme, au demeurant, de bon et
« gaillard esprit et de mediocre beauté ; recevoit gracieusement
« en sa maison seigneurs, gentilshommes et autres personnes
« de mérite, avec entretien de deuis et discours; musique tant
« à la voix qu'aux instruments ou elle estoit fort duicte, lec-
« ture de bons livres Latins et vulgaires, Italiens et Espagnols,
« dont son cabinet estoit copieusement garni, collation d'ex-
« quises confitures ; enfin leur communiquoit priuement les
« pieces plus secrettes qu'elle eust, et, pour dire en un mot,
« faisoit part de son corps à ceux qui fonçoyent : non toutes-
« fois à tous, et nullement à gens mechaniques et de vile con-
« dition, quelque argent que ceux là lui eussent voulu donner.
« Elle ayma les scauans hommes sur tous, les fauorisant de
« telle sorte que ceux de sa cognoissance avoient la meilleure
« part en sa bonne grace, et les eust preferés à quelconque grand
« seigneur, et fait courtoisie à l'un plustost gratis, qu'à l'autre

toutes les occasions, s'est plu à contredire Paradin, a saisi avec avidité l'opinion de du Verdier, comme un

« pour grand nombre d'escus : qui est contre la coustume de
« celles de son mestier et qualité. Ce n'est pas pour estre cour-
« tisane que je luy donne place en ceste bibliothèque, mais
« seulement pour avoir escrit, etc. » Bayle a adopté sans examen le témoignage de du Verdier, et dans son Dictionnaire
art. *Labe (Loyse)*, il dit de notre Lyonnoise : « Elle ne res-
« sembloit pas en toutes choses aux courtisanes ; car si d'un
« côté elle avoit de leur humeur, en ce qu'elle vouloit être bien
« payée de ses faveurs, elle avoit de l'autre certains égards
« qu'elles n'ont pas pour les hommes doctes ; car elle leur
« donnoit la passade gratuitement. » Dans ses remarques sur le
même article, après avoir cité du Verdier, il ajoute : « Dé-
« mosthène eût été bien aise que la courtisane Laïs eût res-
« semblé à cette autre (Louise Labé) ; il n'auroit pas fait le
« voyage de Corinthe inutilement, ni éprouvé,

   Qu'à tels festins un auteur comme un sot
   A prix d'argent doit payer son écot.

« Cette femme faisoit en même temps déshonneur aux lettres,
« et honneur : elle les déshonoroit, puisqu'étant auteur, elle
« menoit une vie de courtisane, et elle les honoroit, puisque
« les savants étoient mieux reçus chez elle sans rien payer, que
« les ignorants prêts à lui compter une bonne somme. »
Bayle est un des écrivains qu'on lit et qu'on copie le plus :
aussi le jugement qu'il porte sur les mœurs de Louise Labé
a-t-il été répété par une foule d'auteurs. Ce jugement n'est cependant fondé que sur l'assertion de du Verdier et de Rubys
qui en a aussi imposé au P. de Colonia, puisqu'après avoir
transcrit l'ode de Jacques Peletier à la louange de Lyon et de
la Belle Cordière, il continue ainsi : « Mais il nous faudra bien

moyen de satisfaire son humeur satirique*. Mais quelle foi peut-on ajouter à leurs assertions, lorsque rien n'en

« rabattre de tous ces magnifiques éloges, et surtout de la pein-
« ture que Paradin nous a faite de sa vertu, si ce qu'en disent
« du Verdier et de Rubys se trouve véritable. Ils prétendent,
« et ce n'est pas, à mon avis, sans apparence de vérité, que
« Louise Labé avoit gâté ses heureux talens par un libertinage
« de mœurs, qui n'étoit pas moins condamnable que celui des
« Phrynés et des Laïs, quoiqu'il fût beaucoup plus rafiné. »
Histoire littéraire de Lyon (tome II, page 545 et 546). C'est d'après ces autorités qu'on représente communément Louise Labé comme la Léontium ou la Ninon de l'Enclos de son siècle, et qu'on a fait sur elle un distique latin et un quatrain françois rapportés par La Monnoye (Notes sur la Bibliothèque de La Croix du Maine). De ces deux pièces, qui sont peut-être de ce savant philologue lui-même, je placerai ici la première, parce que le latin brave l'honnêteté; mais je ne transcrirai pas la seconde : c'est déjà bien assez d'avoir copié les passages qu'on a vus ci-dessus, et que j'aurois volontiers supprimés, si je n'avois pensé que l'exactitude et la fidélité qu'on a droit d'exiger d'un historien ou d'un biographe, faisoient un devoir de ne pas les omettre :

> Mòsse animos fertur gallis cantata Labæa
> Vatibus : at movit doctius illa nates.

Paradin, écrivain respectable, contemporain de Louise Labé et témoin oculaire de sa conduite, et les poètes qui l'ont célébrée de son vivant et publiquement, doivent l'emporter, comme le prouve fort bien M. Cochard, sur du Verdier, dont, après tout, le témoignage est unique, Rubys et les autres n'étant que ses échos.

* « Et de fait que Paradin aye esté de ces gens qui croyent
« et escriuent legierement, je le pourrois verifier par le recit

démontre la vérité, qu'ils ne citent aucun fait, et ne s'appuyent d'aucune autorité qui puisse seulement les

« de plusieurs discours fabuleux, qu'il a employez et affirmez
« pour veritables dans ses escrits; mais je me contenteray d'un
« seul qui est dans son Histoire de Lyon. C'est là ou il celebre
« le loz de ces insignes courtisanes, qui furent de son temps à
« Lyon. L'une desquelles fut Pernette du Guillet;.... l'autre
« Loyse Labé, renommée non-seulement à Lyon, mais par
« toute la France, soubs le nom de la Belle Cordiere, pour l'une
« des plus insignes courtisanes de son temps; et cependant il
« les qualifie deux mirouers de chasteté, et deux parangons de
« vertu. Que si le bon homme s'est laissé ainsi lourdement
« abuser en chose aduenuë de son temps à Lyon, ou il estoit
« tous les jours, à peine adjoustera-t-on foi à ce qu'il escrit des
« siecles passez. » Histoire véritable de Lyon, par Claude de
Rubys, Lyon, Nugo, 1604, in-fol., page 2 de l'Avant-propos
aux prevost des marchands et eschevins.

J'ai oublié de compter parmi les détracteurs de Louise Labé le trop célèbre Calvin, qui, dans un de ses pamphlets furibonds, la traite, en passant, de la manière la plus outrageuse. Ce pamphlet est celui qu'il dirigea, en 1560, contre Gabriel de Saconay, comte et précenteur de l'église de Lyon, sous ce titre: Gratulatio ad venerabilem presbyterum Dominum Gabrielem de Saconay, præcentorem ecclesiæ lugdunensis, de pulchra et eleganti Præfatione quam libro Regis Angliæ inscripsit. Voy. pages 321-330 du tome VIII de ses œuvres, Amsterdam, 1667, 9 vol. in-fol. Après avoir accumulé, en termes grossiers, les imputations les plus fausses et les plus atroces contre les mœurs de l'ecclésiastique lyonnois, après l'avoir dépeint comme un des hommes les plus corrompus et les plus corrupteurs de son temps, et représenté sa maison comme un lieu de débauche, ouvert à tout ce que Lyon renfermoit de libertins et de femmes

rendre probables? Les auteurs contemporains ne sont-
ils pas plus dignes de notre confiance? Paradin n'est

perdues, il continue ainsi: « Qua etiam fiducia transsubstan-
« tiationem secure ac plenis buccis asserere audeas, nescio,
« nisi forte quia tibi peræque facilis videtur transmutatio panis
« in corpus, ac metamorphosis mulieris in virum. Hoc enim
« suavitatis genere convivas tuos oblectas, dum mulieres virili
« habitu ad mensam inducis. Hunc ludum quam sæpe tibi præ-
« buit plebeia meretrix, quam partim à propria venustate, par-
« tim ab opificio mariti Bellam Corderiam vocabant! » Ce mauvais latin est aisé à comprendre, et je crois inutile de citer la traduction françoise de la pièce où il est contenu, traduction qu'on
trouve, pages 1822-1850 du volume mis au jour par Theodore de
Beze, et intitulé, Recueil des opuscules, c'est-à-dire: Petits traic-
tez de M. Jean Caluin, les uns reuuz et corrigez sur le latin, les
autres translatez nouuellement de latin en françois, Geneve, Bap-
tiste Pinereul, 1566, in-fol. D'ailleurs, dans cette traduction,
plebeia meretrix est rendu par un mot dont l'indécence pourroit
choquer le lecteur. Quoi qu'il en soit, il est évident que le passage dont il s'agit, ne doit laisser aucune impression défavorable sur le compte de Louise Labé; et, j'irai même plus loin,
il est facile de le tourner à son avantage. Gabriel de Saconay est
regardé comme un des hommes les plus recommandables de
l'église de Lyon, qu'il a illustrée par ses écrits et par ses vertus.
Si donc il recevoit habituellement dans sa maison la femme
d'Ennemond Perrin, il faut conclure que la conduite de cette
femme n'offroit rien de répréhensible, ni même d'équivoque.
Quant au prétendu usage où elle auroit été de s'habiller en
homme, je crois que c'est un mensonge, et que Calvin abuse
d'une des circonstances de la première jeunesse de la Belle Cordière. On se rappelle que, lorsqu'elle se rendit, avant l'âge de
seize ans, au siége de Perpignan, elle revêtit, en effet, le cos-

pas le seul qui ait rendu justice au mérite de la Belle Cordière, et surtout à sa vertu: on peut voir, page 153, en quels termes un de nos anciens poètes fait son éloge et célèbre nommément sa chasteté *.

On ne peut néanmoins se dissimuler que Louise n'ait aimé et même avec passion : c'est à l'énergie de ce sentiment qu'on est redevable de ces expressions si tendres, si naïves, si touchantes, que, malgré la vétusté du langage, elles font encore les délices des âmes sensibles **. Elle peint le triomphe de l'amour sur sa volonté, les maux que ce dieu lui cause, les espérances dont il la berce, les peines de l'absence, avec des couleurs si vraies, si naturelles, et avec une sorte d'exaltation

---

tume de notre sexe. De-là Calvin suppose que, long-temps après, elle continuoit de le porter; et c'est ainsi que le fougueux sectaire, par un mélange de vrai et de faux, cherche à donner à ses calomnies un air de sincérité et un crédit qu'elles ne sauroient avoir.

* L'éloge qui lui est adressé en face dans cet endroit, s'il eût été absolument faux, loin de lui plaire, l'auroit choquée, et même auroit été pour elle une grave insulte.

** On peut appliquer aux poésies de Louise Labé ces vers d'Horace sur Sappho:

.....Spirat adhuc amor,
Vivuntque commissi calores
Æoliæ fidibus puellæ.
(Lib. IV, Od. IX.)

J. J. Rousseau a dit: « Une seule femme a su faire parler l'a-
« mour, et cette femme est Sappho. » Sans doute il ne connoissoit pas les œuvres de Louise Labé.

d'autant plus entraînante, qu'elle n'a rien de feint, ni d'exagéré, que l'on s'identifie par la pensée à son sort, et que l'on partage ses soucis, ses angoisses et sa douce mélancolie sans effort et sans contrainte.

Mais l'amour, quelque vif qu'il soit, ne peut-il donc exister sans blesser la vertu, sans alarmer la pudeur ? Et parce que Louise en ressentit la flamme, parce qu'elle en éprouva les douloureuses anxiétés, doit-on calomnier sa conduite ? Disons-le hardiment, sa gloire provient de son amour ; une âme aussi noble, aussi pure, aussi délicate ne connut que des sentiments qui portoient le même caractère ; et, ce qui le démontre, ce sont les termes dont elle se sert en faisant, dans sa III.e élégie et dans son XXIV.e sonnet, l'aveu des tribulations auxquelles son cœur étoit en proie.

Combien la manière dont elle excuse ses erreurs offre d'intérêt et inspire d'indulgence ! Il n'y a qu'un amour pudique, qu'un cœur vivement épris, mais à l'abri de tout reproche, qui puisse tenir un pareil langage : il peint trop bien la situation d'une âme fortement pénétrée, mais néanmoins pleine de droiture et d'honneur.

Faudroit-il d'autre preuve de l'innocence de sa vie que l'intimité dans laquelle elle vécut avec la plupart des personnes de son sexe, distinguées surtout par une conduite exemplaire ? C'est à Clémence de Bourges 4

---

4 Clémence de Bourges se rendit célèbre dès l'âge le plus tendre par ses talents pour la poésie et la musique. Lors du voyage que firent à Lyon Henri II et Catherine de Médicis, en 1548, elle joua de l'épinette en présence de la cour, de manière

qu'elle dédie ses œuvres; c'est elle qu'elle choisit pour patronne, qu'elle désigne publiquement comme son amie, et Clémence appartenoit à une des premières familles de Lyon; elle étoit aussi recommandable par ses qualités personnelles que par le rang qu'elle tenoit dans la société *. Son père, général des finances du

à étonner les organistes du roi. Clémence unissoit aux grâces de son sexe la vertu la plus austère, et sa mort prématurée couronna, de la manière la plus touchante, une si belle vie. Elle étoit promise et fiancée à Jean du Peyrat, jeune homme non moins distingué par sa bravoure que par sa naissance. Celui-ci, ayant été dans le cas de partir, à la tête d'une compagnie de Lyonnois, pour aller en Dauphiné renforcer l'armée royale, destinée à combattre les protestants commandés par le farouche baron des Adrets, trouva une mort glorieuse devant Beaurepaire, le 30 septembre 1561. Clémence de Bourges, pénétrée d'une profonde douleur, ne put supporter une perte aussi cruelle : elle mourut quelque temps après. Sa pompe funéraire arracha des larmes à tous les assistants. On la porta le visage découvert et la tête couronnée de fleurs, pour marque de sa virginité. Cette circonstance suffit pour détruire absolument l'allégation de la prétendue perfidie exercée à son égard par Louise Labé, et dont j'aurai bientôt occasion de parler.

Claude de Bourges, père de Clémence, habitoit l'hôtel de Milan, près des Cordeliers : Françoise de Mornay, sa veuve, y demeura après lui. C'est à cause d'elle que la partie de la rue Bonnevaux où étoit situé son hôtel, fut appelée *rue de la Générale*, parce que son mari avoit eu le titre de général des finances du Piémont. On a donné dans la suite à cette rue, par corruption, le nom de *rue des Générales* qu'elle porte encore.

* Du Verdier la nomme, dans sa Bibliothèque, « la perle des

Piémont et seigneur de Myons en Dauphiné, jouissoit de la plus haute faveur, et son frère étoit l'un des gentilshommes de la maison du roi. Si Louise n'eût été environnée de l'estime publique, si ses mœurs eussent été tant soit peu équivoques, une demoiselle d'un aussi rare mérite, une famille aussi respectable, aussi considérée, l'auroient-elles reçue dans leur familiarité, et lui auroient-elles donné des preuves si sensibles d'une affection toute particulière?

Les poésies de la Belle Cordière, il faut l'avouer, renferment, en quelques endroits, des expressions un peu vives et qui semblent sortir de la retenue imposée à son sexe. Mais ce défaut, qui appartient au siècle où elle vivoit*, ne sauroit être un préjugé contre sa vertu. Alors la réserve étoit dans les actions, et nullement dans les paroles **.

Si Louise fixa sur elle l'admiration de ses contemporains par les accents de sa lyre plaintive, si, comme

« damoiselles lyonnoises de son temps; » et de Rubys, dans son Histoire de Lyon, « une perle vrayement orientale. »

* « Jamais les poètes ne furent si favorisés que sous le règne
« de Henri II et de ses enfants, et jamais la poésie ne fut si
« tendre, si passionnée, ni moins retenue dans ses expressions;
« fâcheux, mais inévitable effet de l'exemple que donne une
« cour, dont l'esprit et le goût règle infailliblement celui de
« tous les sujets. » DE RUOLZ, Discours sur Louise Labé, page 32.

** On a souvent remarqué que, plus les mœurs se corrompent, plus la langue et les oreilles deviennent sévères et chastes.

elle l'avoue elle-même, l'Espagne et les bords du Rhin avoient entendu

Que gens d'esprit lui donnoient quelque gloire*,

les poètes françois surtout s'empressèrent de chanter ses louanges. Marot, du Moulin, Charles Fontaine, Maurice Sceve consignèrent son nom dans leurs poésies; Olivier de Magny, Peletier du Mans, et plusieurs autres écrivains non moins célèbres alors, en parlèrent également de la manière la plus honorable. Une femme qui étoit la gloire de son sexe, ne pouvoit manquer d'obtenir une distinction aussi flatteuse. Sa maison, qu'elle avoit enrichie d'une bibliothèque précieuse et choisie avec goût, étoit le rendez-vous de la bonne compagnie, et surtout des savants et des étrangers qui passoient à Lyon. « Elle y receuoit gracieusement, nous « dit du Verdier, seigneurs, gentilshommes et autres « personnes de mérite, auec entretien de deuis et dis- « cours; musique tant à la voix qu'aux instrumens ou « elle estoit fort duicte, lecture de bons livres Latins et « vulgaires, Italiens et Espagnols **, dont son cabinet « estoit copieusement garni, etc. »

---

* Élégie II, page 79.

** Avec cette indication et les conjectures que fait naître la lecture des ouvrages de Louise Labé, il seroit aisé de faire le catalogue de sa bibliothèque. Il existoit déjà d'assez bonnes éditions des classiques latins, et il est probable qu'elle les avoit toutes. Virgile, Horace, Ovide, dont les ouvrages lui étoient très familiers, et qu'elle imitoit souvent, occupoient sans contredit

Nous devons considérer les réunions qui avoient lieu

les premiers rayons ; ils étoient près de Catulle, de Tibulle et de Properce. On y voyoit certainement aussi les meilleures versions latines qu'on eût alors des classiques grecs, et en particulier celles d'Homère, d'Anacréon, de Sappho, de Lucien, de Plutarque, etc. Peut-être même Louise Labé possédoit-elle les originaux ; car probablement elle avoit quelque teinture du grec, quoique les biographes ne mettent pas cette langue au nombre de celles qu'elle savoit. Les poètes latins modernes figuroient également dans sa collection : Jean Second n'étoit pas placé au dernier rang. Quant aux livres *vulgaires*, c'est-à-dire, écrits dans notre langue, on y trouvoit, parmi les prosateurs, les mémoires historiques du Sire de Joinville, de Froissard, de Monstrelet, de Philippe de Comines, Rabelais, les premières traductions d'Amyot, les ouvrages de grammaire de Louis Meigret, de Peletier du Mans, de Guillaume des Autels, les Arrêts d'Amour de Martial d'Auvergne, commentés par Benoît Court, de St-Symphorien-le-Château, les Cent nouvelles nouvelles de la cour de Bourgogne, l'Heptaméron de la reine de Navarre, etc.; et, parmi les poètes, les Marguerites de la Marguerite de la même princesse, les œuvres de Marot, le roman de la Rose, retouché par ce dernier, le même ouvrage tel qu'il fut composé primitivement par Guillaume de Lorris et Jean de Meung, tout ce qui avoit paru de Ronsard, de Joachim du Bellay, de Mellin de St-Gelais, de Jodelle, de Baïf, de Pontus de Tyard, de Charles Fontaine, d'Olivier de Magny, la Délie et quelques autres poésies de Maurice Sceve, les Rymes de Pernette du Guillet, lyonnoise, etc., etc. Malheureusement Amyot n'avoit pas encore mis au jour son Plutarque, ni Montaigne ses Essais. Le catalogue étoit très riche en livres italiens : il contenoit Pétrarque, Boccace, le Dante, l'Arioste. Il ne manquoit que le Tasse, pour que Louise Labé n'eût rien à envier, dans la lit-

chez la Belle Cordière * comme le type de celles qui illustrèrent les siècles de Louis XIV et de Louis XV : les unes et les autres furent très favorables aux progrès des lumières ; le goût s'épura dans les discussions savantes, auxquelles présidoit une extrême politesse ; la critique purgea l'histoire d'un grand nombre d'erreurs ; la langue françoise acquit plus de grâce et d'énergie ; l'émulation développa les talents et répandit dans toutes les classes de la société le désir de s'instruire et l'amour des sciences et des lettres. Un semblable résultat doit faire sentir combien ce genre de récréation étoit préférable à celui que nous avons adopté : nos cercles, nos brillantes soirées, dont le jeu, la po-

térature de cette nation, aux lecteurs qui vécurent quelques années plus tard, et peut-être même à ceux qui vivent maintenant. L'Espagne avoit fourni des romans, la Diane de Montemayor, les poésies de Garcilasso ; mais le seul livre, pour ainsi dire, qu'elle ait aujourd'hui, celui qui en a fait oublier tant d'autres, Don Quichotte, ne parut que vers la fin du XVI.⁰ siècle, et Louise Labé, morte en 1566, ne put le connoître.

* Suivant Poullin de Lumina, Abrégé chronologique de l'histoire de Lyon, Lyon, Delaroche, 1767, in-4.°, page 187, « Louise Labé étoit un des principaux membres de l'académie « littéraire, dont les assemblées se tenoient sur la montagne « de Fourvière, dans la maison du sieur de Lange, d'où elle « fut appelée l'Angélique. Les autres académiciens étoient les « sieurs de Lange, de Villeneuve, Fournier, Paterin, Symphorien Champier, Benoît Court, Jean Voulté, Etienne « Dolet, du Choul, Vauzelles, le poète Girinet, Clément « Marot, Maurice Sceve, Claudine et Sibylle Sceve, Pernette « du Guillet, Clémence de Bourges, et les sieurs du Peyrat. »

litique et la vanité font tous les frais, ne laissent pour l'ordinaire que des regrets; ce n'est que dans les amusements qui développent les grâces du corps, et dans ceux qui exercent l'esprit, que l'homme trouve ses véritables jouissances.

Nous n'avons parlé jusqu'ici que des poésies de Louise Labé; mais il est un autre ouvrage qui ne la recommande pas moins à l'estime de la postérité; c'est une petite comédie en prose, intitulée, *Debat de Folie et d'Amour*, allégorie ingénieuse, pleine d'esprit, de délicatesse et de bonne morale*. Cette pièce à six personnages, divisée en cinq discours ou actes, n'a point été représentée; mais elle a eu l'insigne honneur de fournir

---

* « La plus belle fable des Grecs est celle de Psyché; la plus « plaisante fut celle de la Matrone d'Éphèse. La plus jolie, « parmi les modernes, fut celle de la Folie, qui, ayant crevé « les yeux à l'Amour, est condamnée à lui servir de guide. » VOLTAIRE, Questions sur l'Encyclopédie, art. *Fable*. « On a dit « avec raison que cette allégorie étoit la plus heureuse des fables « modernes. Elle est en effet la seule qu'on puisse mettre à côté « de celles de l'antiquité. Elle est du même genre; elle en a la « grâce, la vérité, la justesse; elle en est le complément. » GUDIN, Histoire des Contes, 1805, page 171. L'ouvrage de Louise Labé n'est pas seulement *une allégorie ingénieuse ;* il décèle encore une grande érudition. Aristote, Chrysippe, Diogène, Platon, Homère, Sappho, etc., parmi les grecs, et, parmi les latins, Virgile, Ovide et même Apulée, y sont cités et cités à propos. On y voit de fréquentes et heureuses allusions à des faits historiques et à des points de mythologie qui ne sont connus que des personnes les plus instruites.

à La Fontaine l'idée d'une de ses plus jolies fables *.
Pour connoître ce que cette comédie, la première qui
ait paru dans le genre de l'auteur des *Grâces* **, offre
de talent et d'imagination, il suffira de lire l'argument
de cet ouvrage, composé par Louise Labé elle-même
(page 6).

On sentira, après l'avoir lu, combien un sujet conçu
avec tant d'art devoit présenter de ressources au talent
de l'écrivain qui avoit entrepris de le traiter***. Louise
en a su tirer le meilleur parti, et cet ouvrage, imité
dans toutes les langues ****, suffiroit seul pour immortaliser son nom.

* L'Amour et la Folie, livre xii, fable 14.

** Saint-Foix. Un critique a dit de cette comédie des *Grâces*,
qu'elle sembloit « avoir été faite par elles et pour elles. »

*** Il n'est pas hors de propos de remarquer que ce sujet
si heureux paroît être de l'invention de Louise Labé. On ne
connoît rien dans les écrivains antérieurs qui ait pu lui en fournir l'idée. Il est certain qu'elle avoit lu l'éloge de la Folie (Encomium Moriæ), écrit en latin par Érasme ; mais, si elle en a
emprunté quelques détails, si elle semble l'avoir eu sous les
yeux lorsqu'elle écrivoit le plaidoyer de Mercure pour la Folie,
qui n'est qu'une partie de son ouvrage, elle n'a pu y trouver
ce qui n'y est pas, le plan et l'ensemble de la composition, la
fable sur laquelle elle l'a fondée.

**** Le P. Commire en a tiré une fable latine qu'il a intitulée,
Dementia Amorem ducens (Voy. Joan. Commirii carmina, Lu-
tetiæ Parisiorum, 1714, 2 vol. in-12, tome 1, page 302), et
que La Fontaine connoissoit vraisemblablement aussi, lorsqu'il
a fait la sienne. Elle est adressée à Ménage, et terminée par
ce jeu de mots :

Les Œuvres de notre aimable Compatriote [5] * justifient la supériorité de son talent à une époque si voisine

> Hæc nos, Menagî, fabula venustè monet
> Amantes esse proximos amentibus.

« Il a paru sur la scène françoise, en 1754, une petite co-
« médie en un acte et en vers libres, composée d'après cette
« fable, mais elle ne s'y est pas soutenue, quoiqu'au rapport
« de l'auteur de l'Année littéraire, elle se trouvât pleine de
« choses finement pensées et rendues avec délicatesse et préci-
« sion. M. Desfontaines a fait depuis, sur le même sujet, un
« opéra-comique en trois actes, qui fut représenté avec succès
« aux Italiens, en 1782. Cette fable a fait naître encore chez
« plusieurs fabulistes, tels que Pesselier, Le Brun, Grécourt,
« le chevalier de Limoges, l'idée d'associer ensemble l'Amour
« et la Raison, comme pour faire suite; et ces suites, ainsi
« que la plupart de celles qu'on s'est ingéré de donner aux
« ouvrages accueillis avec une faveur marquée, sont dans le
« plus profond oubli. » M. SOLVET, Études sur La Fontaine,
Paris, 1812, in-8.°, part. II, pages 210-211.

Les commentateurs de La Fontaine citent, parmi les imitateurs de ce même apologue en langues étrangères, l'italien
L. Grillo et l'anglais Dodsley; mais aucun d'eux ne mentionne
une imitation françoise faite par un M. Moreau de Dijon, et
insérée dans le Nouveau Recueil de pièces fugitives, etc., par
l'abbé Archimbaud, Paris, 1717, in-12, tome II, pages 85-89.
C'est une pièce assez faible, dont les vers les plus passables
sont les deux derniers :

> Ainsi dit, ainsi fait; et c'est depuis ce jour
> Que partout la Folie accompagne l'Amour.

[5] Jean de Tournes, imprimeur célèbre de Lyon, et un des
savants qui assistoient avec le plus d'exactitude aux assemblées

de la barbarie. Je ne m'attacherai pas à en faire l'analyse : cette tâche seroit trop au-dessus de mes forces.

qui se tenoient chez la Belle Cordière, publia les œuvres de celle-ci en 1555, in-8.º. Il en donna une seconde l'année suivante, in-16. Toutes deux étoient épuisées depuis long-temps, lorsqu'une société de gens de lettres de cette ville conçut le projet d'imprimer de nouveau les œuvres de Louise Labé : elles parurent chez les frères Duplain, en 1762, in-12. Elles contiennent, outre le *Débat de Folie et d'Amour*, trois élégies et vingt-quatre sonnets, dont l'un est en italien. On y a joint vingt-cinq pièces composées à sa louange, une en grec, une autre en latin, trois sonnets et un madrigal en italien, et le reste en françois.

* Jean de Tournes n'a pas donné seulement deux éditions des œuvres de Louise Labé ; il en a donné trois. Comme je les ai en mon pouvoir, je puis en parler avec certitude, et ce que j'en dirai rectifiera ce qu'en ont dit plusieurs bibliographes qui ne les avoient pas vues. Déjà le savant M. Beuchot, dans une note insérée dans la Bibliographie de la France ou Journal de l'imprimerie et de la librairie, année 1815, n.º 2827, avoit relevé quelques-unes des erreurs où ils sont tombés. Je profiterai de ses indications, et je les appuierai de la vérification que moi-même j'en ai faite ; mais je remercierai, avant tout, M. Beuchot, dont la complaisance m'a été du plus grand secours, et par l'entremise duquel j'ai obtenu la communication de deux des éditions que j'ai à décrire.

L'exemplaire qui est en ce moment sous mes yeux, de la première édition publiée par Jean de Tournes, est inscrit dans le catalogue de la bibliothèque du roi, sous le n.º Y 4547, et provient de la bibliothèque Falconnet, n.º 11562. C'est un petit volume in-8.º de 173 pages, portant ce titre : « EVVRES DE « LOVÏZE LABÉ LIONNOIZE. A LION PAR JAN DE TOVRNES.

Cependant je ne puis m'empêcher de dire que sa seconde élégie est remplie de grandes beautés, que plu-

« M. D. LV. *Auec Priuilege du Roy.* » La prose y est imprimée en lettres romaines, et les poésies en caractère italique. Sur le verso du dernier feuillet, on lit, après un petit errata où sont corrigées quatre fautes d'impression, ces mots : « Acheué d'im-
« primer ce 12. Aoust, M. D. LV. »

La seconde édition, dont deux exemplaires se trouvent à Lyon (l'un dans la bibliothèque de M. Lambert, et l'autre dans celle de M. le conseiller Coste, si riche en auteurs lyonnois), semble n'être qu'un second tirage de la précédente : sa date est de l'année d'après, 1556; elle est du même format, imprimée avec les mêmes caractères, et contient le même nombre de pages. Les seules différences qu'il y ait entre elles, consistent en ce que, 1.º les fautes indiquées dans l'errata de la première sont corrigées à leurs places dans la seconde; 2.º sur le frontispice, à la suite de ces mots : EVVRES DE LOVÏZE LABÉ LION-NOIZE, l'imprimeur a ajouté ceux-ci : *Reuues et corrigees par ladite Dame;* 3.º et enfin, le *Priuilege du Roy*, qui ne se trouve pas dans l'édition de 1555, occupe, dans celle de 1556, le verso du dernier feuillet et le recto d'un feuillet suivant.

La troisième édition due à Jean de Tournes est également de 1556, et porte absolument le même titre que celle de 1555; mais elle diffère de celle-ci, et pour le format et pour le caractère : elle est in-16, et en lettres romaines d'un bout à l'autre. Les pages n'en sont pas chiffrées, et elle ne contient pas l'ode grecque qui, dans les deux éditions précédentes, est à la page 125. L'exemplaire sur lequel je fais ces remarques, est celui de la bibliothèque du roi, où il est inscrit sous le n.º Y 4548. M. Beuchot observe qu'il s'en trouvoit deux dans la bibliothèque du duc de la Vallière (part. I, n.º 3155 et 3156).

La Monnoye, dans ses notes sur La Croix du Maine, et, d'a-

sieurs de ses sonnets respirent ce charme rêveur, cette mélancolie passionnée qui ravit les âmes tendres, et

près lui, M. B. D. L. (le P. Bougerel), dans les Mémoires de Niceron (tome XXIII, page 248), parlent d'une édition de Rouen, 1556, in-16. L'abbé Goujet en parle aussi, Biblioth. franç. (tome XII, pages 82 et 451). Cette édition existe-t-elle? M. Beuchot croit que cette question doit se décider par la négative. M. Cochard a donc eu raison de passer sous silence cette prétendue édition de Rouen; mais il n'eût pas manqué de mentionner, s'il en eût eu connoissance, celle qui a paru à Brest, en 1815, in-8.°, et qui n'a été tirée qu'à 140 exemplaires, dont 20 sur carré ordinaire, 116 sur carré vélin d'Annonay, 3 sur papier rose de pâte, et 1 sur peau de vélin. L'éditeur, feu M. Michel, imprimeur à Brest, a suivi la première et la troisième édition de Jean de Tournes; il ne connoissoit pas la seconde. Le seul changement qu'il se soit permis, a été de placer dans un ordre différent les pièces intitulées, *Escriz de diuers Poëtes à la louenge de Louïze Labé*, qu'il a classées à peu près ainsi : odes, sonnets, madrigaux.

Mais long-temps avant cette édition, a paru celle de 1762, dont M. Cochard a donné la description. J'ajouterai aux détails dans lesquels il est entré à son sujet, qu'elle fut imprimée par Aymé Delaroche, et tirée seulement à 525 exemplaires, dont 25 en grand papier fin de Hollande, savoir 12 avec les figures, vignettes et culs-de-lampe en camayeu, et 13 avec ces figures en noir, et que les gens de lettres lyonnois, aux frais desquels elle fut publiée, et dont les noms doivent être consignés ici très-honorablement, sont MM. Jacques Annibal Claret de la Tourette de Fleurieu, ancien prévôt des marchands, président honoraire de la cour des monnoies, et secrétaire perpétuel de l'académie de Lyon, dont il a été pendant quelque temps le doyen; Antoine La Croix, obéancier baron de St-Just; le

dont la poésie s'accommode si bien ; que le dix-huitième surtout* est remarquable par cette énergie amoureuse et brûlante qui caractérise un cœur vivement épris, et que le *Debat de Folie et d'Amour* porte un cachet vraiment original. Il ne faut donc pas s'étonner qu'une femme, parvenue à une telle hauteur par son seul génie, ait eu des détracteurs : il seroit au contraire surprenant qu'elle n'en eût pas rencontré**.

La Belle Cordière avoit cherché à relever la dignité de son sexe, en l'excitant à se livrer à l'étude : «Estant

---

P. Dumas, bibliothécaire des Cordéliers; Joseph Janin, bibliothécaire des Augustins; Jean-François Tolozan, premier avocat-général à la cour des monnoies de Lyon ; Blaise Desfours, conseiller à la même cour ; Ruffier d'Attignat, trésorier de France, et enfin Pierre Adamoli. Ce dernier fut chargé du soin de diriger l'impression, qui fut faite sur un exemplaire de 1555, fourni par M. de Fleurieu; et celui-ci est sans doute l'auteur des Recherches sur la vie de Louise Labé, placées à la tête du volume. Voy. M. Delandine, Catalogue de la bibliothèque de Lyon, belles-lettres, n.ᵒˢ 2650 et 6642.

* Ce sonnet seroit digne de Sappho, ou de Catulle dont il rappelle les fameux hendécasyllabes : Vivamus, mea Lesbia, atque amemus.... C'est un baiser dans le genre de ceux de Jean Second, qui étoient sans doute, comme nous l'avons dit, connus de Louise Labé; mais on peut assurer que, si elle a voulu imiter ce poète, elle l'a bien surpassé :

.... Una omnes surripuit Veneres.
(CATULL. Carm. 88.)

** C'est le sort de toutes les femmes qui se mêlent d'écrire : on leur dispute la gloire méritée par les productions littéraires

« le tems venu, Madamoiselle, écrivoit-elle à Clémence
« de Bourges, que les seueres loix des hommes n'em-

qu'elles mettent au jour, en insinuant qu'elles n'en sont que
les mères adoptives. Louise Labé n'a pas été plus heureuse que
les autres personnes de son sexe qui, comme elle, ont publié
des ouvrages. Plusieurs années après sa mort, Pierre de Saint-
Julien, dans ses Gémelles ou Pareilles, recueillies de divers
autheurs, tant grecs, latins, que françois, Lyon, 1584, in-8.°,
(livre second, LIII.ᵉ pareille), fit entendre que Maurice Sceve
lui avoit été d'un grand secours dans la composition du Débat
de Folie et d'Amour. Voici les propres paroles de cet auteur,
copiées, à ma prière, par M. Beuchot dans l'exemplaire de la
bibliothèque du roi. Après avoir dit que «les femmes se laissent
« aller à la volonté de quelques babillars trompereaux, » il
ajoute : « Aussi est-il quasi toujours aduenu que la pénitence
« a suyui de pres le péché, mais soit sur ce r'enuoyé le lecteur
« à ce qu'en a escrit Boccace de Certal en son Labyrinthe
« d'Amour, et s'il veut voir le discours de dame Loyse l'Abbé,
« dicte la Belle Cordiere (œuure qui sent trop mieux l'érudite
« gaillardise de Maurice Sceue, que d'une simple courtisane,
« encores que souuent doublée), il trouuera que les plus folla-
« tres sont les mieux venus auec les femmes. » Ainsi Pierre de
Saint-Julien ne se contente pas de répéter, d'une manière assez
indécente, les calomnies de Rubys et de du Verdier sur les
mœurs de Louise Labé ; il lui enlève encore un de ses titres au
souvenir de la postérité ; mais cette dernière imputation n'est
pas mieux fondée que les autres : Maurice Sceve, un des ad-
mirateurs de notre belle Lyonnoise, fut, il est vrai, un homme
très-érudit, et qui même dans ses vers affecta l'érudition au
point d'en être quelquefois obscur et bizarre ; mais ce qui nous
est resté de lui est trop inférieur au Débat de Folie et d'Amour,
et d'un genre trop différent, pour qu'il soit permis de lui attri-

« peschent plus les femmes de s'apliquer aus sciences
« et disciplines : il me semble que celles qui ont la
« commodité, doiuent employer cette honneste liberté
« que notre sexe ha autrefois tant desiree, à icelles apren-

buer cet opuscule. Tout ce qu'on pourroit accorder à Pierre de Saint-Julien, c'est que Louise Labé a peut-être soumis son ouvrage à la révision de Maurice Sceve; ce qui n'empêcheroit pas qu'elle n'en fût le seul et véritable auteur. Quel est, en effet, l'écrivain, même parmi les plus habiles, qui sur ses travaux littéraires ne consulte pas un ami, et ne les corrige pas d'après ses conseils, avant de les exposer aux regards du public! D'ailleurs, le compilateur des Gémelles se réfute, en quelque sorte, lui-même, en ne contestant à Louise Labé que la propriété d'un seul de ses ouvrages : les poésies qu'elle nous a laissées, prouvent qu'il y avoit en elle assez de talent pour qu'elle n'eût pas besoin d'emprunter celui des autres. N'oublions pas de remarquer ici, en passant, que la liaison de Louise Labé avec Maurice Sceve est une preuve de plus de la fausseté des calomnies répandues sur sa conduite : ce poëte, ami et patron de Marot, célébré par tous les gens de lettres de son temps, appartenant à une illustre famille piémontoise dont une branche s'étoit établie à Lyon, étoit un des personnages les plus considérés de cette ville; il y avoit exercé la profession d'avocat et les fonctions d'échevin : doué d'un talent singulier pour les inscriptions, les devises et les décorations publiques, c'est lui qui dirigea avec Claude de Taillemont, dont le nom figure aussi dans nos fastes consulaires, les fêtes magnifiques qui eurent lieu pour la réception solennelle du roi Henri II et de la reine Catherine de Médicis, au mois de septembre 1548; et certes il n'est pas probable que, dans une telle position, aimé et vénéré de ses concitoyens, tous les yeux étant, pour ainsi dire, fixés sur lui, il eût osé rechercher la société d'une infame prostituée.

« dre, et monstrer aus hommes le tort qu'ils nous fai-
« soient en nous priuant du bien et de l'honneur qui
« nous en pouuoit venir. » Plus loin elle ajoute qu'elle désire voir son sexe, « non en beauté seulement, mais en
« science et en vertu passer ou egaler les hommes[*]. »
Elle exhorte Clémence de Bourges « à si louable entreprise, » et finit par ces sages observations : « S'il y

---

[*] J'ai copié dans une note précédente un passage de Montaigne, où il refuse aux hommes toute prééminence sur les femmes, et soutient qu'elles ne sont pas moins aptes à l'étude des sciences et à tous les exercices de l'esprit. Un Lyonnois, contemporain de Louise Labé, Claude de Taillemont, que j'ai nommé tout à l'heure, a défendu la même cause dans son Discours des champs Faez à l'honneur et exaltation des Dames, Lyon, Michel du Boys, 1553, in-8.° : « N'a esté, dit-il, iusques
« auiourd'hui le vouloir et consentement de nos predecesseurs,
« tant miserables et peruers, que mus des erreurs d'autrui, ou
« de leur propre ignorance, ils n'ont permis aux esprits femi-
« nins gouter ce doux fruit de science et doctrine : comme si
« c'eust esté chose interdite de Dieu, qu'elles eussent su choi-
« sir la lumiere entre les tenebres, et discerner le bien du
« mal, ains ont trouué bon que l'ignorance, mere de tous maux,
« leur empeschast la connoissance de leur Seigneur et Facteur,
« et bien souvent d'elles mesmes. Occasion certes, par laquelle
« elles n'ont pu, ni su, ainsi que le sage, commander aux astres
« et se despestrer de la mauvaise inclination d'iceux. Vraiement
« les pauvres ignorans n'entendoient que de science vient vertu,
« et que les deux jointes ensemble, sont la vraie sapience, qui
« conduit l'homme au souverain bien d'immortalité, duquel il
« est aussi bien necessaire à la femme qu'à l'homme, d'auoir
« connoissance, d'autant qu'elle en participe comme lui. Mais

« ha quelque chose recommandable apres la gloire et
« l'honneur, le plaisir que l'estude ha acoutumé donner
« nous y doit chacune inciter, qui est autre que les
« autres recreacions : desquelles quand on en ha pris
« tant que lon veut, on ne se peut vanter d'autre
« chose, que d'auoir passé le temps. Mais celle de l'es-
« tude laisse un contentement de soy, qui nous de-

« que signifie, qu'il y a encore de tels fols au monde, lesquels
« sans aucune consideration, disent et maintiennent la femme
« ne pouuoir, ni deuoir sauoir aucune chose! Veritablement
« s'ils ne me veulent nier que Dieu l'ait faite participante d'ame
« raisonnable comme l'homme, ie ne say pourquoi il ne lui
« seroit possible et licite de sauoir aussi bien qu'à lui. N'a elle
« sens, jugement, et raison, l'esprit prompt, et autant sus-
« ceptible que l'homme? Ne voit on par experience, le fruit
« qu'aucunes ont rapporté, et rapportent encore à present, du
« peu de doctrine qui leur est permise : sinon toutesfois tant
« generalement que les hommes, n'en faut blasmer, et accuser
« que la coustume, qui est seulement, et selon le vulgaire, de
« sauoir filer, et faire leur ménage : tant elle est à leur preiu-
« dice obseruee, que si elles estoient instruites es lettres, comme
« les hommes, ie m'ose bien pour elles promettre l'auantage :
« et, pour certain, c'est grand dommage, que tant de beaux es-
« prits ne sont limés et employés à de meilleurs affaires, que
« ceux auxquels la tyrannie des hommes les a seulement asser-
« uies : car lors se connoitroit par experience, ce que je dis
« estre vrai, et ne seroit besoin alleguer les sciences et vertus
« d'une infinie multitude de femmes, qui sont et ont esté. »
Voy. du Verdier, Biblioth. franç., art. *Claude de Taillemont*,
édition de Rigoley de Juvigny (tome 1, page 371).

« meure. Car le passé nous resiouit et sert plus que le
« present. »

De semblables conseils aussi fortement, et, je dirai même, aussi élégamment exprimés, étoient de nature à produire beaucoup d'effet. Déjà le genre d'éducation que recevoient les femmes, depuis le règne de François Ier, avoit singulièrement développé toutes les ressources de leur esprit, tous les trésors de leur féconde imagination. Il n'en fallut pas davantage pour effaroucher quelques-uns de ces hommes qui s'imaginent que la carrière des sciences et des lettres est exclusivement attribuée à leur sexe: ils cherchèrent donc à ternir la réputation des femmes dont ils ne pouvoient déprimer les écrits, afin de leur enlever ce degré d'estime qui forme leur plus bel apanage.

L'abbé Irail, dans ses Querelles littéraires[*], est venu ajouter un nouveau trait de calomnie à ceux qui avoient déjà été répandus contre la Belle Cordière: il lui impute d'avoir trahi la confiance de Clémence de Bourges, sa meilleure amie, en lui enlevant son amant, et d'avoir « conservé par malice une conquête qu'elle « avoit faite par amour-propre. » Cette anecdote, démentie par tous les documents de l'histoire, par la fin même de Clémence de Bourges, a été reproduite dans les Recherches placées à la tête de la dernière édition[**]

---

[*] Paris, Durand, 1761, 4 vol. in-12, tome I, pages 158-164.

[**] C'est-à-dire, de l'édition de 1762. La dernière édition est celle de Brest, 1815, qui, comme je l'ai dit dans une des notes précédentes, n'étoit pas connue de M. Cochard.

des œuvres de notre spirituelle Lyonnoise, avec des circonstances propres à séduire des personnes crédules*. Cet acharnement à poursuivre la mémoire d'une femme digne, par sa conduite et son savoir, de toute l'estime de la postérité, est la plus forte preuve que l'envie s'attache à la gloire pour en ternir l'éclat; que, semblable à la rouille qui consume le fer, elle s'applique à détruire les réputations les mieux consolidées, et qu'elle ne respecte pas même les tombeaux **. Mais la justice rendue à la Belle Cordière par ses contemporains, par son mari, par les hommes les plus recommandables dans la littérature, doit naturellement l'emporter sur des allégations dénuées de preuves, émises long-temps après son décès, et qui, sous ce rapport, ne méritent aucune confiance.

J'ai parlé de son mari. Louise Labé subit, en effet, le joug de l'hymen; mais mes recherches n'ont pu m'en faire connoître l'époque précise; j'ai seulement acquis la certitude qu'elle eut pour époux Ennemond Perrin, marchand cordier à Lyon, et que déjà leur union subsistoit en 1555, puisque la plupart des pièces faites en l'honneur de Louise, lui sont adressées avec

---

* Ce même conte a été adopté dans la Biographie universelle, à l'art. Labé (Louise), par M. Fortis, et à l'art. Clémence de Bourges, par M. Beuchot. Il l'avoit déjà été, mais avec quelque hésitation, par l'éditeur des Annales poétiques (Sautereau de Marsy), dans la notice qu'il a consacrée à Louise Labé (pages 217 et suiv. du tome IV de ce recueil, imprimé en 1778).

** Que vous ont fait les morts pour remuer leur cendre!
Le tombeau contre vous ne peut-il les défendre!

la qualification de Dame, qu'elle y est désignée sous le nom de Belle Cordière, titre qu'elle tenoit de la profession de son époux, et que, dans des vers à sa louange, on fait la description de son jardin en ces termes :

> Vn peu plus haut que la plaine,
> Ou le Rone impetueus
> Embrasse la Sone humeine
> De ses grans bras tortueus,
> De la mignonne pucelle
> Le plaisant iardin estoit, etc. (Pages 137 et suiv.)

Ce jardin faisant l'angle de la rue Confort et d'une ruelle tendant à Bellecour, avoit été *abénévisé*, en 1484, à Gillet Perrin, marchand cordier [6], sous une pension que son fils Ennemond Perrin, aussi marchand cordier, reconnut en 1531. Ainsi cette propriété n'appartint à Louise Labé qu'à cause de son mari, et cette

---

[6] Noble Léonard de Chamosset, de la ville de Trévoux, et Guigonne sa femme, fille de Jean Brunicard, citoyen de Lyon, *abénévisèrent* ce jardin avec une maison qui en dépendoit, à Gillet Perrin, sous une pension de 4 liv. par an. L'acte d'*abénévis* est du 30 mai 1484. Perrin établit sur ce local son atelier de corderie et ses magasins. Ennemond Perrin, son fils et son héritier, reconnut la pension, le 1.er août 1531. M. Claude Berthier, conseiller au parlement de Grenoble, étoit possesseur de la maison et du jardin, vers la fin du XVI.e siècle. Louis Dupré, cartonnier, racheta la pension en 1699 *.

* Cette maison appartenoit naguère à feue M.me Tavernier, née Dupré : elle est maintenant la propriété de M.me sa fille, épouse de M. Ravier du Magny, Président du tribunal de première instance de Lyon.

circonstance est une preuve certaine qu'à l'époque où ses œuvres furent imprimées, elle étoit engagée dans les liens du mariage.

L'acte de reconnoissance de 1531, dans lequel Ennemond Perrin agit comme majeur, démontre qu'il étoit beaucoup plus âgé que Louise. Je n'ai rien pu découvrir sur la date précise de son décès; mais le testament de sa femme, daté de 1565, nous apprend qu'il avoit alors cessé de vivre, puisqu'elle y est qualifiée de *Veuve de sire Ennemond Perrin, en son vivant bourgeois citoyen de Lyon.*

Cette union de Louise Labé avec Ennemond Perrin étoit dans les convenances, dès-lors que les deux familles exerçoient le même genre de commerce, et qu'elles jouissoient également de la considération que procurent toujours une conduite irréprochable et une aisance honnête. Perrin avoit sans doute aussi un esprit cultivé; car autrement Louise, douée d'une foule de talents agréables, d'une sensibilité exquise et d'une intelligence rare, eût-elle consenti à donner sa main et son cœur à un homme qui eût été incapable d'apprécier tout ce qu'elle valoit? On peut donc conjecturer hardiment qu'il existoit entre eux une véritable sympathie, et ce doux échange d'amitié, de soins, d'égards et de prévenances, qui constitue la félicité dans le mariage. La tendresse de Perrin pour son épouse ne sauroit être révoquée en doute, puisque, par l'acte de sa dernière volonté, il l'institua, à défaut d'enfants, son héritière universelle. Une aussi généreuse résolution décèle toute la force de son amour, et prouve jusqu'à l'évidence que Louise en étoit digne. Une foule de présomptions me portent même à croire qu'il avoit été l'amant favorisé, auquel notre intéressante Lyonnoise adressoit ses touchantes élégies et ses sonnets si brûlants *. La publicité qu'elle donna à ses œuvres du vivant de son mari, semble ne laisser aucun doute sur ce point, et justifier, mieux que tous les discours, la pureté et la décence de sa conduite.

Il ne nous reste aucune autre production littéraire de la Belle Cordière, que le petit nombre de celles qui sont contenues dans le recueil de ses œuvres. Cependant, depuis l'époque où elles parurent pour la première

---

* Il paroît que MM. Barré, Radet et Desfontaines, auteurs de la petite pièce des Trois Saphos Lyonnoises, ou Une cour d'amour, jouée à Paris, en 1815, au théâtre du Vaudeville, et imprimée la même année, in-8.º de 46 pages, ont été préoccupés de la même idée, puisqu'ils ont donné le nom d'*Ennemond* à l'amant de Louise Charly, une des Trois Saphos. Mais leur pièce est un badinage très léger, et n'a rien d'historique, si l'on excepte les principaux personnages qui y figurent. Une des suppositions sur lesquelles la fable en est fondée, et que le moindre examen chronologique défend d'admettre, est celle qui consiste à faire trouver à Lyon, à la même époque, Marguerite de Valois, reine de Navarre, Clément Marot et Rabelais, avec la Belle Cordière, Clémence de Bourges et Pernette du Guillet, transformée en Aglaé du Guillet. Il suffira, pour sentir la fausseté de cette supposition, d'observer que Marot n'est pas revenu à Lyon depuis 1538, et qu'à cette époque, Louise Labé, née en 1526, n'avoit que douze ans, que Clémence de Bourges étoit peut-être encore moins âgée, et que Pernette du Guillet, morte très-jeune en 1545, étoit à peine sortie de l'enfance.

fois jusqu'à sa mort, sa muse n'est point demeurée oisive. Pernetti * nous assure que le P. Menestrier avoit eu entre les mains beaucoup de vers latins de sa composition. Elle écrivoit d'ailleurs dans sa langue avec trop de facilité et de goût pour qu'elle ait négligé d'en faire usage. Il est probable qu'on ne prit, après son décès, aucun soin de recueillir ses papiers, et qu'ils devinrent la proie de l'ignorance. C'est à ce motif qu'il faut attribuer le défaut de notions, auquel nous sommes réduits, sur les dernières années de cette femme célèbre.

Son testament que j'ai recouvré, et qui porte la date du 28 avril 1565, vient ajouter de nouveaux traits à son éloge : il sert à établir que la bienfaisance est inséparable de la beauté. Voici les principales dispositions de cet acte précieux.

Louise Charlin, dite Labé, veut d'abord que son corps soit inhumé, si elle décède à Lyon, dans l'église de N. D. de Confort, de nuit, à la lanterne, sans pompe, et accompagné seulement de quatre prêtres ; qu'il soit célébré à son intention, dans les huit jours de sa mort, un service et cent messes basses ; que les pauvres soient aumônés d'une somme de 1000 liv., et trois filles indigentes, dotées chacune de 50 liv., pour contribuer à leur mariage. Elle fonde dans l'église de Parcieu en Dombes, paroisse où elle avoit des propriétés, une messe basse par semaine à perpétuité pour elle, ses parents et ses amis. Elle assigne à chacun de ses domestiques et aux personnes employées à

---

* Les Lyonnois dignes de mémoire, tome I, page 353.

la culture de ses fonds, des legs proportionnés à leurs besoins, ou aux services qu'ils lui avoient rendus. Elle nomme pour son exécuteur testamentaire le sieur Jacques Fourtin, marchand florentin, demeurant à Lyon, auquel elle confie l'administration de ses biens pendant vingt ans, sans aucune reddition de compte. Enfin elle élit pour ses héritiers universels Jacques et Pierre Charlin, dits Labé, ses neveux, fils de François Charlin son frère [7], et leur substitue, s'ils viennent à mourir sans enfants, les pauvres de l'Aumône générale de Lyon, avec défense d'aliéner ses propriétés.

Cet acte nous fait savoir que Louise Labé avoit une maison de campagne à Parcieu, et qu'elle y faisoit chaque année quelque séjour; qu'elle possédoit aussi des rentes foncières, et qu'elle avoit encore des fonds dans le Grand Parti du roi, sous le nom du sieur Fourtin, dont les revenus étoient assignés sur la ville de Rouen. Il nous apprend également que Louise étoit atteinte d'une maladie grave, qui la retenoit dans la maison du sieur Fourtin, et qui sans doute la mit au tombeau bientôt après.

Jacques et Pierre Charlin ne survécurent pas long-temps à leur tante ; car les pauvres de l'Aumône générale se mirent, dès l'année 1569, en possession des

---

[7] Ainsi le testament de Louise Labé rectifie le récit de Pernetti : ce ne furent point les neveux d'Ennemond Perrin qui recueillirent sa succession, ce fut son épouse, et celle-ci la légua à ses propres neveux, et, à leur défaut, à l'Aumône générale.

biens qui leur avoient été substitués; ils louèrent la maison de la rue Confort, le 26 décembre, abénévisèrent, l'année suivante, la maison grangère de St. Jean de Thurigneu, dépendant de la même succession, et vendirent dans la suite la grange de Parcieu au sieur Fourtin [8].

La postérité, toujours équitable, a voulu conserver le souvenir de Louise Labé, en donnant le nom de Belle Cordière à la rue dans laquelle elle avoit son domicile [9], et qui n'étoit avant 1542 qu'une simple ruelle

---

[8] La grange de St. Jean de Thurigneu fut vendue, par acte du dernier décembre 1570, à Jean Bruyères, moyennant la somme de 800 liv. une fois payée, et une pension annuelle de 30 liv.

[9] Rien n'est plus sage, plus utile, et plus patriotique à la fois, que de donner aux rues et aux places d'une ville, les noms des citoyens qui, par des services éminents ou des talents remarquables, ont acquis des droits à la reconnoissance publique. C'est, pour les cœurs généreux, un puissant mobile d'émulation, dont nos ancêtres n'ont pas négligé l'emploi: les rues *Vandran*, *Thomassin*, *Sala*, *Boissac*, *du Peyrat*, *de Gadagne*, *Clermont*, *Villars*, *Neyret*, *du Garet*, etc., nous rappellent des familles la plupart éteintes, mais toutes honorablement inscrites dans les annales de Lyon. Depuis quelques années, l'administration municipale, marchant sur les traces de nos pères, se plaît aussi à décorer de noms vraiment historiques les rues nouvellement ouvertes: ainsi ceux de *Champier* et de *Pavie*, médecins célèbres, se voient près des Cordeliers, où ils avoient leur habitation; celui de *Bellièvre*, un des ministres de Henri IV, à l'endroit même où il reçut le jour; de *Menestrier*, à côté du Collége, où il écrivit l'histoire de Lyon et une foule d'autres ouvrages mar-

conduisant au portail de Bellecour. Les Jacobins ayant aliéné, dans ce temps-là, une partie de l'enclos de vigne qu'ils possédoient le long de cette ruelle, les acquéreurs s'empressèrent d'y construire des maisons; on élargit le passage, qui fut d'abord appelé rue Neuve; ensuite rue Regnier, en 1570; enfin, rue Regnier ou

qués au coin de l'érudition la plus profonde; de *Rosier*, habile agronome, près de la cure de Saint Polycarpe, où, le 29 septembre 1793, il fut écrasé par une bombe, et mourut victime de son attachement à ses devoirs et à sa patrie, etc. Mais tout n'est pas fait encore : dès long-temps j'ai émis le vœu qu'une de nos principales rues portât le nom de *Turquet et Nariz*, avec cette inscription : *Ils fondèrent, en 1536, la manufacture des étoffes de soie.* Cet hommage, rendu à la mémoire de deux hommes industrieux, auxquels la ville doit un établissement qui a été une des sources de sa prospérité, ne pourroit produire que de bons effets. Espérons que ce souhait s'accomplira bientôt. Chaque jour, se forment de nouveaux quartiers : l'administration profitera sans doute de cette circonstance pour perpétuer la gloire de plusieurs de nos concitoyens; elle n'oubliera pas *Vulpio*, qui, en 1543, vint nous enrichir de l'art de filer et de tisser le coton; *Poivre*, qui, au péril de sa vie, transplanta les épices fines dans nos colonies; *Médicis* qui fut, dans le XIV.ᵉ siècle, propriétaire de l'emplacement de l'hôtel du Nord, où il exerçoit la banque, et que l'on considère comme la tige de cette illustre famille qui régna sur la Toscane; *Buyer*, qui apporta dans nos murs l'art de l'imprimerie; *Cardon*, qui exerça cet art avec tant de distinction, etc., etc. Ce sont là, en effet, quelques-uns des noms qu'une ville de commerce, telle que la nôtre, peut citer avec orgueil, et dont elle doit chercher à immortaliser le souvenir.

Belle Cordière, en 1607. Ce dernier nom a prévalu, et s'est perpétué jusqu'à notre temps.

Louise Labé mérita cet honneur par l'éclat qu'elle répandit sur sa patrie : la durée de sa vie n'a pas été longue ; mais tous ses jours ont été remplis d'une manière utile, et c'est par une bonne action qu'elle les a terminés. Son héritage vint augmenter le patrimoine des pauvres, et contribue encore aujourd'hui au soulagement des malheureux. Ainsi celle qui se montra supérieure en valeur, en savoir et en vertu, voulut aussi se distinguer par sa bienfaisance.

L'exemple de la Belle Cordière, la place éminente qu'elle occupe dans les fastes de la littérature, nous sont de surs garants de l'influence que l'éducation exerce sur les esprits, et prouvent combien les femmes apporteroient de pénétration et d'aptitude dans les sciences, si nous leur permettions de les étudier. Les Gaulois, nos ancêtres, avoient pour leurs compagnes une singulière vénération ; ils les établissoient juges de leurs différends, se soumettoient sans murmure à leurs décisions, et les regardoient comme les interprètes de la divinité. Moins sages qu'eux, notre orgueil étouffe leur génie, et, quoique nous éprouvions à chaque instant combien leur tact est sûr en matière de goût, combien leur âme a de force et d'énergie dans le danger, combien leur esprit a d'agrément et de souplesse, combien leur douceur et leur amabilité leur fournissent de moyens pour conduire les affaires les plus délicates à un heureux terme, nous les tenons dans une sorte d'état continuel d'interdiction, et par une éducation toute artificieuse, nous constituons bien mieux leur foiblesse que ne le fait la nature même. Aussi leur loisir est-il un tourment, leur travail une oisiveté. Ah! puisqu'elles partagent nos plaisirs, puisqu'elles contribuent si efficacement à notre bonheur, pourquoi ne les élèverions-nous pas jusqu'à nous? pourquoi n'ajouterions-nous pas à leur félicité, en occupant davantage leur raison? pourquoi ne donnerions-nous pas le plus grand essor au développement de leurs facultés intellectuelles, et ne dirigerions-nous pas vers un but utile leur ardente imagination, au lieu de l'user en l'assujettissant à des œuvres serviles, à des détails minutieux, à des études inconsidérées? Il appartient à notre siècle de restituer à ce sexe enchanteur la part qu'il doit avoir dans toutes les opérations de l'entendement. C'est par l'instruction que nous pouvons parvenir à lui assigner le rang que les lettres et les sciences donnent aux personnes qui les cultivent, que nous épurerons ses mœurs, que nous ennoblirons ses passions, que nous exalterons ses sentiments, en lui faisant chérir ses devoirs, en l'attachant davantage à sa patrie, en lui rendant facile la pratique des vertus. Dans l'expression de ce vœu, je ne fais que répéter celui que forma Louise Labé elle-même: sa propre expérience lui avoit appris combien l'instruction est utile, combien elle ajoute aux attraits de la beauté, et elle désiroit d'y voir participer toutes les personnes de son sexe. Puisse un tel souhait se réaliser! Il doubleroit nos jouissances, et sèmeroit pour nous de nouvelles fleurs le chemin de la vie.

EVVRES

DE

LOVÏZE LABÉ.

A MADAMOISELLE

CLEMENCE DE BOVRGES,

LIONNOIZE.

Estant le tems venu, Madamoiselle, que les seueres loix des hommes n'empeschent plus les femmes de s'apliquer aus sciences et disciplines : il me semble que celles qui ont la commodité, doiuent employer cette honneste liberté que notre sexe ha autrefois tant desiree, à icelles aprendre : et montrer aus hommes le tort qu'ils nous faisoient en nous priuant du bien et de l'honneur qui nous en pouuoit venir : Et si quelcune paruient en tel degré, que de pouuoir mettre ses concepcions par escrit, le faire songneusement et non dédaigner la gloire, et s'en parer plustot que de chaines, anneaus, et somptueus habits : lesquels ne pouuons vrayement estimer notres, que par usage. Mais l'honneur que la science nous procurera, sera entierement notre : et ne nous pourra estre oté, ne par finesse de larron, ne force d'ennemis, ne longueur du tems. Si j'eusse esté tant fauorisee des Cieus, que d'auoir l'esprit grand assez pour comprendre ce dont il ha ù enuie, ie seruirois en cet endroit plus d'exemple que d'amonicion. Mais ayant passé partie de ma ieunesse à l'exercice de la Musique, et ce qui m'a resté de tems l'ayant trouué court pour la rudesse de mon entendement, et ne pouuant de moymesme satisfaire au bon vouloir que ie porte à notre sexe, de le voir non en beauté seulement, mais en science et en vertu passer ou égaler les hommes : ie ne puis faire autre chose que prier les vertueuses Dames d'esleuer un peu leurs esprits par dessus leurs quenoilles et fuseaus, et s'employer à faire entendre au monde que si nous ne sommes faites pour commander, si ne deuons nous estre dédaignees pour compagnes tant es afaires domestiques que publiques, de ceus qui gouuernent et se font obeïr. Et outre la reputacion que notre sexe en receura nous aurons valù au publiq, que les hommes mettront plus de peine et d'estude aus sciences vertueuses, de peur qu'ils n'ayent honte de voir preceder celles, desquelles ils ont pretendu estre tousiours superieurs quasi en tout. Pource, nous faut il animer l'une l'autre à si louable entreprise : De laquelle ne deuez eslongner ni espargner votre esprit, ià de plusieurs et diuerses graces acompagné : ny votre ieunesse, et autres faueurs de fortune, pour aquerir cet honneur que les lettres et sciences ont acoutumé porter aux personnes qui les suyuent. S'il y ha quelque chose recommandable après la gloire et l'honneur, le plaisir que l'estude des lettres ha acoutumé donner nous y doit chacune inciter : qui est autre que les autres recreacions : desquelles quand on en ha pris tant que lon veut, on ne se peut vanter d'autre chose, que d'auoir passé le temps. Mais celle de l'estude laisse un contentement de soy, qui nous demeure plus longuement. Car le passé nous resiouit, et sert plus que le présent : mais les plaisirs des sentimens se perdent incontinent, et ne reuiennent iamais, et en est quelquefois la memoire autant facheuse, comme les actes ont esté delectables. Dauantage les autres voluptez sont telles, que quelque souuenir qui en vienne, si ne nous peut il remettre en telle disposicion que nous estions : et quelque imaginacion forte que nous imprimions en la teste, si connoissons nous bien que ce n'est qu'une ombre du passé qui nous abuse et trompe. Mais quand il auient que mettons par escrit nos concepcions, combien que puis apres notre cerueau coure par une infinité d'afaires et incessamment remue, si est ce que long tems apres reprenans nos escrits, nous reuenons au mesme point, et à la mesme disposicion ou nous estions. Lors nous redouble notre aise : car nous retrouuons le plaisir passé qu'auons ù ou en la matiere dont escriuions, ou en l'intelligence des sciences ou lors estions adonnez. Et outre ce, le iugement que font nos secondes concepcions des premieres, nous rend un singulier contentement. Ces deus biens qui prouiennent d'escrire vous y doiuent inciter, estant asseuree que le premier ne faudra d'acompagner vos escrits, comme il fait tous vos autres actes et façons de viure. Le second sera en vous de le prendre, ou ne l'auoir point : ainsi que ce dont vous escrirez vous contentera. Quant à moy tant en escriuant premierement ces ieunesses que en les reuoyant depuis, ie n'y cherchois autre chose qu'un honneste passetems et moyen de fuir oisiueté : et n'auois point intencion que personne que moy les dust iamais voir. Mais depuis que quelcuns de mes amis ont trouué moyen de les lire sans que i'en susse rien, et que (ainsi comme aisément nous croyons ceux qui nous louent) ils m'ont fait à croire que les deuois mettre en lumiere : ie ne les ay osé esconduire, les menassant ce pendant de leur faire boire la moitié de la honte qui en prouiendroit. Et pource que les femmes ne se montrent volont ers en publiq seules, ie vous ay choisie pour me seruir de guide, vous dediant ce petit euure, que ne vous enuoye à autre fin que pour vous acerténer du bon vouloir lequel de long tems ie vous porte, et vous inciter et faire venir enuie en voyant ce mien euure rude et mal bati, d'en mettre en lumiere un autre qui soit mieus limé et de meilleure grace.

Dieu vous maintienne en santé.

De Lion ce 24. Iuillet 1555.

Votre humble amie

Louize Labé.

DEBAT
DE FOLIE ET D'AMOVR.

ARGVMENT.

Ivpiter faisoit un grand festin, ou estoit commandé à tous les Dieus se trouuer. Amour et Folie arriuent en mesme instant sur la porte du Palais : laquelle estant ià fermee, et n'ayant que le guichet ouuert, Folie voyant Amour ià prest à mettre un pied dedens, s'auance et passe la premiere. Amour se voyant poussé, entre en colere : Folie soutient lui apartenir de passer deuant. Ils entrent en dispute sur leurs puissances, dinitez et préseances. Amour ne la pouuant veincre de paroles, met la main à son arc, et lui lasche une flesche, mais en vain : pource que Folie soudein se rend inuisible : et se voulant venger, ôte les yeus à Amour. Et pour couurir le lieu ou ils estoient, lui mit un bandeau, fait de tel artifice, qu'impossible est lui ôter. Venus se pleint de Folie, Iupiter veut entendre leur diferent. Apolon et Mercure debatent les droits de l'une et l'autre partie. Iupiter les ayant longuement ouiz, en demande l'opinion aus Dieus : puis prononce sa sentence.

LES PERSONNES.

FOLIE.	AMOVR.
VENVS.	IVPITER.
APOLON.	MERCVRE.

DEBAT

DE FOLIE ET D'AMOVR.

~~~~~~

DISCOVRS I.

FOLIE.

A ce que ie voy, ie seray la derniere au festin de Iupiter, ou ie croy que lon m'attent. Mais ie voy, ce me semble, le fils de Venus, qui y va aussi tart que moy. Il faut que ie le passe, à fin que lon ne m'apelle tardiue et paresseuse.

AMOVR.

Qui est cette fole qui me pousse si rudement? Quelle grande háte la presse? Si ie t'usse aperçue, ie t'usse bien gardé de passer.

FOLIE.

Tu ne m'usses pù empescher, estant si ieune et foible. Mais à Dieu te command', ie vois deuant dire que tu viens tout à loisir.

AMOVR.

Il n'en ira pas ainsi : car auant que tu m'eschapes, ie te donneray à connoitre que tu ne te dois atacher à moy.

FOLIE.

Laisse moy aller, ne m'arreste point : car ce te sera honte de quereler auec une femme. Et si tu m'eschaufes une fois, tu n'auras du meilleur.

AMOVR.

Quelles menasses sont ce cy? ie n'ay trouué encore personne qui m'ait menassé que cette fole.

FOLIE.

Tu montres bien ton indiscrecion, de prendre en mal ce que ie t'ay fait par ieu : et te mesconnois bien toy-mesme, trouuant mauuais que ie pense auoir du meilleur si tu t'adresses à moy. Ne vois tu pas que tu n'es qu'un ieune garsonneau? de si foible taille que quand i'aurois un bras lié, si ne te creindrois ie gueres.

AMOVR.

Me connois tu bien ?

FOLIE.

Tu es Amour, fils de Venus.

AMOVR.

Comment donques fais tu tant la braue aupres de moy, qui, quelque petit que tu me voyes, suis le plus creint et redouté entre les Dieus et les hommes? et toy femme inconnue, oses tu te faire plus grande que moy? ta ieunesse, ton sexe, ta façon de faire te dementent assez : mais plus ton ignorance, qui ne te permet connoitre le grand degré que ie tiens.

FOLIE.

Tu trionfes de dire. Ce n'est à moi à qui tu dois vendre tes coquilles. Mais di moy, quel est ce grand pouuoir dont tu te vantes.

AMOVR.

Le ciel et la terre en rendent témoignage. Il n'y ha lieu ou n'aye laissé quelque trofee. Regarde au ciel tous les sieges des Dieus, et t'interrogue si quelcun d'entre eus s'est pù eschaper de mes mains. Commence au vieil Saturne, Iupiter, Mars, Apolon, et finiz aus Demidieus, Satires, Faunes et Siluains. Et n'auront honte les Deesses d'en confesser quelque chose. Et ne m'a Pallas espouuenté de son bouclier : mais ne l'ay voulu interrompre de ses sutils ouurages, ou iour et nuit elle s'employe. Baisse toy en terre, et di si tu trouueras gens de marque, qui ne soient ou ayent esté des miens. Voy en la furieuse mer, Neptune et ses Tritons, me prestans obeïssance. Penses tu que les infernaus s'en exemptent? ne les áy ie fait sortir de leurs abimes, et venir espouuenter les humains, et rauir les filles à leurs meres? quelques iuges qu'ils soient de telz forfaits et transgressions faites contre les loix? Et à fin que tu ne doutes auec quelles armes ie fay tant de prouesses, voila mon Arc seul et mes flesches, qui m'ont fait toutes ces conquestes. Ie n'ay besoin de Vulcan qui me forge de foudres, armet, escu et glaiue. Ie ne suis acompagné de Furies, Harpies et tourmenteurs de monde, pour me faire creindre auant le combat. Ie n'ay que faire de chariots, soudars, hommes darmes et grandes troupes de gens : sans lesquelles les hommes ne trionferoient la bas, estant d'eus si peu de chose, qu'un seul (quelque fort qu'il soit et puissant) est bien empesché alencontre de deus. Mais ie n'ay autres armes, conseil, municion, ayde, que moymesme. Quand ie voy les ennemis en campagne,

ie me presente auec mon Arc : et laschant une flesche
les mets incontinent en route : et est aussi tot la victoire
gaignee, que la bataille donnee.

FOLIE.

I'excuse un peu ta ieunesse, autrement ie te pourrois
à bon droit nommer le plus presomptueus fol du monde.
Il sembleroit à t'ouir que chacun tienne sa vie de ta
merci : et que tu sois le vray Signeur et seul souuerein
tant en ciel qu'en terre. Tu t'es mal adressé pour me
faire croire le contraire de ce que ie say.

AMOVR.

C'est une estrange façon de me nier tout ce que chacun confesse.

FOLIE.

Ie n'ay afaire du iugement des autres : mais quant à
moy, ie ne suis si aisee à tromper. Me penses tu de si peu
d'entendement, que ie ne connoisse à ton port et à tes
contenances, quel sens tu peus auoir ? et me feras tu
passer deuant les yeus, qu'un esprit leger comme le
tien, et ton corps ieune et flouet, soit dine de telle si-
gneurie, puissance et autorité, que tu t'atribues ? et si
quelques auentures estranges, qui te sont auenues, te
deçoiuent, n'estime pas que ie tombe en semblable erreur, sachant tresbien que ce n'est par ta force et vertu,
que tant de miracles soient auenuz au monde : mais par
mon industrie, par mon moyen et diligence : combien
que tu ne me connoisses. Mais si tu veus un peu tenir
moyen en ton courrous, ie te feray connoitre en peu
d'heure ton arc et tes flesches, ou tant tu te glorifies,
estre plus molz que paste, si ie n'ay bandé l'arc et trempé
le fer de tes flesches.

AMOVR.

Ie croy que tu veus me faire perdre pacience. Ie ne sache iamais que personne ait manié mon arc, que moy : et tu me veus faire à croire, que sans toy ie n'en pourrois faire aucun effort. Mais puis qu'ainsi est que tu l'estimes si peu, tu en feras tout à cette heure la preuue.

(Folie se fait inuisible, tellement, qu'Amour ne la peut assener.)

AMOVR.

Mais qu'es tu deuenue? comment m'es tu eschapee? Ou ie n'ay sù t'ofenser, pour ne te voir, ou contre toy seule ha rebouché ma flesche : qui est bien le plus estrange cas qui iamais m'auint. Ie pensois estre seul d'entre les Dieus, qui me rendisse inuisible à eus mesmes quand bon me sembloit : Et maintenant ay trouué qui m'a esbloui les yeus. Aumoins di moy, quiconque sois, si à l'auenture ma flesche t'a frapee, et si elle t'a blessee.

FOLIE.

Ne t'auois ie bien dit, que ton arc et tes flesches n'ont effort, que quand ie suis de la partie. Et pourautant qu'il ne m'a plu d'estre naurée, ton coup ha esté sans effort. Et ne t'esbahis si tu m'as perdue de vuë, car quand bon me semble, il n'y ha œil d'Aigle, ou de serpent Epidaurien, qui me sache aperceuoir. Et ne plus ne moins que le Cameleon, ie pren quelquefois la semblance de ceus aupres desquelz ie suis.

AMOVR.

A ce que ie voy, tu dois estre quelque sorciere ou enchanteresse. Es tu point quelque Circe, ou Medee, ou quelque Fée?

FOLIE.

Tu m'outrages tousiours de paroles : et n'a tenu à toy que ne l'aye esté de fait. Ie suis Deesse, comme tu es Dieu : mon nom est Folie. Ie suis celle qui te fay grand, et abaisse à mon plaisir. Tu lasches l'arc, et gettes les flesches en l'air : mais ie les assois aus cœurs que ie veus. Quand tu te penses plus grand qu'il est possible d'estre, lors par quelque petit despit ie te renge et remets auec le vulgaire. Tu t'adresses contre Iupiter : mais il est si puissant et grand, que si ie ne dressois ta main, si ie n'auois bien trempé ta flesche, tu n'aurois aucun pouuoir sur lui. Et quand toy seul ferois aymer, quelle seroit ta gloire, si ie ne faisois paroitre cet amour par mille invencions ? Tu as fait aymer Iupiter : mais ie l'ay fait transmuer en Cigne, en Taureau, en Or, en Aigle : en danger des plumassiers, des loups, des larrons, et chasseurs. Qui fit prendre Mars au piege auec ta mere, si non moy, qui l'auois rendu si mal auisé, que venir faire un poure mari cocu dedens son lit mesme ? Qu'ust ce esté, si Paris n'ust fait autre chose, qu'aymer Heleine ? Il estoit à Troye, l'autre à Sparte : ils n'auoient garde d'eus assembler. Ne lui fis ie dresser une armee de mer, aller chez Menelas, faire la court à sa femme, l'emmener par force, et puis defendre sa querele iniuste contre toute la Grece ? Qui ust parlé des Amours de Dido, si elle n'ust fait semblant d'aller à la chasse pour auoir la commodité de parler à Enee seule à seul, et lui montrer telle priuauté qu'il ne deuoit auoir honte de prendre ce que volontiers elle ust donné, si à la fin n'ust couronné son amour d'une miserable mort ? On n'ust non plus parlé d'elle, que de mile autres hotesses, qui font plaisir aus passans. Ie croy qu'aucune mencion ne seroit d'Artemise, si ie ne lui usse fait boire les cendres de son mari. Car qui ust sù si son affeccion ust passé celle des autres femmes, qui ont aymé, et regretté leurs maris et leurs amis ? Les effets et issues des choses les font louer ou mespriser. Si tu fais aymer, i'en suis cause le plus souuent. Mais si quelque estrange auenture, ou grand effet en sort, en celà tu n'y as rien : mais en est à moy seule l'honneur. Tu n'as rien que le cœur : le demeurant est gouuerné par moy. Tu ne scez quel moyen faut tenir. Et pour te declarer qu'il faut faire pour complaire, ie te meine et condui : et ne te seruent tes yeus non plus que la lumiere à un aueugle. Et à fin que tu me reconnoisses d'orenauant, et que me saches gré quand ie te meneray ou conduiray : regarde si tu vois quelque chose de toymesme ?

(Folie tire les yeus à Amour.)

AMOVR.

O Iupiter ! ô ma mere Venus ! Iupiter, Iupiter, que m'a serui d'estre Dieu, fils de Venus tant bien voulu iusques ici, tant au ciel qu'en terre, si ie suis suget à estre iniurié et outragé, comme le plus vil esclaue ou forsaire, qui soit au monde ? et qu'une femme inconnue m'ait pù creuer les yeus ? Qu'à la malheure fut ce banquet solennel institué pour moy. Me trouveráy ie en haut auecques les autres Dieus en tel ordre ? Ils se resiouiront, et ne feray que me pleindre. O femme cruelle ! comment m'as tu ainsi acoutré,

FOLIE.

Ainsi se chatient les ieunes et presomptueus, comme toy. Quelle temerité ha un enfant de s'adresser à une femme, et l'iniurier et outrager de paroles : puis de voye de fait tacher à la tuer. Une autre fois estime ceus que tu ne connois estre, possible, plus grans que toy. Tu as ofensé la Royne des hommes, celle qui leur gouuerne le cerueau, cœur, et esprit : à l'ombre de laquelle tous se retirent une fois en leur vie, et y demeurent les uns plus, les autres moins, selon leur mérite. Tu as ofensé celle qui t'a fait auoir le bruit que tu as : et ne s'est souciee de faire entendre au Monde, que la meilleure partie du loz qu'il te donnoit, lui estoit due. Si tu usses esté plus modeste, encore que ie te fusse inconnue : cette faute ne te fust auenue.

AMOVR.

Comment est il possible porter honneur à une personne que lon n'a iamais vuë ? Ie ne t'ay point fait tant d'iniure que tu dis, vù que ne te connoissois. Car si i'usse sù qui tu es, et combien tu as de pouuoir, ie t'usse fait l'honneur que merite une grand' Dame. Mais est il possible, s'ainsi est que tant m'ayes aymé, et aydé en toutes mes entreprises, que m'ayant pardonné, me rendisses mes yeus ?

FOLIE.

Que tes yeus te soient renduz, ou non, il n'est en mon pouuoir. Mais ie t'acoutreray bien le lieu ou ils estoient, en sorte que lon n'y verra point de diformité.

(Folie bande Amour, et lui met des esles.)

Et ce pendant que tu chercheras tes yeus, voici des

esles que ie te preste, qui te conduiront aussi bien comme moy.

AMOVR.

Mais ou auois tu pris ce bandeau si à propos pour me lier mes plaies?

FOLIE.

En venant i'ay trouué une des Parques, qui me l'a baillé, et m'a dit estre de telle nature que iamais ne te pourra estre oté.

AMOVR.

Comment oté! ie suis donq aveugle à iamais. O meschante et traytresse! il ne te sufit pas de m'auoir creué les yeus, mais tu as oté aus Dieus la puissance de me les pouuoir iamais rendre. O qu'il n'est pas dit sans cause, qu'il ne faut point receuoir present de la main de ses ennemis. La malheureuse m'a blessé, et me suis mis entre ses mains pour estre pensé. O cruelles destinees! O noire iournee! O moi trop credule! Ciel, Terre, et Mer, n'aurez vous compassion de voir Amour aueugle? O infame et detestable, tu te vanteras que ne t'ay pù fraper, que tu m'as oté les yeus, et trompé en me fiant en toy. Mais que me sert de plorer ici? Il vaut mieus que me retire en quelque lieu apart, et laisse passer ce festin. Puis s'il est ainsi que i'aye tant de faueur au Ciel ou en Terre : ie trouueray moyen de me venger de la fausse Sorciere, qui tant m'a fait d'outrage.

DISCOVRS II.

(Amour sort du Palais de Iupiter, et va resuant à son infortune.)

AMOVR.

Ores suis ie las de toute chose. Il vaut mieus par despit descharger mon carquois, et getter toutes mes flesches, puis rendre arc et trousse à Venus ma mere. Or aillent, ou elles pourront, ou en Ciel, ou en Terre, il ne m'en chaut : Aussi bien ne m'est plus loisible faire aymer qui bon me semblera. O que ces belles Destinees ont auiourdhui fait un beau trait, de m'auoir ordonné estre aueugle, à fin qu'indiferemment, et sans accepcion de personne, chacun soit au hazard de mes traits et de mes flesches. Ie faisois aymer les ieunes pucelles, les ieunes hommes : i'acompagnois les plus iolies des plus beaus et plus adroits. Ie pardonnois aus laides, aus viles et basses personnes : ie laissois la vieillesse en paix : Maintenant, pensant fraper un ieune, i'asseneray sus un vieillart : au lieu de quelque beau galand, quelque petit laideron à la bouche torse : et auiendra qu'ils seront les plus amoureus, et qui plus voudront auoir de faueur en amours : et possible par importunité, presens, ou richesses, ou disgrace de quelques Dames, viendront au dessus de leus intencion : et viendra mon regne en mespris entre les hommes, quand ils y verront tel desordre et mauuais gouuernement. Baste : en aille comme il pourra. Voila toutes mes flesches. Tel en soufrira, qui n'en pourra mais.

VENVS.

Il estoit bien tems que ie te trouuasse, mon cher fils, tant tu m'as donné de peine. A quoi tient il, que tu n'es venu au banquet de Iupiter? Tu as mis toute la compagnie en peine. Et en parlant de ton absence, Iupiter ha ouy dix mile pleintes de toy d'une infinité d'artisans, gens de labeur, esclaues, chambrieres, vieillars, vieilles edentees, crians tous à Iupiter qu'ils ayment : et en sont les plus apparens fachez, trouuant mauuais, que tu les ayes en cet endroit egalez à ce vil populaire : et que la passion propre aus bons esprits soit auiourd'hui familiere et commune aus plus lourds et grossiers.

AMOVR.

Ne fust l'infortune, qui m'est auenue, i'usse assisté au banquet, comme les autres, et ne fussent les pleintes, qu'auez ouyes, esté faites.

VENVS.

Es tu blessé, mon fils? Qui t'a ainsi bandé les yeus?

AMOVR.

Folie m'a tiré les yeus : et de peur qu'ils ne me fussent renduz, elle m'a mis ce bandeau qui iamais ne me peut estre oté.

VENVS.

O quelle infortune! he moy miserable! Donq tu ne me verras plus, cher enfant? Au moins si te pouuois arroser la plaie de mes larmes.

(Venus tache à desnouer la bande.)

2

AMOVR.

Tu pers ton tems : les neuz sont indissolubles.

VENVS.

O maudite ennemie de toute sapience, ô femme a-bandonnee, ô à tort nommee Deesse, et à plus grand tort immortelle. Qui vid onq telle iniure ? Si Iupiter, et les Dieus me croient. A tout le moins que iamais cette meschante n'ait pouuoir sur toy, mon fils.

AMOVR.

A tort se feront ces defenses, il les failloit faire auant que fusse aueugle : maintenant ne me seruiront gueres.

VENVS.

Et donques Folie, la plus miserable chose du monde, ha le pouuoir d'oter à Venus le plus grand plaisir qu'elle ust en ce monde : qui estoit quand son fils Amour la voyoit. En ce estoit son contentement, son desir, sa felicité. Helas fils infortuné ! O desastre d'Amour ! O mere desolee ! O Venus sans fruit belle ! Tout ce que nous aquerons, nous le laissons à nos enfans : mon tresor n'est que beauté, de laquelle que chaut il à un a-ueugle ? Amour tant cheri de tout le monde, comme as tu trouué beste si furieuse, qui t'ait fait outrage ! Qu'ainsi soit dit, que tous ceus qui aymeront (quelque faueur qu'ils ayent) ne soient sans mal, et infortune, à ce qu'ils ne se dient plus heureus, que le cher fils de Venus.

AMOVR.

Cesse tes pleintes douce mere : et ne me redouble mon mal te voyant ennuiee. Laisse moy porter seul mon infortune : et ne desire point mal à ceus qui me suiuront.

VENVS.

Allons mon fils, vers Iupiter, et lui demandons vengeance de cette malheureuse.

DISCOVRS III.

VENVS.

Si onques tu uz pitié de moy, Iupiter, quand le fier Diomede me naura, lors que tu me voyois trauailler pour sauuer mon fils Enee de l'impetuosité des vents, vagues, et autres dangers, esquels il fut tant au siege de Troye, que depuis : si mes pleurs pour la mort de mon Adonis te murent à compassion : la iuste douleur, que i'ay pour l'iniure faite à mon fils Amour, te deura faire auoir pitié de moy. Ie dirois que c'est, si les larmes ne m'empeschoient. Mais regarde mon fils en quel estat il est, et tu connoitras pourquoi ie me pleins.

IVPITER.

Ma chere fille, que gaignes tu auec ces pleintes me prouoquer à larmes? Ne scez tu l'amour que ie t'ay portee de toute memoire? As tu defiance, ou que ie ne te veuille secourir, ou que ie ne puisse?

VENVS.

Estant la plus afligee mere du monde, ie ne puis parler, que comme les afligees. Encore que vous m'ayez tant montré de faueur et d'amitié, si est ce que ie n'ose vous suplier, que de ce que facilement vous otroiriez au plus estrange de la terre. Ie vous demande iustice, et vengeance de la plus malheureuse femme qui fust iamais, qui m'a mis mon fils Cupidon en tel ordre que voyez. C'est Folie, la plus outrageuse Furie qui onques fut es Enfers.

IVPITER.

Folie! ha elle esté si hardie d'atenter à ce, qui plus vous estoit cher? Croyez que si elle vous ha fait tort, que telle punicion en sera faite, qu'elle sera exemplaire. Ie pensois qu'il n'y ust plus debats et noises qu'entre les hommes : mais si cette outrecuidee ha fait quelque desordre si pres de ma personne, il lui sera cher vendu. Toutefois il la faut ouir, à fin qu'elle ne se puisse pleindre. Car encore que ie pusse sauoir de moymesme la vérité du fait, si ne véus ie point mettre en auant cette coutume, qui pourroit tourner à consequence, de condamner une personne sans l'ouir. Pource, que Folie soit apelee.

FOLIE.

Haut et souuerein Iupiter, me voici preste à respondre à tout ce qu'Amour me voudra demander. Toutefois i'ay une requeste à te faire. Pource que ie say que de premier bond la plus part de ces ieunes Dieus seront du coté d'Amour, et pourront faire trouuer ma cause mauuaise en m'interrompant, et ayder celle d'Amour acompagnant son parler de douces acclamacions : ie te suplie qu'il y ait quelcun des Dieus qui parle pour moy, et quelque autre pour Amour : à fin que la qualité des personnes ne soit plus tot consideree, que la verité du

DE FOLIE ET D'AMOVR.

fait. Et pource que ie crein ne trouuer aucun, qui de peur d'estre apelé fol, ou ami de Folie, veuille parler pour moy : ie te suplie commander à quelcun de me prendre en sa garde et proteccion.

IVPITER.

Demande qui tu voudras, et ie le chargeray de parler pour toy.

FOLIE.

Ie te suplie donq que Mercure en ait la charge. Car combien qu'il soit des grans amis de Venus, si suis ie seure, que s'il entreprent parler pour moy, il n'oubliera rien qui serue à ma cause.

IVPITER.

Mercure, il ne faut iamais refuser de porter parole pour un miserable et afligé : Car ou tu le mettras hors de peine, et sera ta louenge plus grande, d'autant qu'auras moins ù de regard aus faueurs et richesses, qu'à la iustice et droit d'un poure homme : ou ta prière ne lui seruira de rien, et neanmoins ta pitié, bonté et diligence, seront recommandees. A cette cause tu ne dois diferer ce que cette poure afligee te demande : Et ainsi ie veus et commande que tu le faces.

MERCVRE.

C'est chose bien dure à Mercure moyenner desplaisir à Venus. Toutefois, puis que tu me contreins, ie feray mon deuoir tant que Folie aura raison de se contenter.

IVPITER.

Et toy, Venus, quel des Dieux choisiras tu ? l'affeccion maternelle, que tu portes à ton fils, et l'enuie de voir venger l'iniure, qui lui ha esté faite, te pourroit transporter. Ton fils estant irrité, et nauré recentement, n'y pourroit pareillement satisfaire. A cette cause, choisi quel autre tu voudras pour parler pour vous : et croy qu'il ne lui sera besoin lui commander : et que celui, à qui tu t'adresseras, sera plus aise de te faire plaisir en cet endroit, que toy de le requerir. Neanmoins s'il en est besoin, ie le lui commanderay.

VENVS.

Encor que lon ait semé par le monde, que la maison d'Apolon et la mienne ne s'acordoient guères bien : si le croís ie de si bonne sorte qu'il ne me voudra esconduire en cette necessité, lui requerant son ayde à cestui mien extreme besoin : et montrera par l'issue de cette afaire, combien il y ha plus d'amitié entre nous que les hommes ne cuident.

APOLON.

Ne me prie point, Deesse de beauté : et ne fais dificulté que ne te veuille autant de bien, comme merite la plus belle des Deesses. Et outre le témoignage, qu'en pourroient rendre tes iardins, qui sont en Cypre et Ida, si bien par moy entretenus, qu'il n'y ha rien plus plaisant au monde : encore connoitras tu par l'issue de cette querelle combien ie te porte d'affeccion et me sens fort aise que, te retirant vers moy en cet afaire, tu declaires aus hommes comme faussement ils ont controuué, que tu auois coniuré contre toute ma maison.

IVPITER.

Retirez vous donq un chacun, et reuenez demain à semblable heure, et nous mettrons peine d'entendre et vuider vos querelles.

DISCOVRS IIII.

(Cupidon vient donner le bon iour à Iupiter.)

IVPITER.

Qve dis tu petit mignon? Tant que ton diferent soit terminé, nous n'aurons plaisir de toy. Mais ou est ta mere?

AMOVR.

Elle est allee vers Apolon, pour l'amener au consistoire des Dieus. Ce pendant elle m'a commandé venir vers toy te donner le bon iour.

IVPITER.

Ie la plein bien pour l'ennui qu'elle porte de ta fortune. Mais ie m'esbahi comme, ayant tant ofensé de hauts Dieus et grans Signeurs, tu n'as iamais ù mal que par Folie!

AMOVR.

C'est pource que les Dieus et hommes, bien auisez, creingnent que ne leur face pis. Mais Folie n'a pas la consideracion et iugement si bon.

IVPITER.

Pour le moins te deuroient ils haïr, encore qu'ils ne t'osassent ofenser. Toutefois tous tant qu'ils sont t'ayment.

AMOVR.

Ie serois bien ridicule, si ayant le pouuoir de faire les hommes estre aymez, ne me faisois aussi estre aymé.

IVPITER.

Si est il bien contre nature, que ceus qui ont reçu tout mauuais traitement de toy, t'ayment autant comme ceus qui ont ù plusieurs faueurs.

AMOVR.

En ce se montre la grandeur d'Amour, quand on ayme celui dont on est mal traité.

IVPITER.

Ie say fort bien par experience, qu'il n'est point en nous d'estre aymez : car, quelque grand degré ou ie sois, si áy ie esté bien peu aymé : et tout le bien qu'ay reçu, l'ay plus tot ù par force et finesse, que par amour.

AMOVR.

I'ay bien dit que ie fais aymer encore ceus, qui ne sont point aymez : mais si est il en la puissance d'un chacun le plus souvent de se faire aymer. Mais peu se treuuent, qui facent en amour tel deuoir qu'il est requis.

IVPITER.

Quel deuoir?

AMOVR.

La premiere chose dont il faut s'enquerir, c'est, s'il y ha quelque Amour imprimee : et s'il n'y en ha, ou qu'elle ne soit encor enracinee, ou qu'elle soit desia toute usee, faut songneusement chercher quel est le naturel de la personne aymee : et, connoissant le notre, auec les commoditez, façons, et qualitez estre semblables, en user : si non, le changer. Les Dames que tu as aymees, vouloient estre louees, entretenues par un long tems, priees, adorees : quell'Amour penses tu qu'elles t'ayent porté, te voyant en foudre, en Satire, en diuerses sortes d'Animaus, et conuerti en choses insensibles? La richesse te fera iouir des Dames qui sont auares : mais aymer non. Car cette affeccion de gaigner ce qui est au cœur d'une personne, chasse la vraye et entiere Amour : qui ne cherche son proufit, mais celui de la personne, qu'il ayme. Les autres especes d'Animaus ne pouuoient te faire amiable. Il n'y ha animant courtois et gracieus que l'homme, lequel puisse se rendre suget aus complexions d'autrui, augmenter sa beauté et bonne grace par mile nouueaus artifices : plorer, rire, chanter, et passionner la personne qui le voit. La lubricité et ardeur de reins n'a rien de commun, ou bien peu, auec Amour. Et pource les femmes ou iamais n'aymeront, ou iamais ne feront semblant d'aymer pour ce respect. Ta magesté Royale encores ha elle moins de pouuoir en ceci : car Amour se plait de choses egales. Ce n'est qu'un ioug, lequel faut qu'il soit porté par deus Taureaus semblables : autrement le harnois n'ira pas droit. Donq, quand tu voudras estre aymé, descens en bas, laisse ici ta couronne et ton sceptre, et ne dis qui tu es. Lors tu verras en bien seruant et aymant quelque Dame, que sans qu'elle ait egard à richesse ne puissance, de bon gré t'aymera. Lors tu sentiras bien un autre contentement, que ceus que tu as uz par le passé : et au lieu d'un simple plaisir, en receuras un double. Car autant y ha il de plaisir à estre baisé et aymé, que de baiser et aymer.

IVPITER.

Tu dis beaucoup de raisons : mais il y faut un long tems, une sugeccion grande, et beaucoup de passions.

AMOVR.

Ie say bien qu'un grand Signeur se fache de faire longuement la court, que ses afaires d'importance ne permettent pas qu'il s'y assugettisse, et que les honneurs qu'il reçoit tous les iours, et autres passetems sans nombre, ne lui permettent croitre ses passions, de sorte qu'elles puissent mouuoir leurs amies à pitié. Aussi ne doiuent ils atendre les grans et faciles contentemens qui sont en Amour, mais souuentefois i'abaisse si bien les grans, que ie les fay à tous, exemple de mon pouuoir.

IVPITER.

Il est tems d'aller au consistoire : nous deuiserons une autrefois plus à loisir.

DISCOVRS V.

APOLON.

SI onques te falut songneusement pouruoir à tes afaires, souuerein Iupiter, ou quand auec l'ayde de Briare tes plus proches te vouloient mettre en leur puissance, ou quand les Geans, fils de la Terre, mettans montaigne sur montaigne, deliberoient nous venir combatre iusques ici, ou quand le Ciel et la Terre cuiderent bruler : à cette heure, que la licence des fols est venue si grande, que d'outrager deuant tes yeus l'un des principaus de ton Empire, tu n'as moins d'ocasion d'auoir creinte, et ne dois diferer à donner pront remede au mal ia commencé. S'il est permis à chacun atenter sur le lien qui entretient et lie tout ensemble : ie voy en peu d'heure le Ciel en desordre, ie voy les uns changer leur cours, les autres entreprendre sur leurs voisins une consommacion uniuerselle : ton sceptre, ton trone, ta magesté en danger. Le sommaire de mon oraison sera conseruer ta grandeur en son integrité, en demandant vengeance de ceus qui outragent Amour, la vraye ame de tout l'Vniuers, duquel tu tiens ton sceptre. D'autant donq que ma cause est tant fauorable, coniointe auec la conseruacion de ton estat, et que neanmoins ie ne demande que iustice : d'autant plus me deuras tu atentiuement escouter. L'iniure que ie meintien auoir esté faite à Cupidon, est telle : Il venoit au festin dernier : et voulant entrer par une porte, Folie acourt apres lui, et lui mettant la main sur l'espaule le tire en arriere, et s'auance, et passe la premiere. Amour voulant sauoir qui c'estoit, s'adresse à elle. Elle lui dit plus d'iniures, qu'il n'apartient à une femme de bien à dire. De là elle commence se hausser en paroles, se magnifier, fait Amour petit. Lequel se voyant ainsi peu estimé, recourt à la puissance, dont tu l'as tousiours vù, et permets user contre toute personne. Il la veut faire aymer : elle euite au coup : et feingnant ne prendre en mal, ce que Cupidon lui auoit dit, recommence à deuiser auec lui :

et en parlant tout d'un coup lui leue les yeus de la teste. Ce fait, elle se vient à faire si grande sur lui, qu'elle lui fait entendre de ne lui estre possible le guerir, s'il ne reconnoissoit qu'il ne lui auoit porté l'honneur qu'elle meritoit. Que ne feroit on pour recouurer la ioyeuse vuë du Soleil ? Il dit, il fait tout ce qu'elle veut. Elle le bande, et pense ses plaies en atendant que meilleure ocasion vint de lui rendre la vuë. Mais la traytresse lui mit un tel bandeau, que iamais ne sera possible lui oter : par ce moyen voulant se moquer de toute l'ayde que tu lui pourrois donner : et encor que tu lui rendisse les yeus, qu'ils fussent neanmoins inutiles. Et pour le mieux acoutrer lui ha baillé de ses esles, à fin d'estre aussi bien guidé comme elle. Voila deus iniures grandes et atroces faites à Cupidon. On l'a blessé, et lui ha lon oté le pouuoir et moyen de guerir. La plaie se voit, le delit est manifeste : de l'auteur ne s'en faut enquerir. Celle qui ha fait le coup, le dit, le presche, en fait ses contes par tout. Interrogue la : plus tot l'aura confessé que ne l'auras demandé. Que reste il ? Quand il est dit : qui aura tiré une dent, lui en sera tiré une autre : qui aura arraché un œil, lui en sera semblablement creué un, cela s'entent entre personnes egales. Mais quand on ha ofensé ceus, desquels depend la conseruacion de plusieurs, les peines s'aigrissent, les loix s'arment de seuerité, et vengent le tort fait au publiq. Si tout l'Vniuers ne tient que par certeines amoureuses composicions, si elles cessoient, l'ancien Abime reuiendroit. Otant l'amour, tout est ruïné. C'est donq celui, qu'il faut conseruer en son estre ; c'est celui, qui fait multiplier les hommes, viure ensemble, et perpetuer le monde, par l'amour et solicitude qu'ils portent à leurs successeurs. Iniurier cet Amour, l'outrager, qu'est ce, sinon vouloir troubler et ruïner toutes choses? Trop mieus vaudroit que la temeraire se fust adressee à toy : car tu t'en fusses bien donné garde. Mais s'estant adressee à Cupidon, elle t'a fait dommage irreparable, et auquel n'as ù puissance de donner ordre. Cette iniure touche aussi en particulier tous les autres Dieus, Demidieus, Faunes, Satires, Siluains, Deesses, Nynfes, Hommes et Femmes : et crois qu'il n'y ha Animant, qui ne sente mal, voyant Cupidon blessé. Tu as donq osé, ô detestable, nous faire à tous despit, en outrageant ce que tu sauois estre de tous aymé. Tu as ù le cœur si malin, de naurer celui qui apaise toutes noises et querelles. Tu as osé atenter au fils de Venus : et ce en la court de Iupiter : et as fait qu'il n'y ha ù ça haut moins de franchise, qu'il n'y ha la bas entre les hommes, es lieus qui nous sont consacrez. Par tes foudres, ô Iupiter, tu abas les arbres, ou quelque poure femmelette gardant les brebis, ou quelque meschant garsonneau, qui aura moins dinement parlé de ton nom : et cette cy, qui, mesprisant ta magesté, ha violé ton palais, vit encores! et ou? au ciel, et est estimee immortelle, et retient nom de Deesse. Les roues des Enfers soutiennent elles une ame plus detestable que cette cy? Les montaignes de Sicile couurent elles de plus execrables personnes? Et encores n'a elle honte de se présenter deuant vos diuinitez : et lui semble (si ie l'ose dire) que serez tous si fols, que de l'absoudre. Ie n'ay neanmoins charge par Amour de requerir vengeance et punicion de Folie. Les gibets, potences, roues, couteaus, et foudres ne lui plaisent, encor que fust contre ses malueuillans, contre lesquels mesmes il ha si peu usé de son ire, que, oté quelque subit courrous de la ieunesse qui le suit, il ne se trouua iamais un seul d'eus, qui ait voulu l'outrager, fors cette furieuse. Mais il laisse le tout à votre discrecion, ô Dieus : et ne demande autre chose, sinon que ses yeus lui soient rendus, et qu'il soit dit, que Folie ha ù tort de l'iniurier et outrager. Et à ce que par ci apres n'auienne tel desordre, en cas que ne veuillez enseuelir Folie sous quelque montaigne, ou la mettre à l'abandon de quelque aigle, ce qu'il ne requiert, vous vueillez ordonner, que Folie ne se trouuera pres du lieu ou Amour sera, de cent pas à la ronde. Ce que trouuerez deuoir estre fait, apres qu'aurez entendu de quel grand bien sera cause Amour, quand il aura gaigné ce point : et de combien de maus il sera cause, estant si mal acompagné, mesmes à present qu'il ha perdu les yeus. Vous ne trouuerez point mauuais que ie touche en brief en quel honneur et reputacion est Amour entre les hommes, et qu'au demeurant de mon oraison ie ne parle guere plus que d'eus. Donques les hommes sont faits à l'image et semblance de nous, quant aus esprits: leurs corps sont composez de plusieurs et diuerses complexions : et entre eus si diferens tant en figure, couleur et forme, que iamais en tant de siecles, qui ont passé, ne s'en trouua que deux ou trois pers, qui se ressemblassent : encore leurs seruiteurs et domestiques les connoissoient particulierement l'un d'auec l'autre.

DE FOLIE ET D'AMOVR.

Estans ainsi en meurs, complexions, et forme dissemblables, sont neanmoins ensemble liez et assemblez par une beniuolence, qui les fait vouloir bien l'un à l'autre : et ceus qui en ce sont les plus excellens, sont les plus reuerez entre eus. Delà est venue la premiere gloire entre les hommes. Car ceus qui auoient inuenté quelque chose à leur proufit, estoient estimez plus que les autres. Mais faut penser que cette enuie de proufiter en publiq, n'est procedee de gloire, comme estant la gloire posterieure en tems. Quelle peine croyez vous, qu'a ù Orphee pour destourner les hommes barbares de leur acoutumee cruauté? pour les faire assembler en compagnies politiques? pour leur mettre en horreur le piller et robber l'autrui? Estimez vous que ce fust pour gain? duquel ne se parloit encores entre les hommes, qui n'auoient fouillé es entrailles de la terre? La gloire, comme i'ay dit, ne le pouuoit mouuoir. Car n'estans point encore de gens politiquement vertueus, il n'y pouuoit estre gloire, ny enuie de gloire. L'amour qu'il portoit en general aus hommes, le faisoit trauailler à les conduire à meilleure vie. C'estoit la douceur de sa Musique, que lon dit auoir adouci les Loups, Tigres, Lions : attiré les arbres, et amolli les pierres : et quelle pierre ne s'amolliroit entendant le dous preschement de celui qui amiablement la veut atendrir pour receuoir l'impression de bien et honneur? Combien estimez vous que Promethee soit loué là bas pour l'usage du feu, qu'il inuenta? Il le vous desroba, et encourut votre indinacion. Estoit ce qu'il vous voulust ofenser? ie croy que non : mais l'amour, qu'il portoit à l'homme, que tu lui baillas, ô Iupiter, commission de faire de terre, et l'assembler de toutes pieces ramassees des autres animaus. Cet amour que lon porte en general à son semblable, est en telle recommandacion entre les hommes, que le plus souuent se trouuent entre eus qui pour sauuer un païs, leur parent, et garder l'honneur de leur Prince, s'enfermeront dedens lieus peu defensables, bourgades, colombiers : et quelque asseurance qu'ils ayent de la mort, n'en veulent sortir à quelque composicion que ce soit, pour prolonger la vie à ceus que lon ne peut assaillir que apres leur ruïne. Outre cette afeccion generale, les hommes en ont quelque particuliere l'un envers l'autre, et laquelle, moyennant qu'elle n'ait point le but de gain, ou de plaisir de soymesme, n'ayant respect à celui, que lon se dit aymer, est en tel estime au monde, que lon ha remarqué songneusement par tous les siecles ceus, qui se sont trouuez excellens en icelle, les ornant de tous les plus honorables titres que les hommes peuuent inuenter. Mesmes ont estimé cette seule vertu estre suffisante pour d'un homme faire un Dieu. Ainsi les Scythes deïfierent Pylade et Oreste, et leur dresserent temples et autels, les apelans les Dieus d'amitié. Mais auant iceus estoit Amour, qui les auoit liez et uniz ensemble. Raconter l'opinion qu'ont les hommes des parens d'Amour, ne seroit hors de propos, pour montrer qu'ils l'estiment autant ou plus, que nul autre des Dieus. Mais en ce ne sont d'un acord, les uns le faisant sortir de Chaos et de la Terre : les autres du Ciel et de la Nuit : aucuns de Discorde et de Zephire : autres de Venus la vraye mere, l'honorant par ces anciens peres et meres, et par les effets merueilleus que de tout tems il ha acoutumé montrer. Mais il me semble que les Grecs d'un seul surnom qu'ils t'ont donné, Iupiter, t'apelant amiable, témoignent assez que plus ne pouuoient exaucer Amour, qu'en te faisant participant de sa nature. Tel est l'honneur que les plus sauans et plus renommez des hommes donnent à Amour. Le commun populaire le prise aussi, et estime pour les grandes experiences qu'il voit des commoditez qui prouiennent de lui. Celui qui voit que l'homme (quelque vertueus qu'il soit) languit en sa maison, sans l'amiable compagnie d'une femme, qui fidelement lui dispense son bien, lui augmente son plaisir, ou le tient en bride doucement, de peur qu'il n'en prenne trop pour sa santé, lui ote les facheries, et quelquefois les empesche de venir, l'appaise, l'adoucit, le traite sain et malade, le fait auoir deus corps, quatre bras, deus ames, et plus parfait que les premiers hommes du banquet de Platon, ne confessera il que l'amour coniugale est dine de recommandacion? et n'attribuera cette felicité au mariage, mais à l'amour qui l'entretient. Lequel, s'il defaut en cet endroit, vous verrez l'homme forcené, fuir et abandonner sa maison. La femme au contraire ne rit iamais, quand elle n'est en amour auec son mari. Ilz ne sont iamais en repos. Quand l'un veut reposer, l'autre crie. Le bien se dissipe, et vont toutes choses au rebours. Et est preuue certeine que la seule amitié fait auoir en mariage le contentement, que lon dit s'y trouuer. Qui ne dira bien de l'amour fraternelle, ayant veu Castor et Pollux, l'un mortel estre fait immortel à moitié du don de son frere?

Ce n'est pas estre frere, qui cause cet heur (car peu de freres sont de telle sorte) mais l'amour grande qui estoit entre eus. Il seroit long à discourir, comme Ionathas sauua la vie à Dauid : dire l'histoire de Pythias et Damon : de celui qui quitta son espouse à son ami la premiere nuit, et s'en fuit vagabond par le monde. Mais pour montrer quel bien vient d'amitié, i'allegueray le dire d'un grand Roy, lequel, ouurant une grenade, interrogué de quelles choses il voudroit auoir autant, comme il y auoit de grains en la pomme, respondit : de Zopires. C'estoit ce Zopire, par le moyen duquel il auoit recouuré Babilone. Un Scythe demandant en mariage une fille, et sommé de bailler son bien par declaracion, dit : qu'il n'auoit autre bien que deus amis, s'estimant assez riche auec telle possession pour oser demander la fille d'un grand Signeur en mariage. Et pour venir aus femmes, ne sauua Ariadne la vie à Thesee ? Hypermnestre à Lyncee ? Ne se sont trouvees des armees en danger en païs estranges, et sauuees par l'amitié que quelques Dames portoient aus Capiteines ? des Rois remiz en leurs principales citez par les intelligences, que leurs amies leur auoient pratiquees secretement ? Tant y ha de poures soudars, qui ont esté esleuez par leurs amies es Contez, Duchez, Royaumes qu'elles possedoient. Certeinement tant de commoditez prouenans aus hommes par Amour ont bien aydé à l'estimer grand. Mais plus que toute chose, l'afeccion naturelle, que tous auons à aymer, nous le fait esleuer et exalter. Car nous voulons faire paroitre, et estre estimé ce à quoy nous nous sentons enclins. Et qui est celui des hommes, qui

ne prenne plaisir, ou d'aymer, ou d'estre aymé? Ie laisse
ces Mysanthropes, et Taupes cachees sous terre, et enseueliz de leurs bizarries, lesquels auront de par moy tout
loisir de n'estre point aymez, puis qu'il ne leur chaut
d'aymer. S'il m'estoit licite, ie les vous depeindrois,
comme ie les voy descrire aus hommes de bon esprit.
Et neanmoins il vaut mieus en dire un mot, à fin de
connoitre combien est mal plaisante et miserable la vie
de ceus, qui se sont exemptez d'Amour. Ils dient que
ce sont gens mornes, sans esprit, qui n'ont grace aucune à parler, une voix rude, un aller pensif, un visage
de mauuaise rencontre, un œil baissé, creintifs, auares, impitoyables, ignorans, et n'estimans personne:
Loups garous. Quand ils entrent en leur maison, ils creingnent que quelcun les regarde. Incontinent qu'ils sont
entrez, barrent leur porte, serrent les fenestres, mengent sallement sans compagnie, la maison mal en ordre:
se couchent en chapon le morceau au bec. Et lors à
beaus gros bonnets gras de deus doits d'espais, la camisole atachee auec esplingues enrouillees iusques au
dessous du nombril, grandes chausses de laine venans
à mycuisse, un oreiller bien chaufé et sentant sa gresse
fondue: le dormir acompagné de toux, et autres tels
excremens dont ils remplissent les courtines. Un leuer
pesant, s'il n'y ha quelque argent à receuoir: vieilles
chausses repetassees: souliers de païsant: pourpoint de
drap fourré: long saye mal ataché deuant: la robbe
qui pend par derriere iusques aus espaules: plus de fourrures et pelisses: calottes et larges bonnets couurans les
cheueus mal pignez: gens plus fades à voir, qu'un po-

tage sans sel à humer. Que vous en semble il? Si tous les hommes estoient de cette sorte, y auroit il pas peu de plaisir de viure auec eus? Combien plus tot choisiriez vous un homme propre, bien en point, et bien parlant, tel qu'il ne s'est pù faire sans auoir enuie de plaire à quelcun? Qui ha inuenté un dous et gracieus langage entre les hommes? et ou premierement ha il esté employé? ha ce esté à persuader de faire guerre au païs? eslire un Capiteine? acuser ou defendre quelcun? Auant que les guerres se fissent, paix, alliances et confederacions en publiq : auant qu'il fust besoin de Capiteines, auant les premiers iugemens que fites faire en Athenes, il y auoit quelque maniere plus douce et gracieuse, que le commun : de laquelle userent Orphee, Amphion, et autres. Et ou en firent preuue les hommes, sinon en Amour? Par pitié on baille à manger à une creature, encore qu'elle n'en demande. On pense à un malade, encore qu'il ne veuille guerir. Mais qu'une femme ou homme d'esprit, prenne plaisir à l'afeccion d'une personne, qui ne la peut descouurir, lui donne ce qu'il ne peut demander, escoute un rustique et barbare langage : et tout tel qu'il est, sentant plus son commandement, qu'amoureuse priere, celà ne se peut imaginer. Celle qui se sent aymee, ha quelque autorité sur celui qui l'ayme : car elle voit en son pouuoir, ce que l'Amant poursuit, comme estant quelque grand bien et fort desirable. Cette autorité veut estre reueree en gestes, faits, contenances, et paroles. Et de ce vient, que les Amans choisissent les façons de faire, par lesquelles les personnes aymees auront plus d'ocasion de

DE FOLIE ET D'AMOVR.

croire l'estime et reputacion que l'on ha d'elles. On se compose les yeus à douceur et pitié, on adoucit le front, on amollit le langage, encore que de son naturel l'Amant ust le regard horrible, le front despité, et langage sot et rude : car il ha incessamment au cœur l'obiect de l'amour, qui lui cause un desir d'estre digne d'en recevoir faueur, laquelle il scet bien ne pouuoir auoir sans changer son naturel. Ainsi entre les hommes Amour cause une connoissance de soymesme. Celui qui ne tache à complaire à personne, quelque perfeccion qu'il ait, n'en ha non plus de plaisir, que celui qui porte une fleur dedens sa manche. Mais celui qui desire plaire, incessamment pense à son fait : mire et remire la chose aymee : suit les vertus, qu'il voit lui estre agreables, et s'adonne aus complexions contraires à soymesme, comme celui qui porte le bouquet en main, donne certein iugement de quelle fleur vient l'odeur et senteur qui plus lui est agreable. Apres que l'Amant ha composé son corps et complexion à contenter l'esprit de l'aymee, il donne ordre que tout ce qu'elle verra sur lui, ou lui donnera plaisir, ou pour le moins elle n'y trouuera à se facher. De là ha à source la plaisante inuencion des habits nouueaus. Car on ne veut iamais venir à ennui et lasseté, qui prouient de voir tousiours une mesme chose. L'homme ha tousiours mesme corps, mesme teste, mesme bras, iambes, et piez : mais il les diuersifie de tant de sortes, qu'il semble tous les iours estre renouuelé. Chemises parfumees de mile et mile sortes d'ouurages : bonnet à la saison, pourpoint, chausses iointes et serrees, montrans les mouuemens du corps bien disposé : mile façons de bottines, brodequins, escarpins, souliers, sayons, casaquins, robbes, robbons, cappes, manteaus : le tout en si bon ordre, que rien ne passe. Et que dirons nous des femmes, l'habit desquelles, et l'ornement de corps, dont elles usent, est fait pour plaire, si iamais rien fut fait. Est il possible de mieus parer une teste, que les Dames font et feront à iamais? auoir cheueus mieus dorez, crespes, frizez? acoutrement de teste mieus seant, quand elles s'acoutreront à l'Espagnole, à la Françoise, à l'Alemande, à l'Italienne, à la Grecque? Quelle diligence mettent elles au demeurant de la face? Laquelle, si elle est belle, ils contregardent tant bien contre les pluies, vents, chaleurs, tems et vieillesse, qu'elles demeurent presque tousiours ieunes. Et si elle ne leur est du tout telle, qu'elles la pourroient desirer, par honneste soin la se procurent : et l'ayant moyennement agreable, sans plus grande curiosité, seulement auec vertueuse industrie la continuent, selon la mode de chacune nacion, contree, et coutume. Et auec tout celà, l'habit propre comme la feuille autour du fruit. Et s'il y ha perfeccion du corps, ou lineament qui puisse, ou doiue estre vù et montré, bien peu le cache l'agencement du vétement : ou, s'il est caché, il l'est en sorte, que lon le cuide plus beau et delicat. Le sein aparoit de tant plus beau, qu'il semble qu'elles ne le veuillent estre vù : les mamelles en leur rondeur releuees font donner un peu d'air au large estomac. Au reste, la robbe bien iointe, le corps estreci ou il le faut : les manches serrees, si le bras est massif: si non, larges et bien enrichies : la chausse tiree : l'escarpin façonnant le petit pié (car le plus sounent l'amoureuse curiosité des hommes fait rechercher la beauté iusques au bout des piez :) tant de pommes d'or, chaines, bagues, ceintures, pendans, gans parfumez, manchons : et en somme tout ce qui est de beau, soit à l'acoutrement des hommes ou des femmes, Amour en est l'auteur. Et s'il ha si bien trauaillé pour contenter les yeus, il n'a moins fait aus autres sentimens : mais les a tous emmiellez de nouuelle et propre douceur. Les fleurs que tu fiz, ô Iupiter, naitre es mois de l'an les plus chaus, sont entre les hommes faites hybernalles : les arbres, plantes, herbages, qu'auois distribuez en diuers païs, sont par l'estude de ceus qui veulent plaire à leurs amies, rassemblez en un verger : et quelquefois suis contreint, pour ayder à leur afeccion, leur departir plus de chaleur que le païs ne le requerroit. Et tout le proufit de ce, n'est que se ramenteuoir par ces petis presens en la bonne grace de ces amis et amies. Diráy ie que la Musique n'a esté inuentee que par Amour? et est le chant et harmonie l'effect et signe de l'Amour parfait. Les hommes en usent ou pour adoucir leurs desirs enflammez, ou pour donner plaisir : pour lequel diuersifier tous les iours ils inuentent nouueaus et diuers instrumens de Luts, Lyres, Citres, Doucines, Violons, Espinettes, Flutes, Cornets : chantent tous les iours diuerses chansons : et viendront à inuenter madrigalles, sonnets, pauanes, passemeses, gaillardes, et tout en commemoracion d'Amour : comme celui, pour lequel les hommes font plus que pour nul autre. C'est pour lui que lon fait des serenades, aubades, tournois, combats tant à pié qu'à cheual. En toutes lesquelles entreprises ne se treuuent que ieunes gens amoureus : ou s'ils s'en treuuent autres meslez parmi, ceus qui ayment emportent tousiours le pris, et en remercient les Dames, desquelles ils ont porté les faueurs. Là aussi se raporteront les Comedies, Tragedies, Ieux, Montres, Masques, Moresques. Dequoy allege un voyageur son trauail, que lui cause le long chemin, qu'en chantant quelque chanson d'Amour, ou escoutant de son compagnon quelque conte et fortune amoureuse ? L'un loue le bon traitement de s'amie : l'autre se pleint de la cruauté de la sienne. Et mile accidens, qui interuiennent en amours : lettres descouvertes, mauuais raports, quelque voisine ialouse, quelque mari qui reuient plus tot que lon ne voudroit : quelquefois s'aperceuant de ce qui se fait : quelquefois n'en croyant rien, se fiant sur la preudhommie de sa femme : et à fois eschaper un souspir auec un changement de parler : puis force excuses. Brief, le plus grand plaisir qui soit apres amour, c'est d'en parler. Ainsi passoit son chemin Apulee, quelque Filozofe qu'il fust. Ainsi prennent les plus seueres hommes plaisir d'ouir parler de ces propos, encores qu'ils ne le veuillent confesser. Mais qui fait tant de Poëtes au monde en toutes langues? n'est ce pas Amour? lequel semble estre le suget, duquel tous Poëtes veulent parler. Et qui me fait atribuer la poësie à Amour : ou dire, pour le moins, qu'elle est bien aydee et entretenue par son moyen? c'est qu'incontinent que les hommes commencent d'aymer, ils escriuent vers. Et ceus qui ont esté excellens Poëtes, ou en ont rempli leurs liures, ou, quelque autre suget qu'ils ayent pris, n'ont osé toutefois acheuer leur euure sans en faire honorable mencion. Orphee, Musee, Homere, Line, Alcee, Saphon, et autres Poëtes et Filozofes : comme Platon, et celui qui ha ù le nom de Sage, ha descrit ses plus hautes concepcions en forme d'amourettes. Et plusieurs autres escriueins voulans descrire autres invencions, les ont cachees sous semblables propos. C'est Cupidon qui a gaigné ce point, qu'il faut que chacun chante ou ses passions, ou celles d'autrui, ou couure ses discours d'Amour, sachant qu'il n'y ha rien, qui le puisse faire mieus estre reçu. Ouide ha tousiours dit qu'il aymoit. Petrarque en son langage ha fait sa seule afeccion aprocher à la gloire de celui, qui ha representé toutes les passions, coutumes, façons et natures de tous les hommes, qui est Homere. Qu'a iamais mieus chanté Virgile, que les amours de la Dame de Carthage? ce lieu seroit long, qui voudroit le traiter comme il meriteroit. Mais il me semble qu'il ne se peut nier, que l'Amour ne soit cause aus hommes de gloire, honneur, proufit, plaisir : et tel, que sans lui ne se peut commodément viure. Pource est il estimé entre les humains, l'honorans et aymans, comme celui qui leur ha procuré tout bien et plaisir. Ce qui lui ha esté bien aisé, tant qu'il ha ù ses yeus. Mais auiourd'hui, qu'il en est priué, si Folie se mesle de ses afaires, il est à creindre, et quasi ineuitable, qu'il ne soit cause d'autant de vilenie, incommodité, et desplaisir, comme il ha esté par le passé d'honneur, proufit, et volupté. Les grans qu'Amour contreingnoit aymer les petis et les sugetz qui estoient sous eus, changeront en sorte qu'ils n'aymeront plus que ceus dont ils en penseront tirer seruice. Les petis, qui aymoient leurs Princes et Signeurs, les aymeront seulement pour faire leurs besongnes, en esperance de se retirer quand ils seront pleins. Car ou Amour voudra faire cette harmonie entre les hautes et basses personnes, Folie se trouuera pres, qui l'empeschera : et encore es lieus ou il se sera ataché. Quelque bon et innocent qu'il soit, Folie lui meslera de son naturel : tellement que ceus qui aymeront, feront tousiours quelque tour de fol. Et plus les amitiez seront estroites, plus s'y trouuera il de desordre quand Folie s'y mettra. Il retournera plus d'une Semiramis, plus d'une Biblis, d'une Mirrha, d'une Canace, d'une Phedra. Il n'y aura lieu saint au monde. Les hauts murs et treilliz garderont mal les Vestales. La vieillesse tournera son venerable et paternel amour, en fols et iuueniles desirs. Honte se perdra du tout. Il n'y aura discrecion entre noble, païsant, infidele, ou More, Dame, maitresse, seruante. Les parties seront si inegales, que les belles ne rencontreront les beaus, ains seront coniointes le plus souuent auec leurs dissemblables. Grands Dames aymeront quelquefois ceus dont ne daigneroient estre seruies. Les gens d'esprit s'abuseront autour des plus laides. Et quand les poures et loyaus amans auront langui de l'amour de quelque belle : lors Folie fera iouir quelque auolé en moins d'une heure du bien ou l'autre n'aura pù ateindre. Ie laisse les noises et querelles, qu'elle dressera par tout, dont s'en ensuiura blessures, outrages, et meurtres. Et ay belle peur, qu'au lieu ou Amour ha inuenté tant de sciences, et produit tant de bien, qu'elle n'ameine auec soy quelque grande oisiueté acompagnee d'ignorance : qu'elle n'empesche les ieunes gens de suiure les armes et de faire seruice à leur Prince : ou de vaquer à estudes honorables : qu'elle ne leur mesle leur amour de paroles detestables, chansons trop vileines, iurongnerie et gourmandise : qu'elle ne leur suscite mile maladies, et mette en infiniz dangers de leurs personnes. Car il n'y ha point de plus dangereuse compagnie que de Folie. Voila les maus qui sont à creindre, si Folie se trouue autour d'Amour. Et s'il auenoit que cette meschante le voulust empescher çà haut, que Venus ne voulust plus rendre un dous aspect auec nous autres, que Mercure ne voulust plus entretenir nos alliances, quelle confusion y auroit il? Mais i'ay promis ne parler que de ce qui se fait en terre. Or donq, Iupiter, qui t'apeles pere des hommes, qui leur es auteur de tout bien, leur donnes la pluie quand elle est requise, seiches l'humidité superabondante : considere ces maus qui sont preparez aus hommes, si Folie n'est separee d'Amour. Laisse Amour se resiouir en paix entre les hommes : qu'il soit loisible à un chacun de conuerser priuément et domestiquement les personnes qu'il aymera, sans que personne en ait creinte ou soupson : que les nuits ne chassent, sous pretexte des mauuaises langues, l'ami de la maison de s'amie : que lon puisse mener la femme de son ami, voisin, parent, ou bon semblera, en telle seurté que l'honneur de l'un ou l'autre n'en soit en rien ofensé. Et à ce que personne n'ait plus mal en teste, quand il verra telles priuautez, fais publier par toute la Terre, non à son de trompe ou par ataches mises aus portes des temples, mais en metant au cœur de tous ceus qui regarderont les Amans, qu'il n'est possible qu'ils vousissent faire ou penser quelque Folie. Ainsi auras tu mis tel ordre au fait auenu, que les hommes auront ocasion de te louer et magnifier plus que iamais, et feras beaucoup pour toy et pour nous. Car tu nous auras deliurez d'une infinité de pleintes, qui autrement nous seront faites par les hommes, des esclandres que Folie amoureuse fera au monde. Ou bien si tu aymes mieus remettre les choses en l'estat qu'elles estoient, contreins les Parques et Destinees (si tu y as quelque pouuoir) de retourner leurs fuseaus, et faire en sorte qu'à ton commandement, et à ma priere, et pour l'amour de Venus, que tu as iusques ici tant cherie et aymee, et pour les plaisirs et contentemens que tous tant que nous sommes, auons reçuz et receuons d'Amour, elles ordonnent, que les yeus seront rendus à Cupidon, et la bande otee : à ce que le puissions voir encore un coup en son bel et naïf estre, piteus de tous les cotez dont on le sauroit regarder, et riant d'un seulement. O Parques, ne soyez à ce coup inexorables que lon ne die que vos fuseaus ont esté ministres de la cruelle vengeance de Folie. Ceci n'empeschera point la suite des choses à venir. Iupiter composera tous ces trois iours en un, comme il fit les trois nuits, qu'il fut auec Alcmene. Ie vous apelle, vous autres Dieus, et vous Deesses, qui tant auez porté et portez d'honneur à Venus. Voici l'endroit ou lui pouuez rendre les faueurs que d'elle auez reçues. Mais de qui plus dois ie esperer, que de toy, Iupiter? laisseras tu plorer en vain la plus belle des Deesses? n'auras tu pitié de l'angoisse qu'endure ce poure enfant dine de meilleure fortune? Aurons nous perdu nos veuz et prieres? Si celles des hommes te peuuent forcer, et t'ont fait plusieursfois tomber des mains, sans mal faire, la foudre que tu auois contre eus preparee : quel pouuoir auront les notres, ausquels as communiqué ta puissance et autorité? Et te prians pour personnes, pour lesquelles toymesme (si tu ne tenois le lieu de commander) prierois volontiers : et en la faueur desquelles (si ie puis sauoir quelque secret des choses futures) feras, possible, apres certeines reuolucions, plus que ne demandons, assugetissant à perpetuité Folie à Amour, et le faisant plus cler voyant que nul autre des Dieus. l'ay dit.

> Incontinent qu'Apolon ut fini son acusacion, toute la compagnie des Dieus par un fremissement, se montra auoir compassion de la belle Deesse là presente, et de Cupidon son fils. Et ussent volontiers tout sur l'heure condamné la Deesse Folie : Quand l'equitable Iupiter par une magesté Imperiale leur commanda silence, pour ouir la defense de Folie enchargée à Mercure, lequel commença à parler ainsi :
> MERCVRE.

N'atendez point, Iupiter, et vous autres Dieus immortels, que ie commence mon oraison par excuses (comme quelquefois font les Orateurs, qui creingnent estre blamez, quand ils soutiennent des causes apertement mauuaises) de ce qu'ay pris en main la defense de Folie, et mesmes contre Cupidon, auquel ay en plusieurs endrois porté tant d'obeïssance, qu'il auroit raison de m'estimer tout sien : et ay tant aymé la mere, que n'ay iamais espargné mes allees et venues, tant qu'ay pensé lui faire quelque chose agreable. La cause, que ie defens, est si iuste, que ceus mesmes qui ont parlé au contraire, apres m'auoir ouy, changeront d'opinion. L'issue du diferent, comme i'espere, sera telle, que mesme Amour quelque iour me remercira de ce seruice, que contre lui ie fay à Folie. Cette question est entre deus amis, qui ne sont pas si outrez l'un enuers l'autre, que quelque matin ne se puissent reconcilier, et prendre plaisir l'un de l'autre, comme au parauant. Si à l'apetit de l'un, vous chassez l'autre, quand ce desir de vengeance sera passé (laquelle incontinent qu'elle est acheuee commence à desplaire:) si vous ordonnez quelque cas contre Folie, Amour en aura le premier regret. Et n'estoit cette ancienne amitié et aliance de ces deus, meintenant auersaires, qui les faisoit si uniz et conioins, que iamais n'auez fait faueur à l'un, que l'autre ne s'en soit senti: ie me defierois bien que pussiez donner bon ordre sur ce diferent, ayans tous suiui Amour fors Pallas: laquelle estant ennemie capitale de Folie, ne serait raison qu'elle voulust iuger sa cause. Et toutefois n'est Folie si inconnue ceans, qu'elle ne se ressente d'auoir souuentefois esté la bien venue, vous aportant tousiours auec sa troupe quelque cas de nouueau pour rendre vos banquets et festins plus plaisans. Et pense que tous ceus de vous, qui ont aymé, ont aussi bonne souuenance d'elle, que de Cupidon mesme. Dauantage elle vous croit tous si equitabes et raisonnables, qu'encore que ce fait fust le votre propre, si n'en feriez vous que la raison. I'ay trois choses à faire. Defendre la teste de Folie, contre laquelle Amour ha iuré: respondre aus acusacions que i'entens estre faites à Fo-

lie : et à la demande qu'il fait de ses yeus. Apolon, qui
ha si long tems ouy les causeurs à Romme, ha bien
retenu d'eus à conter tousiours à son auantage. Mais
Folie, comme elle est tousiours ouuerte, ne veut point
que i'en dissimule rien : et ne vous en veut dire qu'un
mot sans art, sans fard et ornement quelconque. Et,
à la pure vérité, Folie se iouant auec Amour, ha passé
deuant lui pour gaigner le deuant, et pour venir plus
tot vous donner plaisir. Amour est entré en colere. Lui
et elle se sont pris de paroles. Amour la taché naurer de
ses armes qu'il portoit. Folie s'est defendue des siennes,
dont elle ne s'estoit chargee pour blesser personne, mais
pource que ordinairement elle les porte. Car, comme
vous sauez, ainsi qu'Amour tire au cœur, Folie aussi
se gette aus yeus et à la teste, et n'a autres armes que ses
doits. Amour ha voulu montrer qu'il auoit puissance
sur le cœur d'elle. Elle lui ha fait connoitre qu'elle auoit
puissance de lui oter les yeus. Il ne se pleingnoit que
de la deformité de son visage. Elle esmue de pitié la lui
ha couuert d'une bande à ce que lon n'aperçust deus
trous vuides d'iceus, enlaidissans sa face. On dit que
Folie ha fait double iniure à Amour : premierement,
de lui auoir creué les yeus : secondement, de lui auoir
mis ce bandeau. On exaggere le crime fait à une personne aymee d'une personne, dont plusieurs ont afaire.
Il faut respondre à ces deus iniures. Quant à la premiere,
Ie dy : que les loix et raisons humaines ont permis à
tous se defendre contre ceus qui les voudroient ofenser, tellement que ce, que chacun fait en se defendant,
est estimé bien et justement fait. Amour ha esté l'agres-

seur. Car combien que Folie ait premierement parlé à
Amour, ce n'estoit toutefois pour quereler, mais pour
s'esbatre, et se iouer à lui. Folie s'est defendue. Duquel
coté est le tort? Quand elle lui ust pis fait, ie ne voy
point comment on lui en ust pù rien demander. Et
si ne voulez croire qu'Amour ait esté l'agresseur, in-
terroguez le. Vous verrez qu'il reconnoitra verité. Et
n'est chose incroyable en son endroit de commencer
tels brouilliz. Ce n'est d'auiourd'hui, qu'il ha esté si
insuportable, quand bon lui ha semblé. Ne s'ataqua
il pas à Mars, qui regardoit Vulcan forgeant des armes, et tout soudein le blessa? et n'y ha celui de
cette compagnie, qui n'ait esté quelquefois las d'ouir
ces brauades. Folie rit tousiours, ne pense si auant aus
choses, ne marche si auant pour estre la premiere, mais
pource qu'elle est plus pronte et hatiue. Ie ne say que
sert d'alleguer la coutume toleree à Cupidon de tirer de
son arc ou bon lui semble. Car quelle loy ha il plus de
tirer à Folie, que Folie n'a de s'adresser à Amour? Il
ne lui ha fait mal: neanmoins il s'en est mis en son plein
deuoir. Quel mal ha fait Folie, rengeant Amour, en sorte
qu'il ne peut plus nuire, si ce n'est d'auenture? Que se
treuue il en eus de capital? y ha il quelque guet à pens,
ports d'armes, congregacions illicites, ou autres choses
qui puissent tourner au desordre de la Republique? C'estoit Folie et un enfant, auquel ne falloit auoir egard.
Ie ne say comment te prendre en cet endroit, Apolon.
S'il est si ancien, il doit auoir apris à estre plus modeste, qu'il n'est: et s'il est ieune, aussi est Folie ieune,
et fille de Ieunesse. A cette cause, celui qui est blessé,

en doit demeurer là. Et dorenauant que personne ne se prenne à Folie. Car elle ha, quand bon lui semblera, dequoy venger ses iniures : et n'est de si petit lieu, qu'elle doiue soufrir les ieunesses de Cupidon. Quant à la seconde iniure, que Folie lui ha mis un bandeau, ceci est une pure calomnie. Car en lui bandant le dessous du front, Folie iamais ne pensa lui agrandir son mal, ou lui oter le remede de guerir. Et quel meilleur témoignage faut il, que de Cupidon mesme? Il ha trouué bon d'estre bandé : il ha connu qu'il auoit esté agresseur, et que l'iniure prouenoit de lui : il ha reçu cette faueur de Folie. Mais il ne sauoit pas qu'il fust de tel pouuoir. Et quand il ust sù, que lui ust nuy de le prendre? Il ne lui deuoit iamais estre oté : par consequent donq ne lui deuoient estre ses yeus rendus. Si ses yeus ne lui deuoient estre rendus, que lui nuit le bandeau? Que bien tu te montres ingrat à ce coup, fils de Venus, quand tu calomnies le bon vouloir que t'ay porté, et interpretes à mal ce que ie t'ay fait pour bien. Pour agrauer le fait, on dit que c'estoit en lieu de franchise. Aussi estoit ce en lieu de franchise, qu'Amour auoit assailli. Les autels et temples ne sont inuentez à ce qu'il soit loisible aus meschans d'y tuer les bons, mais pour sauuer les infortunez de la fureur du peuple, ou du courrous d'un Prince. Mais celui qui pollue la franchise, n'en doit il perdre le fruit? S'il ust bien succedé à Amour, comme il vouloit, et ust blessé cette Dame, ie croy qu'il n'ust pas voulu que lon lui ust imputé ceci. Le semblable faut qu'il treuue bon en autrùi. Folie m'a defendu que ne la fisse miserable, que ne vous supliasse pour lui pardonner, si faute y auoit : m'a defendu le plorer, n'embrasser vos genous, vous adiurer par les gracieus yens, que quelquefois auez trouuez agreables venans d'elle, ny amener ses parens, enfans, amis, pour vous esmouuoir à pitié. Elle vous demande ce que ne lui pouuez refuser, qu'il soit dit : qu'Amour par sa faute mesme est deuenu aueugle. Le second point qu'Apolon ha touché, c'est qu'il veut estre faites defenses à Folie de n'aprocher dorenauant Amour de cent pas à la ronde. Et ha fondé sa raison sur ce, qu'estant en honneur et reputacion entre les hommes, leur causant beaucoup de bien et plaisirs, si Folie y estoit meslee, tout tourneroit au contraire. Mon intencion sera de montrer qu'en tout celà Folie n'est rien inferieure à Amour, et qu'Amour ne seroit rien sans elle : et ne peut estre, et regner sans son ayde. Et pource qu'Amour ha commencé à montrer sa grandeur par son ancienneté, ie feray le semblable : et vous prieray reduire en memoire comme incontinent que l'homme fut mis sur terre, il commença sa vie par Folie : et depuis ses successeurs ont si bien continué, que iamais Dame n'ut tant bon credit au monde. Vray est qu'au commencement les hommes ne faisoient point de hautes folies, aussi n'auoient ils encores aucuns exemples deuant eus. Mais leur folie estoit à courir l'un apres l'autre : à monter sus un arbre pour voir de plus loin : rouler en la vallee : à menger tout leur fruit en un coup : tellement que l'hiuer n'auoient que menger. Petit à petit ha cru Folie auec le tems. Les plus esuentez d'entre eus, ou pour auoir rescous des loups et autres bestes sauuages, les brebis de leurs voisins et compagnons, ou pour auoir defendu quelcun d'estre outragé, ou pource qu'ils se sentoient ou plus forts, ou plus beaus, se sont fait couronner Rois de quelque feuillage de Chesne. Et croissant l'ambicion, non des Rois, qui gardoient fort bien en ce tems les Moutons, Beufs, Truies et Asnesses, mais de quelques mauuais garnimens qui les suiuoient, leur viure ha esté separé du commun. Il ha fallu que les viandes fussent plus delicates, l'habillement plus magnifique. Si les autres usoient de laiton, ils ont cherché un metal plus precieus, qui est l'or. Ou l'or estoit commun, ils l'ont enrichi de Perles, Rubis, Diamans, et de toutes sortes de pierreries. Et, ou est la plus grand'Folie, si le commun ha ù une loy, les grans en ont pris d'autres pour eus. Ce qu'ils ont estimé n'estre licite aus autres, se le sont pensé estre permis. Folie ha premierement mis en teste à quelcun de se faire creindre: Folie ha fait les autres obeïr. Folie ha inuenté toute l'excellence, magnificence et grandeur, qui depuis à cette cause s'en est ensuiuie. Et neanmoins, qu'y ha il plus venerable entre les hommes, que ceus qui commandent aus autres? Toymesme, Iupiter, les apelles pasteurs de Peuples : veus qu'il leur soit obeï sous peine de la vie : et neanmoins l'origine est venue par cette Dame. Mais ainsi que tousiours as acoutumé faire, tu as conuerti à bien ce que les hommes auoient inuenté à mal. Mais, pour retourner à mon propos, quels hommes sont plus honorez que les fols? Qui fut plus fol qu'Alexandre, qui se sentant soufrir faim, soif, et quelquefois ne pouuant cacher son vin, suget à estre malade et blessé, neanmoins se faisoit adorer comme Dieu? Et quel nom est plus celebre entre les Rois : quelles gens ont esté pour un tems en plus grande reputacion, que les Filozofes? Si en trouuerez vous peu, qui n'ayent esté abruuez de Folie. Combien pensez vous qu'elle ait de fois remué le cerueau de Chrysippe? Aristote ne mourut il de dueil, comme un fol, ne pouuant entendre la cause du flus et reflus de l'Euripe? Crate, getant son tresor en la mer, ne fit il un sage tour? Empedocle qui se fust fait immortel sans ses sabots d'erain, en auoit il ce qui lui en failloit? Diogene auec son tonneau : et Aristippe qui se pensoit grand Filozofe, se sachant bien ouy d'un grand Signeur, estoient ils sages? Ie croy qui regarderoit bien auant leurs opinions, que lon les trouueroit aussi crues, comme leurs cerueaus estoient mal faits. Combien y ha il d'autres sciences au monde, lesquelles ne sont que pure resuerie? encore que ceus qui en font professions, soient estimez grans personnages entre les hommes? Ceus qui font des maisons au Ciel, ces getteurs de points, faiseurs de characteres, et autres semblables, ne doiuent ils estre mis en ce reng? N'est à estimer cette fole curiosité de mesurer le Ciel, les Estoiles, les Mers, la Terre, consumer son tems à conter, getter, aprendre mile petites questions, qui de soy sont foles : mais neanmoins resiouissent l'esprit : le font aparoir grand et subtil autant que si c'estoit en quelque cas d'importance. Ie n'aurois iamais fait, si ie voulois raconter combien d'honneur et de reputacion tous les iours se donne à cette Dame, de laquelle vous dites tant de mal. Mais pour le dire en un mot : Mettez moy au monde un homme totalement sage d'un coté, et un fol de l'autre : et prenez garde lequel sera plus estimé. Monsieur le sage atendra que lon le prie, et demeurera auec sa sagesse tout seul, sans que lon l'apelle à gouuerner les Viles, sans que lon l'apelle en conseil : il voudra escouter, aller posément ou il sera mandé : et on ha afaire de gens qui soient pronts et diligens, qui faillent plus tot que demeurer en chemin. Il aura tout loisir d'aller planter des chous. Le fol ira tant et viendra, en donnera tant à tort et à trauers, qu'il rencontrera en fin quelque cerueau pareil au sien qui le poussera : et se fera estimer grand homme. Le fol se mettra entre dix mile harquebuzades, et possible en eschapera : il sera estimé, loué, prisé, suiui d'un chacun. Il dressera quelque entreprise esceruelee, de laquelle s'il retourne, il sera mis iusques au ciel. Et trouuerez vray, en somme, que pour un homme sage, dont on parlera au monde, y en aura dix mile fols qui seront à la vogue du peuple. Ne vous sufit il de ceci ? assembleráy ie les maus qui seroient au monde sans Folie, et les commoditez qui prouiennent d'elle ? Que dureroit mesme le monde, si elle n'empeschoit que lon ne preuit les facheries et hazars qui sont en mariage ? Elle empesche que lon ne les voye et les cache : à fin que le monde se peuple tousiours à la maniere acoutumee. Combien dureroient peu aucuns mariages, si la sottise des hommes ou des femmes laissoit voir les vices qui y sont ? Qui ust trauersé les mers, sans auoir Folie pour guide ? se commettre à la misericorde des vents, des vagues, des bancs, et rochers, perdre la terre de vuë, aller par voyes inconnues, trafiquer auec gens barbares et inhumains, dont est il premierement venu, que de Folie? Et toutefois par là, sont communiquees les richesses d'un païs à autre, les sciences, les façons de faire, et ha esté connue la terre, les proprietez, et natures des herbes, pierres et animaus. Quelle folie fust ce d'aller sous terre chercher le fer et l'or? combien de mestiers faudroit il chasser du monde, si Folie en estoit bannie? la plus part des hommes mourroient de faim : Dequoy viuroient tant d'Auocats, Procureurs, Greffiers, Sergens, Iuges, Menestriers, Farseurs, Parfumeurs, Brodeurs, et dix mile autres mestiers? Et pource qu'Amour s'est voulu munir, tant qu'il ha pû, de la faueur d'un chacun, pour faire trouuer mauuais que par moy seule il ait reçu quelque infortune, c'est bien raison qu'apres auoir ouy toutes ses vanteries, ie lui conte à la verité de mon fait. Le plaisir, qui prouient d'Amour, consiste quelquefois ou en une seule personne, ou bien pour le plus, en deus, qui sont, l'amant et l'amie. Mais le plaisir que Folie donne, n'a si petites bornes. D'un mesme passetems elle fera rire une grande compagnie. Autrefois elle fera rire un homme seul de quelque pensee, qui sera venue donner à la trauerse. Le plaisir que donne Amour, est caché et secret : celui de Folie se communique à tout le monde. Il est si recreatif, que le seul nom esgaie une personne. Qui verra un homme enfariné auec une bosse derriere entrer en salle, ayant une contenance de fol, ne rira il incontinent? Que lon nomme quelque fol insigne, vous verrez qu'à ce nom quelcun se resiouira, et ne pourra tenir le rire. Tous autres actes de Folie sont tels, que lon ne peut en parler sans sentir au cœur quelque allegresse, qui desfache un homme et le prouoque à rire. Au contraire, les choses sages et bien composees, nous tiennent premierement en admiracion : puis nous soulent et ennuient. Et ne nous feront tant de bien, quelques grandes que soient et cerimonieuses, les assemblees des grans Signeurs et sages, que fera quelque folatre compagnie de ieunes gens deliberez, et qui n'auront ensemble nul respect et consideracion. Seulement icelle voir, resueille les esprits de l'ame, et les rend plus dispos à faire leurs naturelles operacions : Ou, quand on sort de ces sages assemblees, la teste fait mal : on est las tant d'esprit que de corps, encore que lon ne soit bougé de sus une sellette. Toutefois, ne faut estimer que les actes de Folie soient tousiours ainsi legers comme le saut des Bergers, qu'ils font pour l'amour de leurs amies : ny aussi deliberez comme les petites gayetez des Satires : ou comme les petites ruses que font les Pastourelles, quand elles font tomber ceus qui passent deuant elles, leur donnant par derriere la iambette, ou leur chatouillant leur sommeil auec quelque branche de chesne. Elle en ha, qui sont plus seueres, faits auec grande premeditacion, auec grand artifice, et par les esprits plus ingenieus. Telles sont les Tragedies que lés garçons des vilages premierement inuenterent : puis furent auec plus heureus soin aportees es viles. Les Comedies ont de là pris leur source. La saltacion n'a ù autre origine : qui est une representacion faite si au vif de plusieurs et diuerses histoires, que celui, qui n'oit la voix des chantres, qui acompagnent les mines du ioueur, entent toutefois non seulement l'histoire, mais les passions et mouuemens : et pense entendre les paroles qui sont conuenables et propres en tels actes : et, comme disoit quelcun, leurs piez et mains parlans. Les Bouffons qui courent le monde, en tiennent quelque chose. Qui me pourra dire, s'il y ha chose plus fole, que les anciennes fables contenues es Tragedies, Comedies, et Saltacions? Et comment se peuuent exempter d'estre nommez fols, ceux qui les representent, ayans pris et prenans tant de peines à se faire sembler autres qu'ils ne sont? Est il besoin reciter les autres passetems, qu'a inuentez Folie pour garder les hommes de languir en oisiueté? N'a elle fait faire les somptueus Palais, Theatres, et Amphitheatres de magnificence incroyable, pour laisser témoignage de quelle sorte de folie chacun en son tems s'esbatoit? N'a elle esté inuentrice des Gladiateurs, Luiteurs, et Athletes? N'a elle donné la hardiesse et dexterité telle à l'homme, que d'oser, et pouuoir combatre sans armes un Lion, sans autre necessité ou atente, que pour estre en la grace et faueur du peuple? Tant y en ha qui assaillent les Taureaus, Sangliers, et autres bestes, pour auoir l'honneur de passer les autres en folie : qui est un combat, qui dure non seulement entre ceus qui viuent de mesme tems, mais des successeurs auec leurs predecesseurs. N'estoit ce un plaisant combat d'Antoine auec Cleopatra, à qui dépendroit le plus en un festin? Et tout celà seroit peu, si les hommes ne trouuans en ce monde plus fols qu'eus, ne dressoient querelle contre les morts. Cesar se fachoit qu'il n'auoit encore commencé à troubler le monde en l'aage, qu'Alexandre le grand en auoit vaincu une grande partie. Combien Luculle et autres, ont ils laissé d'imitateurs, qui ont taché à les passer, soit à traiter les hommes en grand apareil, à amonceler les plaines, aplanir les montaignes, seicher les lacs, mettre ponts sur les mers (comme Claude Empereur) faire Colosses de bronze et pierre, arcs trionfans, Pyramides? Et de cette magnifique folie en demeure un long tems grand plaisir entre les hommes, qui se destournent de leur chemin, font voyages expres, pour auoir le contentement de ces vieilles folies. En somme, sans cette bonne Dame l'homme seicheroit et seroit lourd, malplaisant et songeart. Mais Folie lui esueille l'esprit, fait chanter, danser, sauter, habiller en mile façons nouuelles, lesquelles changent de demi an en demi an, auec tousiours quelque aparence de raison, et pour quelque commodité. Si lon inuente un habit ioint et rond, on dit qu'il est plus seant et propre: quand il est ample et large, plus honneste. Et pour ces petites folies, et inuencions, qui sont tant en habillemens qu'en contenances et façons de faire, l'homme en est mieus venu, et plus agreable aus Dames. Et comme i'ay dit des hommes, il y aura grand' diference entre le recueil que trouuera un fol, et un sage. Le sage sera laissé sur les liures, ou auec quelques anciennes matrones à deviser de la dissolucion des habits, des maladies qui courent, ou à demesler quelque longue genealogie. Les ieunes Dames ne cesseront qu'elles n'ayent en leur compagnie ce gay et ioly cerueau. Et combien qu'il en pousse l'une, pinse l'autre, descoiffe, leue la cotte, et leur face mile maus: si le chercheront elles tousiours. Et quand ce viendra à faire comparaison des deus, le sage sera loué d'elles, mais le fol iouira du fruit de leurs priuautez. Vous verrez les Sages mesmes, encore qu'il soit dit que lon cherche son semblable, tomber de ce coté. Quand ils feront quelque assemblee, tousiours donneront charge que les plus fols y soient, n'estimant pouuoir estre bonne compagnie, s'il n'y ha quelque fol pour resueiller les autres. Et combien qu'ils s'excusent sur les femmes et ieunes gens, si ne peuuent ils dissimuler le plaisir qu'ils y prennent, s'adressans tousiours à eus, et leur faisant visage plus riant, qu'aus autres. Que te semble de Folie, Iupiter? Est elle telle, qu'il la faille enseuelir sous le mont Gibel, ou exposer au lieu de Promethee, sur le mont de Caucase? Est il raisonnable la priuer de toutes bonnes compagnies, ou Amour sachant qu'elle sera, pour la facher y viendra, et conuiendra que Folie, qui n'est rien moins qu'Amour, lui quitte sa place? S'il ne veut estre auec Folie, qu'il se garde de s'y trouuer. Mais que cette peine, de ne s'assembler point, tombe sur elle, ce n'est raison. Quel propos y auroit il, qu'elle ust rendu une compagnie gaie et deliberee, et que sur ce bon point la fallust desloger? Encore s'il demandoit que le premier qui auroit pris la place, ne fust empesché par l'autre, et que ce fust au premier venu, il y auroit quelque raison. Mais ie lui montreray que iamais Amour ne fut sans la fille de Ieunesse, et ne peut estre autrement: et le grand dommage d'Amour, s'il auoit ce qu'il demande. Mais c'est une petite colere, qui lui ronge le cerueau, qui lui fait auoir ces estranges afeccions : lesquelles cesseront quand il sera un peu refroidi. Et pour commencer à la belle premiere naissance d'Amour, qu'y ha il plus despouruu de sens, que la personne à la moindre ocasion du monde vienne en Amour, en receuant une pomme comme Cydipee? en lisant un liure, comme la Dame Francisque de Rimini? en voyant, en passant, se rende si tot serue et esclaue, et conçoiue esperance de quelque grand bien sans sauoir s'il en y ha? Dire que c'est la force de l'œil de la chose aymee, et que de là sort une sutile euaporacion, ou sang, que nos yeus reçoiuent, et entre iusques au cœur : ou, comme pour loger un nouuel hoste, faut pour lui trouuer sa place, mettre tout en desordre. Ie say que chacun le dit : mais s'il est vray, i'en doute. Car plusieurs ont aymé sans auoir ù cette ocasion, comme le ieune Gnidien, qui ayma l'euure fait par Praxitelle. Quelle influxion pouuoit il receuoir d'un œil marbrin? Quelle sympathie y auoit il de son naturel chaud et ardent par trop, auec une froide et morte pierre? Qu'est ce donq qui l'enflammoit? Folie, qui estoit logee en son esprit. Tel feu estoit celui de Narcisse. Son œil ne receuoit pas le pur sang et sutil de son cœur mesme : mais la fole imaginacion du beau pourtrait, qu'il voyoit en la fonteine, le tourmentoit. Exprimez tant que voudrez la force d'un œil : faites le tirer mile traits par iour : n'oubliez qu'une ligne qui passe par le milieu, iointe auec le sourcil, est un vray arc : que ce petit humide, que lon voit luire au milieu, est le trait prest à partir : si est ce que toutes ces flesches n'iront en autres cœurs, que ceus que Folie aura preparez. Que tant de grans personnages, qui ont esté et sont de present, ne s'estiment estre iniuriez, si pour auoir aymé ie les nomme fols. Qu'ils se prennent à leurs Filozofes, qui ont estimé Folie estre priuacion de sagesse, et sagesse estre sans passions : desquelles Amour ne sera non plus tot destitué, que la Mer d'ondes et vagues : vray est qu'aucuns dissimulent mieus leur passion : et s'ils s'en trouuent mal, c'est une autre espece de Folie. Mais ceus qui montrent leurs afeccions estans plus grandes que les secrets de leurs poitrines, vous rendront et exprimeront une si viue image de Folie, qu'Apelle ne la sauroit mieus tirer au vif. Ie vous prie imaginer un ieune homme, n'ayant grand afaire, qu'à se faire aymer : pigné, miré, tiré, parfumé : se pensant valoir quelque chose, sortir de sa maison le cerueau embrouillé de mile consideracions amoureuses : ayant discouru mile bons heurs, qui passeront bien loin des cotes : suiui de pages et laquais habillez de quelque liuree representant quelque trauail, fermeté, et esperance : et en cette sorte viendra trouuer sa Dame à l'Eglise : autre plaisir n'aura qu'à geter force œillades, et faire quelque reuerence en passant. Et que sert ce seul regard ? Que ne va il en masque pour plus librement parler ? Là se fait quelque habitude, mais auec si peu de demontrance du coté de la Dame, que rien moins. A la longue il vient quelque priuauté : mais il ne faut encore rien entreprendre, qu'il n'y ait plus de familiarité. Car lors on n'ose refuser d'ouir tous les propos des hommes, soient bons ou mauuais. On ne creint ce que lon ha acoutumé voir. On prent plaisir à disputer les demandes des poursuiuans. Il leur semble que la place qui parlemente, est demi gaignee. Mais s'il auient, que, comme les femmes prennent volontiers plaisir à voir debatre les hommes, elles leur ferment quelquefois rudement la porte, et ne les apellent à leurs petites priuautez, comme elles souloient, voilà mon homme aussi loin de son but comme n'a gueres s'en pensoit pres. Ce sera à recommencer. Il faudra trouuer le moyen de se faire prier d'acompagner sa Dame en quelque Eglise, aus ieus, et autres assemblees publiques. Et ce pendant expliquer ses passions par soupirs et paroles tremblantes : redire cent fois une mesme chose : protester, iurer, promettre à celle qui possible ne s'en soucie, et est tournee ailleurs et promise. Il me semble que seroit folie parler des sottes et plaisantes amours vilageoises : marcher sur le bout du pié, serrer le petit doit : apres que lon ha bien bu, escrire sur le bout de la table auec du vin, et entrelasser son nom et celui de s'amie : la mener premiere à la danse, et la tourmenter tout un iour au Soleil. Et encore ceus, qui par longues alliances, ou par entrees ont pratiqué le moyen de voir leur amie en leur maison, ou de leur voisin, ne viennent en si estrange folie, que ceus qui n'ont faueur d'elles qu'aus lieus publiques et festins : qui de cent soupirs n'en peuuent faire connoitre plus d'un ou deus le mois : et neanmoins pensent que leurs amies les doiuent tous conter. Il faut auoir tousiours pages aus escoutes, sauoir qui va, qui vient, corrompre des chambrieres à beaus deniers, perdre tout un iour pour voir passer Madame par la rue, et pour toute remuneracion, auoir un petit adieu auec quelque souzris, qui le fera retourner chez soy plus content, que quand Vlysse vid la fumee de son Itaque. Il vole de joye : il embrasse l'un, puis l'autre : chante vers : compose, fait s'amie la plus belle qui soit au monde, combien que possible soit laide. Et si de fortune suruient quelque ialousie, comme il auient le plus souuent, on ne rit, on ne chante plus : on deuient pensif et morne : on connoit ses vices et fautes : on admire celui que lon pense estre aymé : on parangonne sa beauté, grace, richesse, auec celui duquel on est ialous : puis soudein on le vient à despriser : qu'il n'est possible, estant de si mauuaise grace, qu'il soit aymé : qu'il est impossible qu'il face tant son deuoir que nous, qui languissons, mourons, brulons d'Amour. On se pleint, on apelle s'amie cruelle, variable : lon se lamente de son malheur et destinee. Elle n'en fait que rire, ou lui fait acroire qu'à tort il se pleint : on trouue mauuaises ses querelles, qui ne viennent que d'un cœur soupsonneus et ialous : et qu'il est bien loin de son conte : et qu'autant lui est de l'un que de l'autre. Et lors ie vous laisse penser qui ha du meilleur. Lors il faut connoitre que lon ha failli par bien seruir, par masques magnifiques, par deuises bien inuentees, festins, banquets. Si la commodité se trouue, faut se faire paroitre par dessus celui dont on est ialous. Il faut se montrer liberal : faire present quelquefois de plus que lon n'a : incontinent qu'on s'aperçoit que lon souhaite quelque chose, l'enuoyer tout soudein, encores qu'on n'en soit requis : et iamais ne confesser que lon soit poure. Car c'est une tresmauuaise compagne d'Amour, que Poureté : laquelle estant suruenue, on connoit sa folie, et lon s'en retire à tard. Ie croy que ne voudriez point ressembler encore à cet Amoureus, qui n'en ha que le nom. Mais prenons le cas que lon lui rie, qu'il y ait quelque reciproque amitié, qu'il soit prié se trouuer en quelque lieu : il pense incontinent qu'il soit fait, qu'il receura quelque bien, dont il est bien loin : une heure en dure cent : on demande plus de fois quelle heure il est : ou fait semblant d'estre demandé : et quelque mine que lon face, on lit au visage qu'il y ha quelque passion vehemente. Et quand on aura bien couru, on trouuera que ce n'est rien, et que c'estoit pour aller en compagnie se promener sur l'eau, ou en quelque iardin : ou aussi tot un autre aura faueur de parler à elle que lui, qui ha esté conuié. Encore ha il ocasion de se contenter, à son auis. Car si elle n'ust plaisir de le voir, elle ne l'ust demandé en sa compagnie. Les plus grandes et hazardeuses folies suiuent tousiours l'acroissement d'Amour. Celle qui ne pensoit qu'à se iouer au commencement, se trouue prise. Elle se laisse visiter à heure suspecte. En quels dangers ? D'y aller accompagné, seroit declarer tout. Y aller seul, est hazardeus. Ie laisse les ordures et infeccions, dont quelquefois on est parfumé. Quelquefois se faut desguiser en portefaix, en Cordelier, en femme : se faire porter dens un coffre à la merci d'un gros vilain, que s'il sauoit ce qu'il porte, le lairroit tomber pour auoir sondé son fol faix. Quelquefois ont esté surpris, batuz, outragez, et ne s'en ose lon vanter. Il se faut guinder par fenestres, par sus murailles, et tousiours en danger, si Folie n'y tenoit la main. Encore ceus cy ne sont que des mieus payez. Il y en ha qui rencontrent Dames cruelles, desquelles iamais on n'obtient merci. Autres sont si rusees, qu'apres les auoir menez iusques aupres du but, les laissent là. Que font ils? apres auoir longuement soupiré, ploré et crié, les uns se rendent Moynes: les autres abandonnent le païs: les autres se laissent mourir. Et penseriez vous, que les amours des femmes soient de beaucoup plus sages? les plus froides se laissent bruler dedens le corps auant que de rien auouer. Et combien qu'elles vousissent prier, si elles osoient, elles se laissent adorer : et tousiours refusent ce qu'elles voudroient bien que lon leur otast par force. Les autres n'atendent que l'ocasion : et heureus qui la peut rencontrer. Il ne faut auoir creinte d'estre esconduit. Les mieus nees ne se laissent veincre, que par le tems. Et se connoissant estre aymees, et endurant en fin le semblable mal qu'elles ont fait endurer à autrui, ayant fiance de celui auquel elles se descouurent, auouent leur foiblesse, confessent le feu qui les brule : toutefois encore un peu de honte les retient, et ne se laissent aller, que vaincues, et consumees à demi. Et aussi quand elles sont entrees une fois auant, elles font de beaus tours. Plus elles ont resisté à Amour, et plus s'en treuuent prises. Elles ferment la porte à raison. Tout ce qu'elles creingnoient, ne le doutent plus. Elles laissent leurs ocupacions muliebres. Au lieu de filer, coudre, besougner au point, leur estude est se bien parer, promener es Eglises, festes, et banquets pour auoir tousiours quelque rencontre de ce qu'elles ayment. Elles prennent la plume et le lut en main : escriuent et chantent leurs passions : et en fin croit tant cette rage, qu'elles abandonnent quelquefois pere, mere, maris, enfans, et se retirent ou est leur cœur. Il n'y ha rien qui plus se fache d'estre contreint, qu'une femme : et qui plus se contreingne, ou elle ha enuie montrer son afeccion. Ie voy souuentefois une femme, laquelle n'a trouué la solitude et prison d'enuiron sept ans longue, estant auec la personne qu'elle aymoit. Et combien que nature ne lui ust nié plusieurs graces, qui ne la faisoient indine de toute bonne compagnie, si est ce qu'elle ne vouloit plaire à autre qu'à celui qui la tenoit prisonniere. I'en ay connu une autre, laquelle absente de son ami, n'alloit iamais dehors qu'acompagnee de quelcun des amis et domestiques de son bien aymé : voulant tousiours rendre témoignage de la foy qu'elle lui portoit. En somme, quand cette afeccion est imprimee en un cœur genereus d'une Dame, elle y est si forte, qu'à peine se peut elle efacer. Mais le mal est, que le plus souuent elles rencontrent si mal : que plus ayment, et moins sont aymees. Il y aura quelcun, qui sera bien aise leur donner martel en teste, et fera semblant d'aymer ailleurs, et n'en tiendra conte. Alors les pourettes entrent en estranges fantasies : ne peuuent si aisément se defaire des hommes, comme les hommes des femmes, n'ayans la commodité de s'eslongner et commencer autre parti, chassans Amour auec autre Amour. Elles blament tous les hommes pour un. Elles apellent foles celles qui ayment. Maudissent le iour que premierement elles aymerent. Protestent de iamais n'aymer : mais celà ne leur dure gueres. Elles remettent incontinent deuant les yeus ce qu'elles ont tant aymé. Si elles ont quelque enseigne de lui, elles la baisent, rebaisent, sement de larmes, s'en font un cheuet et oreiller, et s'escoutent elles mesmes pleingnantes leurs miserables detresses. Combien en vóy ie, qui se retirent iusques aus Enfers, pour essaier si elles pourront, comme iadis Orphee, reuoquer leurs amours perdues? Et en tous ces actes, quels traits trouuez vous que de Folie? Auoir le cœur separé de soymesme, estre meintenant en paix, ores en guerre, ores en treues : couurir et cacher sa douleur : changer visage mile fois le iour : sentir le sang qui lui rougit la face, y montant : puis soudein s'enfuit, la laissant palle, ainsi que honte, esperance, ou peur, nous gouuernent : chercher ce qui nous tourmente, feingnant le fuir. Et neanmoins auoir creinte de le trouuer : n'auoir qu'un petit ris entre mile soupirs : se tromper soymesme : bruler de loin, geler de pres : un parler interrompu : un silence venant tout à coup : ne sont ce tous signes d'un homme alienè de son bon entendement? Qui excusera Hercule deuidant les pelotons d'Omphale? Le sage Roi Hebrieu auec cette grande multitude de femmes? Annibal s'abatardissant autour d'une Dame? et maints autres, que iournellement voyons s'abuser tellement, qu'ils ne se connoissent eus mesmes. Qui en est cause, sinon Folie? Car c'est celle en somme, qui fait Amour grand et redouté : et le fait excuser, s'il fait quelque chose autre que de raison. Reconnois donq, ingrat Amour, quel tu es, et de combien de biens ie te suis cause? Ie te fay grand : ie te fay esleuer ton nom : voire et ne t'ussent les hommes reputé Dieu sans moy. Et apres que t'ay tousiours acompagné, tu ne me veus seulement abandonner, mais me veus renger à cette sugeccion de fuir tous les lieus ou tu seras. Ie crois auoir satisfait à ce qu'auois promis montrer : que iusques ici Amour n'auoit esté sans Folie. Il faut passer outre, et montrer qu'impossible est d'estre autrement. Et pour y entrer : Apolon, tu me confesseras, qu'Amour n'est autre chose qu'un desir de iouir, auec une conionccion, et assemblement de la chose aymee. Estant Amour desir, ou, quoy que ce soit, ne pouuant estre sans desir : il faut confesser qu'incontinent que cette passion vient saisir l'homme, elle l'altere et immue. Car le desir incessamment se demeine dedens l'ame, la poingnant tousiours et resueillant. Cette agitacion d'esprit, si elle estoit naturelle, elle ne l'afligeroit de la sorte qu'elle fait : mais, estant contre son naturel, elle le malmeine, en sorte qu'il se fait tout autre qu'il n'estoit. Et ainsi en soy n'estant l'esprit à son aise, mais troublé et agité, ne peut estre dit sage et posé. Mais encore fait il pis : car il est contreint se descouurir : ce qu'il ne fait que par le ministere et organe du corps et membres d'icelui. Et estant une fois acheminé, il faut que le poursuiuant en amours face deus choses : qu'il donne à connoitre qu'il ayme : et qu'il se face aymer. Pour le premier, le bien parler y est bien requis : mais seul ne suffira il. Car le grand artifice, et douceur inusitee, fait soupsonner pour le premier coup, celle qui l'oit : et la fait tenir sur ses gardes. Quel autre témoignage faut-il ? Tousiours l'ocasion ne se presente à combatre pour sa Dame, et defendre sa querelle. Du premier abord vous ne vous ofrirez à lui ayder en ses afaires domestiques. Si faut il faire à croire que lon est passionné. Il faut long tems, et long seruice, ardentes prieres, et conformité de complexions. L'autre point, que l'Amant doit gaigner, c'est se faire aymer : lequel prouient en partie de l'autre. Car le plus grand enchantement, qui soit pour estre aymé, c'est aymer. Ayez tant de sufumigacions, tant de characteres, adiuracions, poudres, et pierres, que voudrez : mais si sauez bien vous ayder, montrant et declarant votre amour : il n'y aura besoin de ces estranges receptes. Donq pour se faire aymer, il faut estre aymable. Et non simplement aymable, mais au gré de celui qui est aymé : auquel se faut renger, et mesurer tout ce que voudrez faire ou dire. Soyez paisible et discret. Si votre Amie ne vous veut estre telle, il faut changer voile, et nauiguer d'un autre vent : ou ne se mesler point d'aymer. Zethe et Amphion ne se pouuoient acorder, pource que la vacacion de l'un ne plaisoit à l'autre. Amphion ayma mieus changer, et retourner en grace auec son frere. Si la femme que vous aymez est auare, il faut se transmuer en or, et tomber ainsi en son sein. Tous les seruiteurs et amis d'Atalanta estoient chasseurs, pource qu'elle y prenoit plaisir. Plusieurs femmes, pour plaire à leurs Poëtes amis, ont changé leurs paniers et coutures, en plumes et liures. Et certes il est impossible plaire, sans suiure les afeccions de celui que nous cherchons. Les tristes se fachent d'ouir chanter. Ceus qui ne veulent aller que le pas, ne vont volontiers auec ceus qui tousiours voudroient courir. Or me dites, si ces mutacions contre notre naturel ne sont vrayes folies, ou non exemptes d'icelle ?

On dira qu'il se peut trouuer des complexions si semblables, que l'Amant n'aura point de peine de se transformer es meurs de l'aymee. Mais si cette amitié est tant douce et aisee, la folie sera de s'y plaire trop : en quoy est bien dificile de mettre ordre. Car si c'est vray amour, il est grand et vehement, et plus fort que toute raison. Et, comme le cheual ayant la bride sur le col, se plonge si auant dedens cette douce amertume, qu'il ne pense aus autres parties de l'ame, qui demeurent oisiues : et par une repentance tardiue, apres un long tems, témoigne à ceus qui l'oyent, qu'il ha esté fol comme les autres. Or si vous ne trouuez folie en Amour de ce coté là, dites moy entre vous autres Signeurs, qui faites tant profession d'Amour, ne confessez vous, que Amour cherche union de soy auec la chose aymee ? qui est bien le plus fol desir du monde : tant par ce, que le cas auenant, Amour faudroit par soymesme, estant l'Amant et l'Aymé confonduz ensemble, que aussi il est impossible qu'il puisse auenir, estant les especes et choses indiuidues tellement separees l'une de l'autre, qu'elles ne se peuuent plus conioindre, si elles ne changent de forme. Alleguez moy des branches d'arbres qui s'unissent ensemble. Contez moy toutes sortes d'Antes, que iamais le Dieu des iardins inuenta. Si ne trouuerez vous point que deus hommes soient iamais deuenuz en un : et y soit le Gerion à trois corps tant que voudrez. Amour donq ne fut iamais sans la compagnie de Folie et ne le sauroit estre. Et quand il pourroit ce faire, si ne le deuroit il pas souhaiter : pource que lon ne tiendroit conte de lui à la fin. Car quel pouuoir auroit il, ou quel lustre, s'il estoit pres de sagesse ? Elle lui diroit, qu'il ne faudroit aymer l'un plus que l'autre : ou pour le moins n'en faire semblant de peur de scandaliser quelcun. Il ne faudroit rien faire plus pour l'un que pour l'autre : et seroit à la fin Amour ou aneanti, ou deuisé en tant de pars, qu'il seroit bien foible. Tant s'en faut que tu doiues estre sans Folie, Amour, que si tu es bien conseillé, tu ne demanderas plus tes yeus. Car il ne t'en est besoin, et te peuuent nuire beaucoup : desquels si tu t'estois bien regardé quelquefois, toymesme te voudrois mal. Pensez vous qu'un soudart, qui va à l'assaut, pense au fossé, aus ennemis, et mile harquebuzades qui l'atendent? non. Il n'a autre but, que paruenir au haut de la bresche : et n'imagine point le reste. Le premier qui se mit en mer, n'imaginoit pas les dangers qui y sont. Pensez vous que le ioueur pense iamais perdre? Si sont ils tous trois au hazard d'estre tuez, noyez, et destruiz. Mais quoy, ils ne voyent, et ne veulent voir ce qui leur est dommageable. Le semblable estimez des Amans : que si iamais ils voyent, et entendent clerement le peril ou ils sont, combien ils sont trompez et abusez, et quelle est l'esperance qui les fait tousiours aller auant, iamais n'y demeureront une seule heure. Ainsi se perdroit ton regne, Amour : lequel dure par ignorance, nonchaillance, esperance, et cecité, qui sont toutes damoiselles de Folie, lui faisans ordinaire compagnie. Demeure donq en paix, Amour : et ne vien rompre l'ancienne ligue qui est entre toy et moy : combien que tu n'en susses rien iusqu'à present. Et n'estime que ie t'aye creué les yeus, mais que ie t'ay montré,

DE FOLIE ET D'AMOVR.

que tu n'en auois aucun usage auparauant, encore qu'ils te fussent à la teste que tu as de present. Reste de te prier, Iupiter et vous autres Dieus, de n'auoir point respect aus noms (comme ie say que n'aurez) mais regarder à la verité et dinité des choses. Et pourtant, s'il est plus honorable entre les hommes dire un tel ayme, que, il est fol : que celà leur soit imputé à ignorance. Et pour n'auoir en commun la vraye intelligence des choses, ny pù donner noms selon leur vray naturel, mais au contraire auoir baillé beaus noms à laides choses, et laids aus belles, ne delaissez, pour ce, à me conseruer Folie en sa dinité et grandeur. Ne laissez perdre cette belle Dame, qui vous ha donné tant de contentement auec Genie, Ieunesse, Bacchus, Silene, et ce gentil Gardien des iardins. Ne permetez facher celle, que vous auez conseruee iusques ici sans rides, et sans pas un poil blanc. Et n'otez, à l'apetit de quelque colere, le plaisir d'entre les hommes. Vous les auez otez du Royaume de Saturne : ne les y faites plus entrer : et, soit en Amour, soit en autres afaires, ne les enuiez, si pour apaiser leurs facheries, Folie les fait esbatre et s'esiouir. I'ay dit.

Quand Mercure ut fini la defense de Folie, Iupiter voyant les Dieus estre diuersement afeccionnez et en contrarietez d'opinions, les uns se tenans du coté de Cupidon, les autres se tournans à aprouuer la cause de Folie : pour apointer le diferent, và prononcer un arrest interlocutoire en cette maniere :

IVPITER.

Pour la dificulté et importance de vos diferens, et diuersité d'opinions, nous auons remis votre afaire d'ici à trois fois, sept fois, neuf siecles. Et ce pendant vous commandons viure amiablement ensemble, sans vous outrager l'un l'autre. Et guidera Folie l'aueugle Amour, et le conduira par tout ou bon lui semblera. Et sur la restitucion de ces yeus, apres en auoir parlé aus Parques, en sera ordonné.

FIN DV DEBAT DE FOLIE ET D'AMOVR.

ELEGIES.

I.

Av tems qu'Amour, d'hommes et Dieus vainqueur,
Faisoit bruler de sa flamme mon cœur,
En embrassant de sa cruelle rage
Mon sang, mes os, mon esprit et courage :
Encore lors ie n'auois la puissance
De lamenter ma peine et ma souffrance.
Encor Phebus, ami des Lauriers vers,
N'auoit permis que ie fisse des vers :
Mais meintenant que sa fureur diuine
Remplit d'ardeur ma hardie poitrine,
Chanter me fait, non les bruians tonnerres
De Iupiter, ou les cruelles guerres,
Dont trouble Mars, quand il veut, l'Vniuers.
Il m'a donné la lyre, qui les vers
Souloit chanter de l'Amour Lesbienne :
Et à ce coup pleurera de la mienne.
O dous archet, adouci moy la voix,
Qui pourroit fendre et aigrir quelquefois,
En recitant tant d'ennuis et douleurs,
Tant de despits, fortunes et malheurs.
Trempe l'ardeur, dont iadis mon cœur tendre

Fut en brulant demi reduit en cendre.
Ie sen desia un piteus souuenir,
Qui me contreint la larme à l'œil venir.
Il m'est auis que ie sen les alarmes,
Que premiers i'u d'Amour, ie voy les armes,
Dont il s'arma en venant m'assaillir.
C'estoit mes yeus, dont tant faisois saillir
De traits, à ceus qui trop me regardoient,
Et de mon arc assez ne se gardoient.
Mais ces miens traits ces miens yeus me defirent,
Et de vengeance estre exemple me firent.
Et me moquant, et voyant l'un aymer,
L'autre bruler et d'Amour consommer :
En voyant tant de larmes espandues,
Tant de soupirs et prieres perdues,
Ie n'aperçu que soudein me vint prendre
Le mesme mal que ie soulois reprendre :
Qui me persa d'une telle furie,
Qu'encor n'en suis apres long tems guerie :
Et meintenant me suis encor contreinte
De rafreschir d'une nouuelle pleinte
Mes maus passez. Dames, qui les lirez,
De mes regrets auec moy soupirez.
Possible, un iour ie feray le semblable,
Et ayderay votre voix pitoyable
A vos trauaux et peines raconter,
Au tems perdu vainement lamenter.
Quelque rigueur qui loge en votre cœur,
Amour s'en peut un iour rendre vainqueur.
Et plus aurez lui esté ennemies,

Pis vous fera, vous sentant asseruies.
N'estimez point que lon doiue blamer
Celles qu'a fait Cupidon enflamer.
Autres que nous, nonobstant leur hautesse,
Ont enduré l'amoureuse rudesse :
Leur cœur hautein, leur beauté, leur lignage,
Ne les ont su preseruer du seruage
De dur Amour : les plus nobles esprits
En sont plus fort et plus soudein espris.
Semiramis, Royne tant renommee,
Qui mit en route auecques son armee
Les noirs squadrons des Ethiopiens,
Et en montrant louable exemple aus siens
Faisait couler de son furieus branc
Des ennemis les plus braues le sang,
Ayant encor enuie de conquerre
Tous ses voisins, ou leur mener la guerre,
Trouua Amour, qui si fort la pressa,
Qu'armes et loix vaincue elle laissa.
Ne meritoit sa Royalle grandeur
Au moins auoir un moins fascheus malheur
Qu'aymer son fils? Royne de Babylonne,
Ou est ton cœur qui es combaz resonne ?
Qu'est deuenu ce fer et cet escu,
Dont tu rendois le plus braue veincu?
Ou as tu mis la Marciale creste,
Qui obombroit le blond or de ta teste?
Ou est l'espee, ou est cette cuirasse,
Dont tu rompois des ennemis l'audace?
Ou sont fuiz tes coursiers furieus,

Lesquels trainoient ton char victorieus ?
T'a pù si tot un foible ennemi rompre ?
Ha pù si tot ton cœur viril corrompre,
Que le plaisir d'armes plus ne te touche :
Mais seulement languis en une couche ?
Tu as laissé les aigreurs Marciales,
Pour recouurer les douceurs geniales.
Ainsi Amour de toy t'a estrangee,
Qu'on te diroit en une autre changee,
Donques celui lequel d'amour esprise
Pleindre me voit, que point il ne mesprise
Mon triste deuil : Amour, peut estre, en brief
En son endroit n'aparoitra moins grief.
Telle i'ay vù qui auoit en ieunesse
Blamé Amour : apres en sa vieillesse
Bruler d'ardeur, et pleindre tendrement
L'ápre rigueur de son tardif tourment.
Alors de fard et eau continuelle
Elle essayoit se faire venir belle,
Voulant chasser le ridé labourage,
Que l'aage auoit graué sur son visage.
Sur son chef gris elle auoit empruntee
Quelque perruque, et assez mal antee :
Et plus estoit à son gré bien fardee,
De son Ami moins estoit regardee :
Lequel ailleurs fuiant n'en tenoit conte,
Tant lui sembloit laide, et auoit grand honte
D'estre aymé d'elle. Ainsi la poure vieille
Receuoit bien pareille pour pareille.
De maints en vain un tems fut reclamee,

Ores qu'elle ayme, elle n'est point aymee.
Ainsi Amour prend son plaisir, à faire
Que le veuil d'un soit à l'autre contraire.
Tel n'ayme point, qu'une Dame aymera :
Tel ayme aussi, qui aymé ne sera :
Et entretient, neanmoins, sa puissance
Et sa rigueur d'une vaine esperance.

II.

D'vn tel vouloir le serf point ne desire
La liberté, ou son port le nauire,
Comme i'atens, helas, de iour en iour
De toy, Ami, le gracieus retour.
Là, i'auois mis le but de ma douleur,
Qui fineroit, quand i'aurois ce bon heur
De te reuoir : mais de la longue atente,
Helas, en vain mon desir se lamente.
Cruel, Cruel, qui te faisoit promettre
Ton brief retour en ta premiere lettre?
As tu si peu de memoire de moy,
Que de m'auoir si tot rompu la foy?
Comme ose tu ainsi abuser celle
Qui de tout tems t'a esté si fidelle?
Or' que tu es aupres de ce riuage
Du Pau cornu, peut estre ton courage

S'est embrasé d'une nouuelle flame,
En me changeant pour prendre une autre Dame:
Ià en oubli inconstamment est mise
La loyauté que tu m'auois promise.
S'il est ainsi, et que desia la foy
Et la bonté se retirent de toy :
Il ne me faut emerueiller si ores
Toute pitié tu as perdu encores.
O combien ha de pensee et de creinte,
Tout aparsoy, l'ame d'Amour ateinte !
Ores ie croy, vù notre amour passee,
Qu'impossible est, que tu m'aies laissee:
Et de nouuel ta foy ie me fiance,
Et plus qu'humeine estime ta constance.
Tu es, peut estre, en chemin inconnu
Outre ton gré malade retenu.
Ie croy que non : car tant suis coutumiere
De faire aus Dieus pour ta santé priere,
Que plus cruels que tigres ils seroient,
Quand maladie ils te prochasseroient :
Bien que ta fole et volage inconstance
Meriteroit auoir quelque soufrance.
Telle est ma foy, qu'elle pourra sufire
A te garder d'auoir mal et martire.
Celui qui tient au haut Ciel son Empire
Ne me sauroit, ce me semble, desdire :
Mais quand mes pleurs et larmes entendroit
Pour toy prians, son ire il retiendroit.
I'ay de tout tems vescu en son seruice,
Sans me sentir coulpable d'autre vice

Que de t'auoir bien souuent en son lieu
D'amour forcé, adoré comme Dieu.
Desia deus fois depuis le promis terme
De ton retour, Phebe ses cornes ferme,
Sans que de bonne ou mauuaise fortune
De toy, Ami, i'aye nouuelle aucune.
Si toutefois, pour estre enamouré
En autre lieu, tu as tant demeuré,
Si sáy ie bien que t'amie nouuelle
A peine aura le renom d'estre telle,
Soit en beauté, vertu, grace et faconde,
Comme plusieurs gens sauans par le monde
M'ont fait à tort, ce cróy ie, estre estimee.
Mais qui pourra garder la renommee?
Non seulement en France suis flatee,
Et beaucoup plus, que ne veus, exaltee.
La terre aussi que Calpe et Pyrenee
Auec la mer tiennent enuironnee,
Du large Rhin les roulantes areines,
Le beau païs auquel or' te promeines
Ont entendu (tu me l'as fait à croire)
Que gens d'esprit me donnent quelque gloire.
Goute le bien que tant d'hommes desirent:
Demeure au but ou tant d'autres aspirent:
Et croy qu'ailleurs n'en auras une telle.
Ie ne dy pas qu'elle ne soit plus belle:
Mais que iamais femme ne t'aymera,
Ne plus que moy d'honneur te portera.
Maints grans Signeurs à mon amour pretendent,
Et à me plaire et seruir prets se rendent,

Ioutes et ieus, maintes belles deuises
En ma faueur sont par eus entreprises :
Et neanmoins tant peu ie m'en soucie,
Que seulement ne les en remercie :
Tu es tout seul, tout mon mal et mon bien :
Auec toy tout, et sans toy ie n'ay rien :
Et n'ayant rien qui plaise à ma pensee,
De tout plaisir me treuue delaissee,
Et pour plaisir, ennui saisir me vient.
Le regretter et plorer me conuient,
Et sur ce point entre en tel desconfort,
Que mile fois ie souhaite la mort.
Ainsi, Ami, ton absence lointeine
Depuis deus mois me tient en cette peine,
Ne viuant pas, mais mourant d'un Amour
Lequel m'occit dix mile fois le iour.
Reuien donq tot, si tu as quelque enuie
De me reuoir encor' un coup en vie.
Et si la mort auant ton arriuee
Ha de mon corps l'aymante ame priuee,
Au moins un iour vien, habillé de dueil,
Enuironner le tour de mon cercueil.
Que plust à Dieu que lors fussent trouuez
Ces quatre uers en blanc marbre engrauez.
PAR TOY, AMY, TANT VESQVI ENFLAMMEE,
QV'EN LANGVISSANT PAR FEV SVIS CONSVMEE,
QVI COVVE ENCOR SOVS MA CENDRE EMBRAZEE.
SI NE LA RENDS DE TES PLEVRS APAIZEE.

III.

Qvand vous lirez, ô Dames Lionnoises,
Ces miens escrits pleins d'amoureuses noises,
Quand mes regrets, ennuis, despits et larmes
M'orrez chanter en pitoyables carmes,
Ne veuillez point condamner ma simplesse,
Et ieune erreur de ma fole ieunesse,
Si c'est erreur : mais qui dessous les Cieus
Se peut vanter de n'estre vicieus ?
L'un n'est content de sa sorte de vie,
Et tousiours porte à ses voisins enuie :
L'un forcenant de voir la paix en terre,
Par tous moyens tache y mettre la guerre :
L'autre croyant poureté estre vice,
A autre Dieu qu'Or, ne fait sacrifice :
L'autre sa foy pariure il emploira
A deceuoir quelcun qui le croira :
L'un en mentant de sa langue lezarde,
Mile brocars sur l'un et l'autre darde :
Ie ne suis point sous çes planettes nee,
Qui m'ussent pù tant faire infortunee.
Onques ne fut mon œil marri, de voir
Chez mon voisin mieux que chez moy pleuuoir.
Onq ne mis noise ou discord entre amis :
A faire gain iamais ne me soumis.

Mentir, tromper, et abuser autrui,
Tant m'a desplu, que mesdire de lui.
Mais si en moy rien y ha d'imparfait,
Qu'on blame Amour : c'est lui seul qui l'a fait.
Sur mon verd aage en ses laqs il me prit,
Lors qu'exerçoi mon corps et mon esprit
En mile et mile euures ingenieuses,
Qu'en peu de tems me rendit ennuieuses.
Pour bien sauoir auec l'esguille peindre
I'usse entrepris la renommee esteindre
De celle là, qui plus docte que sage,
Auec Pallas comparoit son ouurage.
Qui m'ust vu lors en armes fiere aller,
Porter la lance et bois faire voler,
Le deuoir faire en l'estour furieus,
Piquer, volter le cheual glorieus,
Pour Bradamante, ou la haute Marphise,
Seur de Roger, il m'ust, possible, prise.
Mais quoy ? Amour ne put longuement voir
Mon cœur n'aymant que Mars et le sauoir :
Et me voulant donner autre souci,
En souriant, il me disoit ainsi :
Tu penses donq, ô Lionnoise Dame,
Pouuoir fuir par ce moyen ma flame :
Mais non feras, i'ai subiugué les Dieus
Es bas Enfers, en la mer et es Cieus.
Et penses tu que n'aye tel pouuoir
Sur les humeins, de leur faire sauoir
Qu'il n'y a rien qui de ma main eschape ?
Plus fort se pense et plus tot ie le frape.

De me blamer quelquefois tu n'as honte,
En te fiant en Mars dont tu fais conte :
Mais meintenant, voy si pour persister
En le suiuant me pourras resister.
Ainsi parloit, et tout échaufé d'ire
Hors de sa trousse une sagette il tire,
Et decochant de son extreme force,
Droit la tira contre ma tendre escorce :
Foible harnois, pour bien couurir le cœur,
Contre l'Archer qui tousiours est vainqueur.
La bresche faite, entre Amour en la place,
Dont le repos premierement il chasse :
Et de trauail qui me donne sans cesse,
Boire, menger, et dormir ne me laisse.
Il ne me chaut de soleil ne d'ombrage :
Ie n'ay qu'Amour et feu en mon courage,
Qui me desguise, et fait autre paroitre,
Tant que ne peu moymesme me connoitre.
Ie n'auois vû encore seize Hiuers,
Lors que i'entray en ces ennuis diuers :
Et ià voici le treiziéme Esté
Que mon cœur fut par Amour arresté.
Le tems met fin aus hautes Pyramides,
Le tems met fin aus fonteines humides :
Il ne pardonne aus braues Colisees,
Il met à fin les viles plus prisees :
Finir aussi il ha acoutumé
Le feu d'Amour tant soit il allumé :
Mais, las! en moy il semble qu'il augmente
Auec le tems, et que plus me tourmente.

Paris ayma Œnone ardemment,
Mais son amour ne dura longuement :
Medee fut aymee de Iason,
Qui tot apres la mit hors sa maison.
Si meritoient elles estre estimees,
Et pour aymer leurs Amis, estre aymees.
S'estant aymé on peut Amour laisser,
N'est il raison, ne l'estant, se lasser?
N'est il raison te prier de permettre,
Amour, que puisse à mes tourmens fin mettre?
Ne permets point que de Mort face espreuue,
Et plus que toy pitoyable la treuue :
Mais si tu veus que i'ayme iusqu'au bout,
Fay que celui que i'estime mon tout,
Qui seul me peut faire plorer et rire,
Et pour lequel si souuent ie soupire,
Sente en ses os, en son sang, en son ame,
Ou plus ardente, ou bien egale flame.
Alors ton faix plus aisé me sera,
Quand auec moy quelcun le portera.

FIN DES ELEGIES.

SONNETS.

I.

Non hauria Vlysse o qualunqu'altro mai
Piu accorto fù, da quel diuino aspetto
Pien di gratie, d'honor et di rispetto
Sperato qual i sento affanni e guai.

Pur, Amor, co i begli occhi tu fatt' hai
Tal piaga dentro al mio innocente petto,
Di cibo et di calor gia tuo ricetto,
Che rimedio non v'e si tu nel' dai.

O sorte dura, che mi fa esser quale
Punta d'un Scorpio, et domandar riparo
Contr' el velen' dall' istesso animale.

Chieggio li sol' ancida questa noia,
Non estingua el desir a me si caro,
Che mancar non potra ch' i non mi muoia.

II.

O beaus yeus bruns, ô regars destournez,
O chaus soupirs, ô larmes espandues,
O noires nuits vainement atendues,
O jours luisans vainement retournez :

O tristes pleins, ô desirs obstinez,
O tems perdu, ô peines despendues,
O mile morts en mile rets tendues,
O pires maus contre moi destinez.

O ris, ô front, cheueus, bras, mains et doits :
O lut pleintif, viole, archet et vois :
Tant de flambeaus pour ardre une femmelle !

De toy me plein, que tant de feus portant,
En tant d'endrois d'iceus mon cœur tatant,
N'en est sur toy volé quelque estincelle.

III.

O longs desirs, ô esperances vaines,
Tristes soupirs et larmes coutumieres
A engendrer de moy maintes riuieres,
Dont mes deus yeus sont sources et fontaines :

O cruautez, ô durtez inhumaines,
Piteus regars des celestes lumieres :
Du cœur transi ô passions premieres,
Estimez vous croitre encore mes peines?

Qu'encor Amour sur moy son arc essaie,
Que nouueaus feus me gette et nouueaus dars :
Qu'il se despite, et pis qu'il pourra face :

Car ie suis tant nauree en toutes pars,
Que plus en moy une nouuelle plaie,
Pour m'empirer ne pourroit trouuer place.

IIII.

Depvis qu'Amour cruel empoisonna
Premierement de son feu ma poitrine,
Tousiours brulay de sa fureur diuine,
Qui un seul iour mon cœur n'abandonna.

Quelque trauail, dont assez me donna,
Quelque menasse et procheine ruïne :
Quelque penser de mort qui tout termine,
De rien mon cœur ardent ne s'estonna.

Tant plus qu'Amour nous vient fort assaillir,
Plus il nous fait nos forces recueillir,
Et tousiours frais en ses combats fait estre :

Mais ce n'est pas qu'en rien nous fauorise,

Cil qui les Dieus et les hommes mesprise :
Mais pour plus fort contre les fors paroitre.

V.

Clere Venus, qui erres par les Cieus,
Entens ma voix qui en pleins chantera,
Tant que ta face au haut du Ciel luira,
Son long trauail et souci ennuieus.

Mon œil veillant s'atendrira bien mieus,
Et plus de pleurs te voyant getera.
Mieus mon lit mol de larmes baignera,
De ses trauaus voyant témoins tes yeus.

Donq des humains sont les lassez esprits
De dous repos et de sommeil espris.
I'endure mal tant que le Soleil luit :

Et quand ie suis quasi toute cassee,
Et que me suis mise en mon lit lassee,
Crier me faut mon mal toute la nuit.

VI.

Deus ou trois fois bienheureus le retour
De ce cler Astre, et plus heureus encore

Ce que son œil de regarder honore.
Que celle là receuroit un bon iour,

Qu'elle pourroit se vanter d'un bon tour
Qui baiseroit le plus beau don de Flore,
Le mieus sentant que iamais vid Aurore,
Et y feroit sur ses leures seiour!

C'est à moy seule à qui ce bien est du,
Pour tant de pleurs et tant de tems perdu :
Mais le voyant, tant lui feray de feste,

Tant emploiray de mes yeus le pouuoir,
Pour dessus lui plus de credit auoir,
Qu'en peu de tems feray grande conqueste.

VII.

On voit mourir toute chose animee,
Lors que du corps l'ame sutile part :
Ie suis le corps, toy la meilleure part :
Ou es tu donq, o ame bien aymee?

Ne me laissez par si long tems pámee,
Pour me sauuer apres viendrois trop tard.
Las, ne mets point ton corps en ce hazart :
Rens lui sa part et moitié estimee.

Mais fais, Ami, que ne soit dangereuse

Cette rencontre et reuuë amoureuse,
L'acompagnant, non de seuerité,

Non de rigueur : mais de grace amiable,
Qui doucement me rende ta beauté,
Iadis cruelle, à present fauorable.

VIII.

Ie vis, ie meurs : ie me brule et me noye.
I'ay chaut estreme en endurant froidure :
La vie m'est et trop molle et trop dure.
I'ay grans ennuis entremeslez de ioye :

Tout à un coup ie ris et ie larmoye,
Et en plaisir maint grief tourment i'endure :
Mon bien s'en va, et à iamais il dure :
Tout en un coup ie seiche et ie verdoye.

Ainsi Amour inconstamment me meine :
Et quand ie pense auoir plus de douleur,
Sans y penser ie me treuue hors de peine.

Puis quand ie croy ma ioye estre certeine,
Et estre au haut de mon desiré heur,
Il me remet en mon premier malheur.

IX.

Tovt aussi tot que ie commence à prendre
Dens le mol lit le repos desiré,
Mon triste esprit hors de moy retiré
S'en va vers toy incontinent se rendre.

Lors m'est auis que dedens mon sein tendre
Ie tiens le bien, ou i'ay tant aspiré,
Et pour lequel i'ay si haut souspiré,
Que de sanglots ay souuent cuidé fendre.

O dous sommeil, o nuit à moy heureuse!
Plaisant repos, plein de tranquilité,
Continuez toutes les nuiz mon songe :

Et si iamais ma poure ame amoureuse
Ne doit auoir de bien en verité,
Faites au moins qu'elle en ait en mensonge.

X.

Qvand i'aperçoy ton blond chef couronné
D'un laurier verd, faire un Lut si bien pleindre,
Que tu pourrois à te suiure contreindre
Arbres et rocs : quand ie te vois orné,

Et de vertus dix mile enuironné,
Au chef d'honneur plus haut que nul ateindre :
Et des plus hauts les louenges esteindre :
Lors dit mon cœur en soy passionné :

Tant de vertu qui te font estre aymé,
Qui de chacun te font estre estimé,
Ne te pourroient aussi bien faire aymer ?

Et aioutant à ta vertu louable
Ce nom encor de m'estre pitoyable,
De mon amour doucement t'enflamer ?

XI.

O dous regars, o yeus pleins de beauté,
Petits iardins, pleins de fleurs amoureuses
Ou sont d'Amour les flesches dangereuses,
Tant à vous voir mon œil s'est arresté !

O cœur felon, o rude cruauté,
Tant tu me tiens de façons rigoureuses,
Tant i'ay coulé de larmes langoureuses,
Sentant l'ardeur de mon cœur tourmenté !

Donques, mes yeus, tant de plaisir auez,
Tant de bons tours par ses yeus receuez :
Mais toy, mon cœur, plus les vois s'y complaire,

Plus tu languiz, plus en as de souci,

Or deuinez si ie suis aise aussi,
Sentant mon œil estre à mon cœur contraire.

XII.

Lvt, compagnon de ma calamité,
De mes soupirs témoin irreprochable,
De mes ennuis controlleur veritable,
Tu as souuent auec moy lamenté :

Et tant le pleur piteus t'a molesté,
Que commençant quelque son delectable,
Tu le rendois tout soudein lamentable,
Feingnant le ton que plein auoit chanté.

Et si te veus efforcer au contraire,
Tu te destens et si me contreins taire :
Mais me voyant tendrement soupirer,

Donnant faueur à ma tant triste pleinte :
En mes ennuis me plaire suis contreinte,
Et d'un dous mal douce fin esperer.

XIII.

Oh si i'estois en ce beau sein rauie
De celui là pour lequel vois mourant :

Si auec lui viure le demeurant
De mes cours iours ne m'empeschoit enuie,

Si m'acollant me disoit, chere Amie,
Contentons nous l'un l'autre, s'asseurant
Que ia tempeste, Euripe, ne Courant
Ne nous pourra desioindre en notre vie :

Si de mes bras le tenant acollé,
Comme du Lierre est l'arbre encercelé,
La mort venoit, de mon aise enuieuse :

Lors que souef plus il me baiseroit,
Et mon esprit sur ses leures fuiroit,
Bien ie mourrois, plus que viuante, heureuse.

XIIII.

Tant que mes yeus pourront larmes espandre,
A l'heur passé auec toy regretter :
Et qu'aus sanglots et soupirs resister
Pourra ma voix, et un peu faire entendre :

Tant que ma main pourra les cordes tendre
Du mignart Lut, pour tes graces chanter :
Tant que l'esprit se voudra contenter
De ne vouloir rien fors que toy comprendre :

Ie ne souhaitte encore point mourir.
Mais quand mes yeus ie sentiray tarir,
Ma voix cassee, et ma main impuissante,

Et mon esprit en ce mortel seiour
Ne pouuant plus montrer signe d'amante:
Priray la Mort noircir mon plus cler iour.

XV.

Povr le retour du Soleil honorer,
Le Zephir, l'air serein lui apareille:
Et du sommeil l'eau et la terre esueille,
Qui les gardoit l'une de murmurer,

En dous coulant, l'autre de se parer
De mainte fleur de couleur nompareille.
Ia les oiseaus es arbres font merueille,
Et aus passans font l'ennui moderer:

Les Nynfes ia en mile ieus s'esbatent
Au cler de Lune, et dansans l'herbe abatent:
Veus tu Zephir de ton heur me donner,

Et que par toy toute me renouuelle?
Fay mon Soleil deuers moy retourner,
Et tu verras s'il ne me rend plus belle.

XVI.

Apres qu'un tems la gresle et le tonnerre
Ont le haut mont de Caucase batu,

Le beau iour vient, de lueur reuétu.
Quand Phebus ha son cerne fait en terre,

Et l'Ocean il regaigne à grand erre :
Sa seur se montre auec son chef pointu.
Quand quelque tems le Parthe ha combatu,
Il prent la fuite et son arc il desserre.

Vn tems t'ay vù et consolé pleintif,
Et defiant de mon feu peu hatif :
Mais maintenant que tu m'as embrasee,

Et suis au point auquel tu me voulois,
Tu as ta flame en quelque eau arrosee,
Et es plus froit qu'estre ie ne soulois.

XVII.

Ie fuis la vile, et temples, et tous lieus,
Esquels prenant plaisir à t'ouir pleindre,
Tu peus, et non sans force, me contreindre
De te donner ce qu'estimois le mieus.

Masques, tournois, ieus me sont ennuieus,
Et rien sans toy de beau ne me puis peindre :
Tant que tachant à ce desir esteindre,
Et un nouuel obget faire à mes yeus,

Et des pensers amoureus me distraire,
Des bois espais sui le plus solitaire :
Mais i'aperçoy, ayant erré maint tour,

Que si ie veus de toy estre deliure,
Il me conuient hors de moymesme viure,
Ou fais encor que loin sois en seiour.

XVIII.

Baise m'encor, rebaise moy et baise :
Donne m'en un de tes plus sauoureus,
Donne m'en un de tes plus amoureus :
Ie t'en rendray quatre plus chaus que braise.

Las, te pleins tu ? ça que ce mal i'apaise,
En t'en donnant dix autres douchereus.
Ainsi meslans nos baisers tant heureus
Iouissons nous l'un de l'autre à notre aise.

Lors double vie à chacun en suiura.
Chacun en soy et son ami viura.
Permets m'Amour penser quelque folie :

Tousiours suis mal, viuant discrettement,
Et ne me puis donner contentement,
Si hors de moy ne fay quelque saillie.

XIX.

Diane estant en l'espesseur d'un bois,
Apres auoir mainte beste assenee,

Prenoit le frais, de Nynfes couronnee :
I'allois resuant comme fay maintefois,

Sans y penser : quand i'ouy une vois,
Qui m'apela, disant, Nynfe estonnee,
Que ne t'es tu vers Diane tournee?
Et me voyant sans arc et sans carquois,

Qu'as tu trouué, o compagne, en ta voye,
Qui de ton arc et flesches ait fait proye?
Ie m'animay, respons ie, à un passant,

Et lui getay en vain toutes mes flesches
Et l'arc apres : mais lui les ramassant
Et les tirant me fit cent et cent bresches.

XX.

Predit me fut, que deuoit fermement
Vn iour aymer celui dont la figure
Me fut descrite : et sans autre peinture
Le reconnu quand vy premierement :

Puis le voyant aymer fatalement,
Pitié ie pris de sa triste auenture :
Et tellement ie forçay ma nature,
Qu'autant que lui aymay ardentement.

Qui n'ust pensé qu'en faueur deuoit croitre
Ce que le Ciel et destins firent naitre?
Mais quand ie voy si nubileus aprets,

Vents si cruels et tant horrible orage:
Ie croy qu'estoient les infernaus arrets,
Qui de si loin m'ourdissoient ce naufrage.

XXI.

Qvelle grandeur rend l'homme venerable?
Quelle grosseur? quel poil? quelle couleur?
Qui est des yeus le plus emmieleur?
Qui fait plus tot une playe incurable?

Quel chant est plus à l'homme conuenable?
Qui plus penetre en chantant sa douleur?
Qui un dous lut fait encore meilleur?
Quel naturel est le plus amiable?

Ie ne voudrois le dire assurément,
Ayant Amour forcé mon iugement:
Mais ie say bien et de tant ie m'assure,

Que tout le beau que lon pourroit choisir,
Et que tout l'art qui ayde la Nature,
Ne me sauroient acroitre mon desir.

XXII.

Lvisant Soleil, que tu es bien heureus,
De voir tousiours de t'Amie la face:

Et toy, sa seur, qu'Endimion embrasse,
Tant te repais de miel amoureus.

Mars voit Venus : Mercure auentureus
De Ciel en Ciel, de lieu en lieu se glasse :
Et Iupiter remarque en mainte place
Ses premiers ans plus gays et chaleureus.

Voilà du Ciel la puissante harmonie,
Qui les esprits diuins ensemble lie :
Mais s'ils auoient ce qu'ils ayment lointein,

Leur harmonie et ordre irreuocable
Se tourneroit en erreur variable,
Et comme moy trauailleroient en vain.

XXIII.

Las! que me sert, que si parfaitement
Louas iadis et ma tresse doree,
Et de mes yeus la beauté comparee
A deus Soleils, dont Amour finement

Tira les trets causes de ton tourment?
Ou estes vous, pleurs de peu de duree?
Et mort par qui deuoit estre honoree
Ta ferme amour et iteré serment?

Donques c'estoit le but de ta malice
De m'asseruir sous ombre de seruice?
Pardonne moy, Amy, à cette fois,

Estant outree et de despit et d'ire :
Mais ie m'assure, quelque part que tu sois,
Qu'autant que moy tu soufres de martire.

XXIIII.

Ne reprenez, Dames, si i'ay aymé :
Si i'ay senti mile torches ardentes,
Mile trauaus, mile douleurs mordantes :
Si en pleurant i'ay mon tems consumé,

Las que mon nom n'en soit par vous blamé.
Si i'ai failli, les peines sont presentes,
N'aigrissez point leurs pointes violentes :
Mais estimez qu'Amour, à point nommé,

Sans votre ardeur d'un Vulcan excuser,
Sans la beauté d'Adonis acuser,
Pourra, s'il veut, plus vous rendre amoureuses :

En ayant moins que moi d'ocasion,
Et plus d'estrange et forte passion.
Et gardez vous d'estre plus malheureuses.

FIN DES EVVRES DE LOVÏZE LABÉ LIONNOIZE.

AVS POETES DE LOVIZE LABÉ.

SONNET.

Vovs qui le los de Louïze escrivez,
Et qui auez, par gaye fantasie
Cette beauté, votre suget, choisie,
Voyez quel bien pour vous, vous poursuiuez.

Elle des dons des Muses cultivez,
S'est pour soymesme et pour autrui saisie :
Tant qu'en louant sa dine Poësie,
Mieus que par vous par elle vous viuez.

Laure ut besoin de faueur empruntée,
Pour de renom ses graces animer :
Louïze autant en beauté reputée,

Trop plus se fait par sa plume estimer.
Et de soymesme elle se faisant croire,
A ses loueurs est cause de leur gloire.

ESCRIZ

DE DIVERS POETES,

A LA LOVENGE

DE LOVIZE LABÉ

LIONNOIZE.

~~~~~~~~~~~~~~~~~~~~~~~~~~~~~~~~~~~~

ΕΙΣ ΩΔΑΣ ΛΟΙΣΗΣ ΛΑΒΑΙΑΣ.

Τὰς Σαπφῦς ᾠδὰς γλυκυφώνȣ ἃς ἀπώλεσσεν
　Ἡ παμφάγȣ χρόνȣ βίη,
Μειλιχίῳ Παφίης καὶ Ἐρώτων νῦν γὲ Λαβάιη
　Κόλπῳ τραφεῖσ' ἀνήγαγε.
Εἰ δὲ τις ὡς καινὸν θαυμάζει, καί πόθεν ἐςὶ,
　Φησὶν, νέη ποιήτρια,
Γνοίη ὡς γοργὸν καὶ ἀκαμπτον δυςυχέουσα
　Ἔχει Φάων' ἐρώμενον·
Τῇ πληχθεῖσα φυγῇ, λιγυρὸν μέλος ἦρξε τάλαινα
　Χορδαῖς ἐναρμόζειν λύρης.
Σφοδρὰ δὲ πρὸς ταύτας ποιήσεις οἶςρ' ἐνίησι
　Παιδῶν ἐρᾶν ὑπερηφάνων.

DE ALOYSÆ LABÆÆ OSCULIS.

Iam non canoras Pegasidas tuis
Assuesce votis: nil tibi Cynthius
   Fontisue Dircæi recessus
  Profuerint, vel inanis Euan.

Sed tu Labææ basia candidæ
Imbuta poscas nectare, quæ rosas
   Spirant amaracosque molles,
  Et violas, Arabumque succos.

Non illa summis dispereunt labris,
Sed quà reclusis obicibus patet
   Inerme pectus, suaueolentis
  Oris aculeolo calescit.

Illo medullæ protinus æstuant,
Et dissolutis spiritus omnibus
   Nodis in ore suauiantis
  Lenius emoritur Labææ.

Hoc plenus œstro (dicere seu lubet
Sectis puellas unguibus acriter
   Depræliantes, aut inustam
  Dente notam labiis querenteis:

Cœliue motus et redeuntia
Anni vicissim tempora: nec suo

Fulgore lucentem Dianam,
Sideribusue polos micanteis,

Dignum Labææ basiolis melos
Quod voce mistis cum fidibus canat)
Dices coronatus quod aureis
Cecropias Latiasque pungat.

~~~~~~

EN GRACE DV DIALOGVE D'AMOVR ET DE FOLIE, EVVRE DE D. LOVÏZE LABÉ LIONNOIZE.

Amovr est donq pure inclinacion
Du Ciel en nous, mais non necessitante :
Ou bien vertu, qui nos cœurs impuissante
A resister contre son accion ?

C'est donq de l'ame une alteracion
De vain desir legerement naissante,
A tout obiet de l'espoir perissante,
Comme muable à toute passion ?

Ia ne soit crù, que la douce folie
D'un libre Amant d'ardeur libre amollie
Perde son miel en si amer Absynte,

Puis que lon voit un esprit si gentil
Se recouurer de ce Chaos sutil,
Ou de Raison la Loy se laberynte.

       NON SI NON LA.

EN CONTEMPLACION DE D. LOVÏZE LABÉ.

Qvel Dieu graua cette magesté douce
En ce gay port d'une pronte alegresse ?
De quel liz est, mais de quelle Deesse
Cette beauté, qui les autres destrousse ?

Quelle Syrene hors du sein ce chant pousse,
Qui deceuroit le caut Prince de Grece ?
Quels sont ces yeus, mais bien quel trofee est ce,
Qui tient d'Amour l'arc, les trets et la trousse ?

Ici le Ciel liberal me fait voir
En leur parfait, grace, honneur, et sauoir,
Et de vertu le rare témoignage :

Ici le traytre Amour me veut surprendre :
Ah ! de quel feu brule un cœur ia en cendre ?
Comme en deus pars ce peut il mettre en gage ?
P. D. T.

A D. LOVÏZE LABÉ, SVR SON PORTRAIT.

Iadis un Grec sus une froide image,
Que consacra Praxitele à Cyprine,
Rafreschissant son ardente poitrine
Rendit du maitre admirable l'ouurage.

Las! peu s'en faut qu'à ce petit ombrage,
Reconnoissant ta bouche coralline,
Et tous les trais de ta beauté diuine,
Ie n'aye autant porté témoignage.

Qu'ust fait ce Grec si cette image nue
Entre ses bras fust Venus deuenue?
Que suis ie lors quand Louïze me touche,

Et l'accollant d'un long baiser me baise?
L'ame me part, et mourant en cet aise,
Ie la reprens ia fuiant en sa bouche.

SONNET.

Ie laisse apart Meduse, et sa beauté,
Qui transmuoit en pierre froide et dure,
Ceus qui prenoient à la voir trop de cure,
Pour admirer plus grande nouueauté,

Et reciter la douce cruauté
De BELLE A SOY, qui fait bien plus grand'chose,
Lors qu'en son tout grace naïue enclose,
Veut eslargir sa douce priuauté.

Car d'un corps fait au comble de son mieus,
Du vif mourant contournement des yeus,
A demi clos tournant le blanc en vuë :

Puis d'un soupir mignardement issant,

Auant l'apas d'un souzris blandissant,
Les regardans en soymesme transmue.

DEVOIR DE VOIR.

A CELLE QVI N'EST SEVLEMENT A SOY BELLE.

Si le Soleil ne peut tousiours reluire,
Fuir ne faut pourtant tout ce qui luit,
Car si au Ciel quelqu'autre flamme duit,
Sans le Soleil peut bien la clarté luire.

Mais quoy? sans lui, las! on la veut reduire
Au seul plaisir d'un Astre radieus,
Qui autre part d'esclairer enuieus,
Par ce moyen peut à la clarté nuire.

Las! quel Climat lui sera donq heureus,
N'ayant faueur que par l'Astre amoureus,
Ou viue meurt cette lueur premiere?

Si d'autre espoir de sa propre vertu
N'est par effet son lustre reuétu,
Sous tel Phebus s'esteindra sa lumiere.

DEVOIR DE VOIR.

AVTRE A ELLE MESME.

Voyez, Amans, voyez si la pitié
A mon secours or' à tort ie reclame :

Du haut, ou bas, rien n'est, fors ma poure ame,
Qui n'ait gouté quelque fruit d'amitié.

Par quel destin, las! toute autre moitié
La mienne fuit? suiuant l'ingrate trace
De celle là, dont esperant la grace,
Acquis ie n'ay que toute inimitié?

O douce Mort (à tous plus qu'à soy belle)
A ta clarté ne sois ainsi rebelle,
Ains doucement la fais en toy mourir:

Si tu ne veus par façon rigoureuse
Sans aliment la rendre tenebreuse:
Car ia l'esteint, qui la peut secourir.

~~~~~~

A D. LOVÏZE, DES MVSES OV PREMIERE OV DIZIÉME COVRONNANTE LA TROVPE.

Natvre ayant en ses Idees pris
Vn tel suget, qu'il surpassoit son mieus:
De grace ell' ut pour l'illustrer des Dieus
Otroy entier du plus supernel pris:

Dont elle put l'Vniuers rendre espris,
Ouurant l'amas des influs bienheureus,
Duquel le rare epuré par les Cieus
Atire encor le bien né des esprits.

Dieus qui soufrez flamboyer tel Soleil

A vous egal, à vous le plus pareil,
Témoin le front de sa beauté premiere,

Permettrez vous chose si excellente
Patir l'horreur d'Atrope palissante,
Ne la laissant immortelle lumiere?

D'IMMORTEL ZELE.

SONETTO.

Qvi doue in braccio al Rodano si vede
Girne le Sona queta, si ch' a pena
Scorger si puo là doue l'onde mena,
Si lenta muoue entr' al suo letto il piede:

Giunsi punto d'Amor, cinto di Fede,
Di speme priuo, e colmo de la pena,
Ch' all' Alma (pria d'ogni dolcezza piena)
Fa di tutto il piacere aperte prede;

E mouendo i sospiri a chiamar voi
(Lungi dal vostro puro aer' sereno)
Sperai vinto dal sonno alta quiete:

Ma tosto udij dirmi da voi: Se i tuoi
Occhi son tristi e molli, i miei non meno,
Così sempre per noi pianto si miete.

SONETTO.

Ardo d'un dolce fuoco, e quest' ardore
Smorzar non cerco; anzi m'è caro tanto,
Che lieto in mezo de le fiamme io canto
Le vostre lodi e'l sopran vostro honore;

E chieggio in guiderdone al mio Signore
Che non mi dia cagion d'eterno pianto;
Ma d'un' istesso fuoco hoggi altrettanto
Vi porga si ch' ogn'hor n'auuampi il cuore.

Amor seco ogni ben mai sempre apporta,
Quando d'un par desio due Petti inuoglia:
Ma s'un ne lascia, è morte atroce e ria:

Siatemi dunque voi sicura scorta:
Suegliate homai questa grauosa spoglia,
Ch' a voi consacrero la penna mia.

Avventvrosi fiori,
Che così dolce seno,
Che così care chiome in guardia haueste;
Benedetto il sereno
Aer' doue nasceste;

E' que' mille colori
Di cui natura in voi vaga si piacque:
Ben' fù dolce destino
Il vostro, e' quel' mattino
Che si felice al morir' vostro nacque:
Vinchino hor' vostri odori
Gli odorosi Sabei, gli Arabi honori.

Dolce Luisa mia
Che tanto bella sete,
Quanto esser' vi volete: E' come il core
Hauete sculto amore, e cortesia:
Tal' ne gli occhi di lor' si scorge traccia:
Da queste dolci braccia,
Da questi ardenti baci, anima bella,
Morte sola mi suella
Ne unqua mai fra noi maggior' si sia
Paura e' gelosia.

Altra luce non veggio:
Altro sole, alma bella,
Fuor' che i vostri occhi santi
Non hò: e' questi hor' chieggio
Sol' per mia guida e' stella
Sempre come hor' sereni.
A voi beati amanti
Altra inuidia, altro zelo
Non haurò mai: se il cielo
Vuol' che io mia vita meni
In cosi fatta guisa
A i dolci raggi lor' dolce Luisa.

ESTREINES, A DAME LOVÏZE LABÉ.

Lovïze est tant gracieuse et tant belle,
Louïze à tout est tant bien auenante,
Louïze ha l'œil de si viue estincelle,
Louïze ha face au corps tant conuenante,
De si beau port, si belle et si luisante,
Louïze ha voix que la Musique auoue,
Louïze ha main qui tant bien au lut ioue,
Louïze ha tant ce qu'en toutes on prise,
Que ie ne puis que Louïze ne loue,
Et si ne puis assez louer Louïze.

A D. L. L.

Ton lut hersoir encor se resentoit
De ta main douce, et gozier gracieus,
Et sous mes doits sans leur ayde chantoit:
Quand un Demon, ou sur moy enuieus,
Ou de mon bien se feignant soucieus,
Me dit: c'est trop sus un lut pris plaisir.
N'aperçois tu un furieus desir
Cherchant autour de toy une cordelle,
Pour de ton cœur la Dame au lut saisir?
Et, ce disant, rompit ma chanterelle.

EPITRE A SES AMIS, DES GRACIEVSETEZ DE D. L. L.

Qve faites vous, mes compagnons,
Des cheres Muses chers mignons?
Au'ous encore en notre absence
De votre Magny souuenance?
Magny votre compagnon dous,
Qui ha souuenance de vous
Plus qu'assez, s'une Damoiselle
Sa douce maitresse nouuelle
Qui l'estreint d'une estroite Foy
Le laisse souuenir de soy.
Mais le Pouret qu'Amour tourmente
D'une chaleur trop vehemente,
En oubli le Pouret ha mis
Soymesme et ses meilleurs amis :
Et le Pouret à rien ne pense,
Et si n'a de rien souuenance,
Mais seulement il lui souuient
De la maitresse qui le tient,
Et rien sinon d'elle il ne pense
N'ayant que d'elle souuenance.
Et tout brulé du feu d'amours
Passe ainsi les nuits et les jours,
Sous le ioug d'une Damoiselle
Sa douce maitresse nouuelle,
Qui le fait ore esclaue sien,

Ataché d'un nouueau lien :
Qui le cœur de ce miserable
Brule d'un feu non secourable,
Si le secours soulacieus
Ne lui vient de ses mesmes yeus;
Qui premiers sa flamme alumerent,
Qui premier son cœur enflammerent,
Et par qui peut estre adouci
L'amoureus feu de son souci.
Mais ny le vin ny la viande,
Tant soit elle douce et friande,
Ne lui peuuent plus agreer.
Rien ne pourroit le recreer,
Non pas les gentilesses belles
De ces gentiles Damoiselles,
De qui la demeure lon met
Sur l'Heliconien sommet,
Qu'il auoit tousiours honorees,
Qu'il auoit tousiours adorees
Des son ieune aage nouuelet,
Encores enfant tendrelet.
Adieu donq Nynfes, adieu belles,
Adieu gentiles Damoiselles,
Adieu le Chœur Pegasien,
Adieu l'honneur Parnasien.
Venus la mignarde Deesse,
De Paphe la belle Princesse,
Et son petit fils Cupidon
Me maitrisent de leur brandon.
Vos chansons n'ont point de puissance

De me donner quelque allegeance
Aus tourmens qui tiennent mon cœur,
Genné d'une douce langueur
Ie n'ay que faire de vous, belles :
Adieu, gentiles Damoiselles :
Car ny pour voir des monceaus d'or
Assemblez dedens un tresor,
Ny pour voir flofloter le Rone,
Ny pour voir escouler la Sone,
Ny le gargouillant ruisselet,
Qui coulant d'un bruit doucelet,
A dormir, d'une douce enuie,
Sur la fresche riue conuie :
Ny par les ombreus arbrisseaus
Le dous ramage des oiseaus,
Ny violons, ny espinettes,
Ny les gaillardes chansonnettes,
Ny au chant des gaies chansons
Voir les garces et les garçons
Fraper en rond, sans qu'aucun erre,
D'un branle mesuré, la terre.
Ny tout celà qu'a de ioyeus
Le renouueau delicieus,
Ny de mon cher Giués (qui m'ayme
Comme ses yeus) le confort mesme.
Mon cher Giués, qui comme moy
Languit en amoureus émoy,
Ne peuvent flater la langueur
Qui tient genné mon poure cœur :
Bien que la mignarde maitresse,

Pour qui ie languis en détresse,
Contre mon amoureus tourment
Ne s'endurcisse fierement :
Et bien qu'ingrate ne soit celle,
Celle gentile Damoiselle
Qui fait d'un regard bien humain,
Ardre cent feus dedens mon sein.

  Mais que sert toute la caresse
Que ie reçoy de ma maitresse?
Et que me vaut passer les iours
En telle esperance d'amours,
Si les nuiz de mile ennuiz pleines
Rendent mes esperances veines?
Et les iours encor pleins d'ennuis,
Qu'absent de la belle ie suis?
Quand ie meurs, absent de la belle,
Ou quand ie meurs present pres d'elle
N'osant montrer (o dur tourment!)
Comment ie l'ayme ardantement?

  Celui vraiment est miserable
Qu'Amour, voire estant fauorable,
Rend de sa flame langoureus.
Chetif quiconque est amoureus,
Par qui si cher est estimee
Vne si legere fumee
D'un plaisir suiui de si pres
De tant d'ennuiz qui sont apres.
Si áy ie aussi cher estimee
Vne si legere fumee.

DES BEAVTEZ DE D. L. L.

Ov print l'enfant Amour le fin or qui dora
En mile crespillons ta teste blondissante?
En quel iardin print il la roze rougissante
Qui le liz argenté de ton teint colora?

La douce grauité qui ton front honora,
Les deus rubis balais de ta bouche allechante,
Et les rais de cet œil qui doucement m'enchante,
En quel lieu les print il quand il t'en decora?

D'ou print Amour encor ces filets et ces lesses,
Ces haims et ces apasts que sans fin tu me dresses,
Soit parlant ou riant ou guignant de tes yeus?

Il print d'Herme, de Cypre, et du sein de l'Aurore,
Des rayons du Soleil, et des Graces encore,
Ces atraits et ces dons, pour prendre hommes et Dieus.

A ELLE MESME.

O ma belle rebelle,
Las que tu m'es cruelle!
Ou quand d'un dous souzris
Larron de mes esprits,
Ou quand d'une parole

Si mignardement mole,
Ou quand d'un regard d'yeus
Traytrement gracieus,
Ou quand d'un petit geste
Non autre que celeste,
En amoureuse ardeur
Tu m'enflammes le cœur.
 O ma belle rebelle,
Las que tu m'es cruelle!
Quand la cuisante ardeur
Qui me brule le cœur,
Veut que ie te demande
A sa brulure grande
Vn rafreschissement
D'un baiser seulement.
 O ma belle rebelle,
Que tu serois cruelle!
Si d'un petit baiser
Ne voulois l'apaiser,
Au lieu d'alegement
Acroissant mon tourment.
Me puisse ie un iour, dure,
Venger de cette iniure :
Mon petit maitre Amour
Te puisse outrer un iour,
Et pour moi langoureuse,
Il te face amoureuse,
Comme il m'a langoureus
Pour toy fait amoureus.
Alors par ma vengeance

Tu auras connoissance
Que vaut d'un dous baiser
Vn Amant refuser.
Et si ie te le donne,
Ma gentile mignonne,
Quand plus fort le desir
En viendroit te saisir :
Lors apres ma vengeance,
Tu auras connoissance
Quel bien fait, d'un baiser
L'Amant ne refuser.

DOVBLE RONDEAV, A ELLE.

Estant nauré d'un dard secrettement,
Par Cupidon, et blessé à outrance,
Ie n'osois pas declairer mon tourment
Saisi de peur, délaissé d'esperance,
Mais celui seul, qui m'auoit fait l'ofense,
M'a asseuré, disant, que sans ofense
Ie pouuois bien mon ardeur deceler,
Ce que i'ay fait sans plus le receler,
  Estant nauré.

A une donq pourement assuré,
Creingnant bien fort d'elle estre refusé,
Ay declairé du tout ma doleance :
Et sur mon mal hardiment excusé

Lui supliant me donner allegeance,
Ou autrement ie perdrois pacience
    Estant nauré.

Au mien propos ha si bien respondu
Celle que i'ay plus chere, que mon ame,
Et mon vouloir sagement entendu,
Que ie consens qu'il me soit donné blame
Si ie l'oublie : car elle m'a rendu
Le sens, l'esprit, l'honneur, le cœur et l'ame
    Estant nauré.

ODE EN FAVEVR DE D. LOVÏZE LABÉ, A SON BON SIGNEVR.
D. M.

Mvses, filles de Iupiter,
Il nous faut ores aquiter
Vers ce docte et gentil Fumee,
Qui contre le tems inhumain
Tient vos meilleurs trets en sa main,
Pour paranner sa renommee.

Ie lui dois, il me doit aussi :
Et si i'ay ores du souci
Pour faire mon payment plus dine,
Ie le voy ores deuant moy
En un aussi plaisant émoy
Pour faire son Ode Latine.

Mais par ou commencerons nous ?

Dites le, Muses : car sans vous
Ie ne fuis l'ignorante tourbe,
Et sans vous ie ne peu chanter
Chose, qui puisse contenter
Le pere de la lyre courbe.

Quand celui qui iadis naquit
Dans la tour d'erein, que conquit
Iupiter d'une caute ruse,
Vt trenché le chef qui muoit
En rocher celui qu'il voyoit,
Le chef hideus de la Meduse :

Adonques par l'air s'en allant,
Monté sur un cheual volant,
Il portoit cette horrible teste :
Et ia desia voisin des Cieus
Il faisoit voir en mile lieus
La grandeur de cette conqueste.

Tandis du chef ainsi trenché
Estant freschement arraché,
Distiloit du sang goute à goute :
Qui soudein qu'en terre il estoit,
Des fleurs vermeilles enfantoit,
Qui changeoient la campagne toute,

Non en serpent, non en ruisseau,
Non en loup, et non en oiseau,
En pucelle, Satire ou Cyne :
Mais bien en pierre : faisant voir
Par un admirable pouuoir

La vertu de leur origine.

Et c'est aussi pourquoy ie crois,
Que fendant l'air en mile endrois
Sur mile estrangeres campagnes,
A la fin en France il vola,
Ou du chef hideus s'escoula
Quelque sang entre ces montagnes :

Mesmement aupres de ce pont
Opposé viz à viz du mont,
Du mont orguilleus de Foruiere :
En cet endroit ou ie te vois
Egaier meinte et meintefois
Entre l'une et l'autre riviere.

Car deslors que fatalement
I'en aprochay premierement,
Ie vis des la premiere aproche
Ie ne say quelle belle fleur :
Qui soudein m'esclauant le cœur
Le fit changer en une roche.

Ie viz encor tout à l'entour
Mile petis freres d'Amour,
Qui menoient mile douces guerres :
Et mile creintifs amoureus
Qui tous comme moy langoureus
Auoient leurs cœurs changez en pierres.

Depuis estant ainsi rocher,
Ie viz pres de moy aprocher

Vne Meduse plus acorte
Que celle dont s'arme Pallas,
Qui changea iadis cet Atlas
Qui le Ciel sur l'eschine porte.

Car elle ayant moins de beautez,
De ces cheueus enserpentez
Faisoit ces changemens estranges :
Mais cetteci, d'un seul regard
De son œil doucement hagard
Fait mile plus heureus eschanges.

Celui qui voit son front si beau,
Voit un Ciel, ainçois un tableau
De cristal, de glace, ou de verre :
Et qui voit son sourcil benin,
Voit le petit arc hebenin,
Dont Amour ses traits nous desserre.

Celui qui voit son teint vermeil,
Voit les roses qu'à son réueil
Phebus épanit et colore :
Et qui voit ses cheueus encor,
Voit dens Pactole le tresor
Dequoy ses sablons il redore.

Celui qui voit ses yeus iumeaus,
Voit au ciel deus heureus flambeaus,
Qui rendent la nuit plus serene :
Et celui qui peut quelquefois
Escouter sa diuine voix
Entend celle d'une Sirene.

Celui qui fleure en la baisant
Son vent si dous et si plaisant,
Fleure l'odeur de la Sabee :
Et qui voit ses dens en riant
Voit des terres de l'Orient
Meinte perlette desrobee.

Celui qui contemple son sein
Large, poli, profond et plein,
De l'Amour contemple la gloire,
Et voit son teton rondelet,
Voit deus petis gazons de lait,
Ou bien deus boulettes d'iuoire.

Celui qui voit sa belle main,
Se peut asseurer tout soudein
D'auoir vù celle de l'Aurore :
Et qui voit ses piez si petis,
S'asseure que ceus de Thetis
Heureus il ha pù voir encore.

Quant à ce que l'acoutrement
Cache, ce semble, expressement
Pour mirer sur ce beau chef d'euure,
Nul que l'Ami ne le voit point :
Mais le grasselet embonpoint
Du visage le nous descœuure.

Et voilà comment ie fuz pris
Aus rets de l'enfant de Cypris,
Esprouuant sa douce pointure :
Et comme une Meduse fit,

Par un dommageable proufit,
Changer mon cœur en pierre dure.

Mais c'est au vray la rarité
De sa grace et de sa beauté,
Qui rauit ainsi les personnes :
Et qui leur ôte cautement
La franchise et le sentiment,
Ainsi que faisoient les Gorgonnes.

Le Tems cette grand' fauls tenant
Se vét de couleur azuree,
Pour nous montrer qu'en moissonnant
Les choses de plus de duree,
Il se gouuerne par les Cieus :
Et porte ainsi la barbe grise,
Pour faire voir qu'Hommes et Dieus
Ont de lui leur naissance prise.

Il assemble meinte couleur
Sur son azur, pource qu'il treine
Le plaisir apres la douleur
Et le repos apres la peine :
Montrant qu'il nous faut endurer
Le mal, pensant qu'il doit fin prendre,
Comme l'Amant doit esperer,
Et merci de sa Dame atendre.

Il porte sur son vétement,
Vn milier d'esles empennees,
Pour montrer comme vitement
Il s'en vole auec nos annees :

Et s'acompagne en tous ses faits
De cette gente Damoiselle,
Confessant que tous ses efets
N'ont grace ne vertu sans elle.

Elle s'apelle Ocasion
Qui chauue par derriere porte,
Sous une docte allusion,
Ses longs cheueus en cette sorte :
A fin d'enseigner à tous ceus
Qui la rencontrent d'auenture,
De ne se montrer paresseus
A la prendre à la cheuelure.

Car s'elle se tourne et s'en fuit,
En vain apres on se trauaille :
Sans espoir de fruit on la suit.
Le tems ce dous loisir nous baille,
De pouuoir gayement ici
Dire et ouir maintes sornettes,
Et adoucir notre souci,
En contant de nos amourettes.

Le Tems encore quelquefois
Admirant ta grace eternelle
Chantera d'une belle voix
D'Auanson ta gloire eternelle :
Mais or' l'ocasion n'entend
Que plus long tems ie l'entretienne,
Creingnant perdre l'heur qui m'atend
Ou qu'autre masque ne suruienne.

MADRIGALE.

Arse cosi per voi, Donna, il mio core
Il primo di ch'intento vi mirai,
Che certo mi pensai
Che nò potesse in me crescere piu ardore:
Ma in voi belta crescendo d'hor' in hora,
Cresc' in me il fuoco ancora,
Il qual nò potra mai crescer' si poco,
Ch' altro nò saro piu che fiamme e fuoco.

ODE.

Tovte bonté abondante
Aus gouuerneurs des saints Cieus,
Vn, qui de main foudroyante
Estonne mortels et Dieus,
Ensemença ces bas lieus
De diuersité d'atomes
Formez de ce vertueus
Surpassant celui des hommes.

Lesquels d'une destinee
Sous quelque fatal heureus,
Pour former une bien nee

Furent ensemble amoureus:
Et goutant le sauoureus,
Lequel ou l'Amour termine,
Ou le rend plus doucereus,
La font voir chose diuine.

Mesmement si familiere
A la troupe des neuf Seurs,
Qu'elle l'ont pour leur lumiere
Fait lampeger en leurs chœurs :
Là receuant les honneurs
De ceus, qu'on n'a laissé boire
Aus sourses et cours donneurs
De perpetuelle gloire.

Elle le fait aparoitre
Au docte de ses escriz,
Qu'on voit iournellement naitre,
Et deuancer les esprits,
Qui auoient gaigné le pris
D'estre mieus luz en notre aage.
O feminin entrepris
De l'immortalité gage!

Qui une flame amoureuse,
Qui mieus les passionnez,
Et de veine plus heureuse
Discerne les aptes nez,
Et à l'Amour fortunez,
De ceus, lesquels à outrance
Seront tousiours mal menez,
Et repuz d'une esperance?

Qui de langue plus diserte
Fait le Musagete orer
Contre l'eloquence experte
Du Dieu, qui peut atirer
Par le caut de son parler
L'erreur à la vraye trace ?
Qui pres d'eus peut sommeiller,
Comme elle, sur le Parnasse ?

Donq que sur ses temples vole
Ce vert entortillonné
Pris de la ramure mole
De la fuyarde Daphné,
Et doctement façonné
Pour orner la seur de celle,
Qui sortit, le coup donné,
En armes, de la ceruelle.

SONNET A D. L. L. PAR A. F. R.

Si de ceus qui ne t'ont connue, qu'en lisant
Tes Odes et Sonnets, Louïze, es honoree :
Si ta voix de ton lut argentin temperee,
D'arrester les passans est moyen sufisant :

Et si souuent tes yeus d'un seul rayon luisant
Ont meinte ame en prison pour t'adorer serree :
Tu te peus bien de moy tenir toute asseuree.
Car si iamais ton œil sus un cœur fut puissant,

Il ha esté sur moy, et fait meinte grand' playe :
Telle grace à chanter, baller, sonner te suit,
Qu'à rompre ton lien ou fuir ie n'essaye.

Tant tes vers amoureus t'ont donné los et bruit,
Qu'heureus me sens t'auoir non le premier aymee,
Mais prisé ton sauoir auant la renommee.

***

A DAME LOVÏZE LABÉ, LIONNOIZE, LA COMPARANT AVS CIEVS.

Sept feus on voit au Ciel, lesquels ainsi
Sont tous en toy meslez ensemblement.
Phebé est blanche : et tu es blanche aussi.
Mercure est docte : et toy pareillement.

Venus tousiours belle : semblablement
Belle tousiours à mes yeus tu te montre.
Tout de fin or est le chef du Soleil :
Le tien au sien ie voy du tout pareil.
Mars est puissant : mais il creint ta rencontre.

Iupiter tient les Cieus en sa puissance :
Ta grand' beauté tient tout en son pouuoir.
Saturne au Ciel ha la plus haute essence :
Tu as aussi la douce iouissance
Du plus haut heur qu'autre pourroit auoir.

Donq qui veut voir les grans dons, que les Dieus
Ont mis en toy, qu'il contemple les Cieus.

DES LOVENGES DE DAME LOVÏZE LABÉ, LIONNOIZE.

Il ne faut point que i'apelle
Les hauts Dieus à mon secours,
Ou bien la bande pucelle
Pour m'ayder en mon discours.
Puis que les Dieus, de leur grace,
Les saintes Muses, les Cieus
Ont tant illustré la face,
Le corps, l'esprit curieus
De celle, dont i'apareille
La louenge nompareille,
Ie congnoy bien clerement
Que toute essence diuine
Me fauorise, et s'encline
A ce beau commencement.

Sus sus donq, blanche senestre,
Fay tes resonans effors :
Et toy, ô mignarde destre,
Chatouille ses dous acors :
Chantons la face angelique,
Chantons le beau chef doré,
Si beau, que le Dieu Delphique
D'un plus beau n'est decoré.
N'oublions en notre metre
Comme elle osa s'entremettre
D'armer ses membres mignars :

Montrant au haut de sa teste
Vne espouuentable creste
Sur tous les autres soudars.

O noble, ô diuin chef d'euure
Des Dieus hauteins tous puissans,
Au moins meintenant descœuure
Tes yeus tous resiouissans,
Pour voir ma Muse animee,
Qui de sa robuste main
Haussera ta renommee
Trop mieus que ce vieil Rommain,
Qui sa demeure ancienne,
La terre Saturnienne
Delaissa pour ta beauté,
A fin qu'à toy rigoureuse
Il fut hostie piteuse
En sa ferme loyauté.

La Muse docte diuine
Du vieillard audacieus,
Par le vague s'achemine
Pour t'enleuer iusqu'aus Cieus :
Mais la Parque naturelle
Dens les Iberiens chams,
Courut desemplumer l'aile
De ses pleurs, et de ses chants :
Enuoyant en sa vieillesse,
Mal seant en ta ieunesse,
Son corps, au tombeau ombreus :
Et son ame enamouree

En l'obscure demouree
Des Royaumes tenebreus.

Dieus des voutes estoilees,
Qui en perdurable tour
Retiennent emmantelees
Les terres, tout à l'entour:
Permetez moy que ie viue
Des ans le cours naturel,
A fin qu'à mon gré i'escriue
En un ouurage eternel,
De cette noble Deesse
La beauté enchanteresse,
Ce qu'elle ha bien merité :
Et qu'en sa gloire immortelle,
On voye esbahie en elle
Toute la posterité.

Ainsi que Semiramide,
Qui feingnant estre l'enfant
De son mari, print la guide
Du Royaume trionfant,
Puis démantant la Nature,
Et le sexe feminin
Hazarda à l'auenture
Son corps iadis tant benin,
Courant furieuse en armes
Parmi les Mores gendarmes,
Et es Indiques dangers
De sa rude simeterre
Renuersant dessus la terre

Les escadrons estrangers.

Ainsi qu'es Alpes cornues
(Qui, soit Hiuer soit Esté,
Ont tousiours couuert de nues
Le front au Ciel arresté)
On voit la superbe teste
D'un roc de * pins emplumé,
Rauie par la tempeste
De son corps acoutumé,
En roullant par son orage
Froisser tout le labourage,
Des Beufs les ápres trauaus,
Ne laissant rien en sa voye
Qu'en pieces elle n'enuoye,
Cherchant les profondes vaux :

Ou comme Penthasilee,
Qui pour son ami Hector
Combatoit entremeslee
Par les Grecs, aus cheueus d'or,
Ores de sa roide lance
Enferrant l'un au trauers,
Or' du branc en violance
Trebuchant l'autre à l'enuers :
Et ainsi que ces pucelles
Qui l'une de leurs mammelles
Se bruloient pour s'adestrer
Aus combas et entreprises

* Apherese pour sapins.

Aus bons guerroyeurs requises,
Pour l'ennemi rencontrer :

Louïze ainsi furieuse
En laissant les habiz mols
Des femmes, et enuieuse
De bruit, par les Espagnols
Souuent courut, en grand' noise,
Et meint assaut leur donna,
Quand la ieunesse Françoise
Parpignan enuironna.
Là sa force elle desploye,
Là de sa lance elle ploye
Le plus hardi assaillant :
Et braue dessus la celle
Ne demontroit rien en elle
Que d'un cheualier vaillant.

Ores la forte guerriere
Tournoit son destrier en rond :
Ores en une carriere
Essayoit s'il estoit pront :
Branlant en flots son panache,
Soit quand elle se iouoit
D'une pique, ou d'une hache,
Chacun Prince la louoit :
Puis ayant à la senestre
L'espee ceinte, à la destre
La dague, enrichies d'or,
En s'en allant toute armee
Ell' sembloit parmi l'armee

Vn Achile, ou un Hector.

L'orguilleus fils de Clymene
Nous peut bien auoir apris
Qu'il ne faut par gloire vaine
Qu'un grand trein soit entrepris.
L'entreprise qui est faite
Sans le bon conseil des Dieus
N'a point, ainsi qu'on souhaite,
Son dernier efet ioyeus :
Ainsi cette belliqueuse
Ne fut iamais orgueilleuse :
Telle au camp elle n'alla :
Ains ce fut à la priere
De Venus, sa douce mere,
Qui un soir lui en parla.

Vn peu plus haut que la plaine,
Ou le Rone impetueus
Embrasse la Sone humeine
De ses grans bras tortueus,
De la mignonne pucelle
Le plaisant iardin estoit,
D'une grace et façon telle
Que tout autre il surmontoit :
En regardant la merueille
De la beauté nompareille
Dont tout il estoit armé,
Celui bien on l'ust pù dire
Du iuste Roy de Corcyre
En pommes tant renommé.

A l'entree on voyoit d'herbes,
Et de thin verflorissant,
Les lis et croissans superbes
De notre Prince puissant :
Et tout autour de la plante
De petis ramelets vers
De marioleine flairante
Estoient plantez ces six vers :
Dv tresnoble Roy de France
Le croissant nevve acroissance
De iovr en iovr reprendra,
Ivsqves a tant qve ses cornes
Iointes sans avcvnes bornes
En vn plein rond il rendra.

Tout autour estoient des treilles
Faites auec un tel art,
Qu'aucun n'ust sù sans merueilles
Là espandre son regard :
La voute en estoit sacree
Au Dieu en Inde inuoqué,
Car elle estoit acoutree
Du sep au raisin musqué :
Les coulomnes bien polies
Estoient autour enrichies
De romarins et rosiers,
Lesquels faciles à tordre
S'entrelassoient en bel ordre
En mile neus fais d'osiers.

Au milieu pour faire ombrage

Estoient meints arceaus couuers
De Coudriers et d'un bocage
Fait de cent arbres diuers :
Là l'Oliue palissante
Qu'Athene tant reclama,
Et la branche verdissante
Qu'Apolon iadis ayma :
Là l'Arbre droit de Cibelle,
Et le ceruerin rebelle
Au plaisir venerien :
Auec l'obscure ramee
Par Phebe iadis formee
Du corps Cyparissien.

Sous cette douce verdure,
Soit en sa gaye saison,
Ou quand la triste froidure
Nous renferme en la maison,
Tarins, Rossignols, Linotes
Et autres oiseaus des bois
Exercent en gayes notes
Les dous iargons de leurs voix :
Et la vefue tourterelle
Y pleint et pleure à par elle
Son amoureus tout le iour :
De sa parole enrouee
A pleints et à pleurs vouee
Efroyant l'air tout autour.

Et à fin qu'à beauté telle
Rien manquer on ne pust voir,

De la beauté naturelle
Qu'un beau iardin peut auoir,
Il y ut une fonteine,
Dont l'eau coulant contre val
En sautant hors de sa veine
Sembloit au plus cler cristal :
Elle ne fut point ornee,
Ny autour enuironnee
De beaus mirtes Cipriens,
Ny de buis, ny d'aucun arbre,
Ny de ce precieus marbre
Qu'on taille es monts Pariens :

Mais elle estoit tapissee
Tout l'enuiron de ses bors,
Ou son onde courroucee
Murmuroit ses dous acors,
D'herbe tousiours verdoyante,
Peinte de diuerses fleurs,
Qui en l'eau dousondoyante
Mesloient leurs belles couleurs.
Qui ust regardé la teste
D'un Narcisse qui s'arreste
Tout panchant le col sur l'eau,
On ust dit que son courage
Contemploit encor l'image
Qui trop et trop lui fut beau.

Aussi par cette verdure
Estoit le iaune souci,
Qui encor la peine dure

De ses feus n'a adouci:
Ains touiours se vire et tourne
Vers son Ami qu'il veut voir,
Soit au matin, qu'il aiourne,
Ou quand il est pres du soir.
Là aussi estoient Brunettes,
Mastis, damas, violettes
Ça et là sans nul compas:
Auec la fleur, en laquelle
Hiacinte renouuelle
Son nom apres son trespas.

Le ruisseau de cette sourse
A par soy s'ebanoyant,
D'une foible et lente course
Deça dela tournoyant
Faisoit une protraiture
Du lieu ou fut renfermé
Le monstre contre nature
En Pasiphaë formé:
Puis son onde entrelassee,
De longues erreurs lassee
Par un beau pré s'espandoit:
Ou maugré toute froidure
Vne plaisante verdure
Eternelle elle rendoit.

Titan laissant sa campagne
Peu à peu sous nous couloit,
Et dens la tiede eau d'Espagne
Son char il desateloit:

Quand en ce lieu de plaisance
Louïze estoit pour un soir,
Qui cherchant resiouissance
Pres la font se vint assoir :
Elle ayant assez du pouce
Taté l'harmonie douce
De son lut, sentant le son
Bien d'acord, d'une voix franche
Iointe au bruit de sa main blanche,
Elle dit cette chanson :

La forte Tritonienne,
Fille du Dieu Candien,
Et la vierge Ortygienne,
Seur du beau Dieu Cynthien,
Sont les deus seules Deesses
Ou i'ay mis tout mon desir,
Et que ie sù pour maitresses
Des mon enfance choisir.
Si Venus m'a rendu belle,
Et toute semblable qu'elle,
Auec sa diuinité,
Que pourtant elle ne pense,
Qu'en un seul endroit i'ofense
Ma chaste virginité.

La pucelle Lionnoize
Fredonnant meints tons diuers,
Au son plein de douce noise,
N'ut deus fois chanté ces vers,
Qu'un sommeil de course lente

Descendant parmi les Cieus,
Finit sa voix excellente
Et son ieu melodieus.
Sur la verdure espandue
Tous dous il l'a estendue,
Flatant ses membres dispos :
Dessus ses yeus il se pose,
Et tout son corps il arrose
D'un tresgracieus repos.

En dormant tout deuant elle
Sa mere se presenta,
En son beau visage telle
Qu'alors qu'elle s'acointa
D'Anchise, pres du riuage
Du Simoent Phrygien :
Dont naquit le preus courage
Qui au camp Hesperien
Renouuella la memoire,
Et la trionfante gloire
Du sang Troyen abatu,
Qui deuoit en rude guerre
Tout le grand rond de la Terre
Conquerir par sa vertu.

Ell' regarde par merueille
Son visage nompareil,
Son haut front, sa ronde oreille,
Son teint freschement vermeil,
Le vif coral de sa bouche,
Ses sourcis tant gracieus,

Que doucement elle touche
Pour voir les rais de ses yeus :
Non sans contempler encore
Celle beauté qui decore
La rondeur de son tetin,
Qui ni plus ni moins soupire
Qu'au printems le dous Zephire
Alenant l'air du matin.

Apres que la Cyprienne
Vt son regard contenté,
Voyant de la fille sienne
La plus qu'humeine beauté,
Esbahie en son courage
De sa grand' perfeccion,
Elle augmenta dauantage
Vers ell' son afeccion :
Puis toute gaye et ioyeuse,
D'une voix tresgracieuse,
Pour descouurir son souci,
Tenant les vermeilles roses
De sa bouche un peu descloses
Elle parola ainsi :

Les Dieus n'ont voulu permettre
Aus vains pensers des mortels,
Que d'eus ils se pussent mettre
A fin : bien que leurs autels
Soient tous couuers de fumee,
Ou pour gaigner leur faueur
Ou pour leur ire animee

Faire tourner en douceur,
Tous les veus pas ils n'entendent
Qui deuant leurs yeus se rendent :
Ains les ont à nonchaloir.
Veu ni priere qu'on face
N'y font rien, si de leur grace
Ils n'ont un mesme vouloir.

Que penses tu fille chere,
Penses tu bien resister
Contre les dars de ton frere
S'il lui plait t'en molester ?
Il scet domter tout le monde
De son arc audacieus :
L'Ocean, la Terre ronde,
L'Air, les Enfers, et les Cieus.
Onq fille n'ut la puissance
De lui faire resistance,
Et ses fiers coups soutenir :
Mais ie te veus faire entendre
Pourquoy i'ay voulu descendre
Du Ciel, pour à toy venir.

Les hommes, pleins d'ignorance,
Citoyens de ces bas lieus,
Te pensent de leur semence,
Et non de celle des Dieus :
Mais par trop ils se deçoiuent
(Bien qu'ils le tiennent pour seur)
Et assez ils n'aperçoiuent
De ta beauté la grandeur.

Qui diroit, voyant ta face,
Que tu fusses de la race
D'un homme simple et mortel?
La Terre sale et immunde,
Ne sauroit aus yeus du monde
De soy produire riens tel.

Tout ainsi la beauté rare
D'Heleine, chacun pensoit
Engendree de Tyndare :
Car on ne la connoissoit.
Toutefois si estoit elle
Fille du Dieu haut tonnant,
Qui sa maison supernelle,
Le haut Ciel, abandonnant,
Atourné d'un blanc plumage,
Semblant l'Oiseau qui presage,
En chantant, sa proche mort,
En Lede fille de Theste
De sa semence celeste,
La conçut par son effort,

Avecques deus vaillans freres,
Dont l'un alaigre escrimeur
Domta les menasses fieres,
Et la trop ápre rigueur
Du cruel Roy de Bebrice,
Acoutumé d'outrager,
Et meurtrir par sa malice
Chacun soudart estranger :
L'autre de hardi courage,

Inuenta premier l'usage
De ioindre au char le coursier:
Ou il se roula grand' erre,
Effroyant toute la terre
Des deus ronds bornez d'acier.

Ainsi, bien qu'on ne te donne
L'honneur d'estre de mon sang,
Et du fier Dieu qui ordonne
Les puissans soudars en rang,
Si m'est ce chose asseuree,
Que de Gradiue le fort
En moy tu fus engendree,
Ioingnant le gracieus bord,
Ou la Sone toute quoye
Fait une paisible voye
S'en allant fendre Lion :
Dens lequel on voit encore
Vn mont *, ou lon me decore,
Qui retient de moy son nom.

Le lieu ou tu fus conçue
Ne fut vile ny chateau,
Ains une forest tissue
De meint plaisant arbrisseau,
Dont ie veux (en témoignage
De ta race) te pouruoir,
Ainsi que d'un heritage
Que ie tiens en mon pouuoir.
Là autour sont meintes plaines,

* Le mont de Fouruiere, anciennement apelé Forum Veneris.

Esquelles les blondes graines
De Ceres pourras cueillir,
Et la liqueur qui agree
A Bachus, et meinte pree
Ou l'herbe ne peut faillir.

Là aussi sont meints bocages
Deça delà espandus,
Ou en tout tems les ramages
Des Oiseaus sont entendus.
Par fois tu y pourras tendre
Le ret rare, à ton desir,
Et quelque gibier y prendre
Pour acroitre ton plaisir :
Ou t'exerçant à la chasse
Tu poursuiuras à la trace
Les Lieures fuians de peur,
De chiens autour toute armee,
Vagans dessous la ramee,
Se guidans à la senteur.

Et si par trop tu te peines
En trop violent effort,
De meintes cleres fonteines
Tu pourras auoir confort :
L'eau sortante de leur sourse
Tes membres refreschira,
Et la murmurante course
A son bruit t'endormira :
Apres chargee de proye,
Tu te pourras mettre en voye

Pour à ton chateau tourner,
Qu'en brief batir ie veus faire,
Sufisant pour te complaire
S'il te plait y seiourner.

Sur tout (fille) ie t'auise,
Que d'un cœur tant odieus
Ton frere tu ne mesprise,
C'est le plus puissant des Dieus.
En ta beauté excellente
Meint homme il rendra transi,
Mais sa main ne sera lente
A te tourmenter aussi.
Prens bien à ce propos garde,
Car ia desia il te darde
Son tret ápre et rigoureus :
Dont il t'abatra par terre,
Rendant d'un homme de guerre
Ton tendre cœur amoureus.

En ce il prendra bien vengeance
Du bon Poëte Rommain,
Auquel sans nulle allegeance
Ton cœur est trop inhumein.
Bien prendra à ta ieunesse
Auoir apris à soufrir
Des durs harnois la rudesse,
Et à meint trauail s'ofrir :
Souuent seras rencontree
Depuis la tarde vespree
Iusqu'au point du prochein iour,

Parmi les bois languissante,
Et tendrement gémissante
La grand' cruauté d'Amour.

Alors pour estre asseuree
Point en femme tu n'iras,
Ains d'une lance paree
Cheualier tu te diras.
Ia en ton harnois brauante
Ie te regarde assaillir
Meint cheualier, qui se vante
Hors de l'arçon te saillir :
Puis dextrement aprestee,
Ayant ta lance arrestee,
Le desarçonner en bas,
Lui tout froissé, à grand' peine
Leuer son ame incerteine,
Chancelant à chacun pas.

A si grans trauaus ton frere
Durement te contreindra,
Iusqu'à ce qu'à la premiere
Liberté il te rendra :
Alors laissant les alarmes,
Et les hazars perilleus,
Tu rueras ius les armes,
Et le courage orguilleus,
Dont tu soulois mettre en terre
Meint vaillant homme de guerre
Renuersé sous son escu,
Qui repentant en sa face,

De sa premiere menasse
Tout haut se crioit vaincu.

Donq laissant dague et espee
Ton habit tu reprendras,
A plus dous ieus occupee
Ton dous lut tu retendras :
Et lors meints nobles Poëtes,
Pleins de celestes esprits,
Diront tes graces parfaites
En leurs tresdoctes escriz :
Marot, Moulin, la Fonteine,
Auec la Muse hauteine
De ce Sceue audacieus,
Dont la tonnante parole,
Qui dens les Astres carole,
Semble un contrefoudre es Cieus.

Toutefois leur fantasie
Ton loz point tant ne dira,
Comme d'un la Poësie,
Qui de l'onde sortira
Du petit Clan, dont la riue
Priuee de flots irez,
Ha en tout tems l'herbe viue
Autour des bors retirez.
De cil la Muse nouuelle
Rendra ta grace immortelle :
Du Ciel il est ordonné
Qu'à lui le bruit de la gloire
De t'auoir mise en memoire,

Entierement soit donné.

Qu'à ton cœur tousiours agree
Du Poëte le labeur :
Son escriture est sacree
A tout immortel bonheur.
Ayant qui ton loz escriue,
Mourir ne peus nullement :
Ainsi Laure, ainsi Oliue
Viuent éternellement.
Vn Bouchet en façon telle,
Met en memoire immortelle
De son Ange le beau nom :
Sacrant l'Angelique face,
Sa beauté, sa bonne grace,
Au temple du saint renom.

A tant la Deesse belle
Mit fin à son dous parler :
Son chariot elle atelle
Toute preste à s'en voler :
Les mignonnes colombelles
Par le vague doucement
Esbranlent leurs blanches esles
D'un paisible monuement.
Louïze estant esueillee
Resta toute esmerueillee
De la sainte vision :
Ignorante si son songe
Est verité ou mensonge,
Ou quelque autre illusion.

Son corps droit, sa bonne grace,
Son dur teton, ses beaus yeus,
Les diuins traits de sa face,
Son port, son ris gracieus,
Le front serein, la main belle,
Le sein comme albastre blanc
Montrent euidemment qu'elle
Sortit du Ciprien flanc.
Puis sa vaillance et prouesse,
Son courage, son adresse,
Et la force du bras sien
De grand heur acompagnee,
La montrent de la lignee
Du Gradiue Thracien.

Mais d'autre part, sa doctrine,
Sa sagesse, son sauoir,
La pensee aus arts encline
Autant qu'autre onq put auoir,
Les vers doctes qu'elle acorde,
En les chantant de sa voix,
A l'harmonieuse corde,
Fretillante sous ses doits :
Et la chasteté fidelle,
Qui tousiours est auec elle,
Nous rendent quasi tous seurs
Qu'elle ut la naissance sienne
De la couple Cynthienne,
Ou de l'une des neuf Seurs.

Toutefois il nous faut croire

Ce que nous disent les Dieus,
Qui par la nuitee noire
Se montrent aus dormans yeus.
Ainsi Hector à Enee
En un songe s'aparut,
Et la sienne destinee
En songe il lui discourut.
Souuent la future chose
Du sain esprit qui repose
Est preuuë de bien loin :
Ce songe presque incroyable,
Qui apres fut veritable,
En pourra estre témoin.

Mais il est tems douce Lire,
Que tu cesses tes acors.
Si assez tu n'as pu dire,
Si as tu fait tes effors.
Celle harpe Methimnoise,
Qui peut la mer esmouvoir,
N'ut la Ninfe Lionnoize
Chanté selon son devoir :
Non pas toute la Musique
De celle bende Lirique
Qui (longtems ha) florissoit
En la Grece : qui meint Prince,
Meint païs, meinte province,
De son chant resїouissoit.

FIN DES ESCRIZ DE DIVERS POETES.

NOTES.

EPITRE DEDICATOIRE.

1. — *A Madamoiselle Clemence de Bovrges, lionnoize*, page 1. — Les trois anciennes éditions ne portent que ces lettres initiales : *A M. C. D. B. L.* Nous n'avons pas cru devoir les suivre, et commencer l'ouvrage, en quelque sorte, par une énigme. Les éditeurs de 1762, et celui de Brest, 1815, ont fait comme nous. Je n'ajouterai rien à ce qui a été dit de Clémence de Bourges et de ses liaisons avec Louise Labé, dans la Notice de M. Cochard et dans les notes dont elle est accompagnée : on peut y recourir. On y trouvera aussi des remarques et des citations applicables au sujet de cette épître dédicatoire, et à la manière dont Louise Labé y défend la cause des dames contre le préjugé qui veut leur interdire la culture des sciences et des lettres.

2. — *Mais l'honneur que la science nous procurera, sera entièrement notre : et ne nous pourra estre oté, ne par finesse de larron, ne force d'ennemis, ne longueur du tems*, même page. — On reconnoît là la pensée d'Ovide (Metam. xv, 872-3) :

> Jamque opus exegi, quod nec Jovis ira, nec ignes,
> Nec poterit ferrum, nec edax abolere vetustas.

et celle d'Horace (Od. iii, 30) :

> Exegi monumentum ære perennius, etc.

Mais le passage suivant de Pline le jeune (Epist. i, 3), a un rapport encore plus frappant avec la phrase de Louise Labé, qui semble en être la traduction : « Effinge aliquid et excude, « quod sit perpetuò tuum. Nam reliqua rerum tuarum alium

« atque alium dominum sortientur. Hoc nunquam tuum desinet
« esse, si semel cœperit. » — « Travaillez à vous assurer une
« sorte de bien que le temps ne puisse vous ôter. Tous les au-
« tres, dans la suite des siècles, changeront mille et mille fois
« de maître ; mais les ouvrages de votre esprit ne cesseront
« jamais d'être à vous. » (Trad. de SACY.)

3. — *Le plaisir que l'estude des lettres ha acoutumé donner....: qui est autre que les autres recreacions*, page 2. — Ici Louise Labé se rappeloit l'éloge que Cicéron a fait des lettres dans son immortel Discours pour le poète Archias (n. 6) ; éloge magnifique et vrai que tous les littérateurs et tous les hommes de goût savent par cœur. Voy. Cicéroniana, ou Recueil des bons mots et apophthegmes de Cicéron, suivi d'anecdotes et de pensées tirées de ses ouvrages, etc. (par M. PÉRICAUD aîné, de Lyon, et par l'Auteur de ces notes), Lyon, 1812, in-8.°, page 222.

4. — *Depuis que quelcuns de mes amis ont trouué moyen de les lire sans que i'en susse rien*, page 3. — Le privilége du roi, daté du 13 mars 1554, qui se trouve à la fin de l'édition de 1556, in-8.°, est précédé de l'exposé suivant : « Reçue avons l'humble
« suplication de notre chere Louïze Labé, Lionnoize, conte-
« nant qu'elle auroit des long tems composé quelque Dialogue
« de Folie et d'Amour : ensemble plusieurs Sonnets, Odes
« et Epitres, qu'aucuns ses Amis auroient soustraits et iceux
« encores non parfaits, publiez en diuers endroits. Et doutant
« qu'aucuns ne les vousissent faire imprimer en cette sorte,
« elles les ayant reuuz et corrigez à loisir les mettroit volon-
« tiers en lumiere, à fin de suppremer les premiers exemplai-
« res, etc. » Ces termes annoncent que les amis de Louise Labé avoient mis au jour, à son insu, soit séparément, soit dans des recueils de poésie, une partie de ses productions ; on ne trouve cependant aucune trace de ces publications anticipées. Il est aussi à remarquer qu'elle mentionne, parmi les ouvrages qu'elle veut faire imprimer, des Odes et des Épîtres, et qu'il n'existe aucune pièce de ce genre dans ce qui nous reste d'elle. Il est

vrai que, par compensation, le volume qu'elle nous a laissé contient trois Élégies dont le privilége ne dit mot.

DEBAT DE FOLIE ET D'AMOVR.

5. — Voyez sur le mérite et le sujet de cette composition ingénieuse, et sur les imitations qui en ont été faites, la Notice sur Louise Labé, et les notes que j'y ai ajoutées.

DISCOVRS I.

6. — *Et rauir les filles à leurs meres*, page 9. — Allusion à l'enlèvement de Proserpine, fille de Cérès, par Pluton, dieu des enfers.

7. — *Il n'y ha œil d'Aigle, ou de serpent Epidaurien, qui me sache aperceuoir*, page 11. — On sait que l'aigle a la vue très perçante. Il en est de même du serpent. Celui d'Épidaure étoit consacré à Esculape, comme le symbole de la vigilance nécessaire aux médecins. Louise Labé a emprunté l'expression dont elle s'est servie à Horace (liv. I, Sat. 3, v. 26 et 27):

> Cur in amicorum vitiis tam cernis acutum,
> Quam aut aquila aut serpens Epidaurius......

ou plutôt à Érasme, qui a mis en prose ces deux vers d'Horace dans son Encomium Moriæ (Éloge de la Folie). Voyez page 28 de l'édition d'Amsterdam, Henri Wetsten, 1685, in-12, où on lit: « Ut qui in amicorum vitiis tam cernunt acutum, quam aut « aquila aut serpens Epidaurius. » D'autres rapprochements que je ferai plus bas, prouveront que notre aimable Lyonnoise avoit lu avec fruit l'ouvrage du savant Hollandois.

8. — *Et ne plus ne moins que le Cameleon, ie pren quelquefois la semblance de ceus aupres desquelz ie suis*, même page. — C'étoit autrefois une opinion très accréditée que le caméléon prenoit la couleur des objets dont il s'approchoit; et de là est venu l'usage de comparer à ce reptile les hypocrites et les flatteurs. « Le

« flatteur, dit Plutarque, pareil au caméléon, qui peut revêtir
« toutes les couleurs, excepté la blanche. » (Traité de la manière de discerner un flatteur, page 29, trad. de DUTHEIL.) On
connoît ce vers de La Fontaine sur les courtisans:

> Peuple *Caméléon*, peuple singe du maître.
> (Livre VIII, fable 14.)

Mais, d'après les observations de nos naturalistes modernes, qui
préfèrent la vérité aux fictions même les plus ingénieuses, les anciens se trompoient : le Caméléon n'a point la propriété qu'on
lui supposoit, et ce fait doit être mis au nombre des erreurs
de la fabuleuse antiquité avec le prétendu chant du cygne mourant, et la prudente prévoyance de la fourmi qui, disoit-on,
faisoit des provisions en été pour se nourrir pendant l'hiver.

9. — *Tu as fait aymer Iupiter : mais ie l'ay fait transmuer
en Cigne, en Taureau, en Or, en Aigle : en danger des plumassiers, des loups, des larrons, et chasseurs*, page 12. — La Folie
se dit l'auteur des métamorphoses de Jupiter : Jupiter, dans
Lucien (II.ᵉ Dialogue des dieux), impute ces métamorphoses
à l'Amour : « Examine, petit scélérat, si c'est peu de chose que
« les outrages que tu me fais, car il n'est rien en quoi tu ne
« m'aies transformé, satyre, taureau, or, cygne, aigle.» (Trad.
de BELIN DE BALLU.)

La phrase entière de Louise Labé peut s'appeler une phrase
rapportée : les *plumassiers* se réfèrent au *cigne*, les *loups* au
taureau, les *larrons* à l'*or*, et les *chasseurs* à l'*aigle*. Un inconnu, dans l'Anthologie de Planude (l. I, c. 38, ép. 2), a
employé le même genre de figure pour indiquer les maîtresses
de Jupiter et les métamorphoses qu'il avoit subies pour chacune d'elles. C'est un distique qui a été ainsi rendu en latin :

> Fit cycnus, taurus, satyrus, fit Juppiter aurum,
> Ob Ledam, Europen, Antiopen, Danaën.
> (HIER. ANGERIANUS.)

Le *cygne* répond à *Léda*, le *taureau* à *Europe*, le *satyre* à *Antiope*, et l'*or* à *Danaé*. M. Peignot, dans ses Amusements philo-

logiques, sans contredit le meilleur des Ana (page 132 de la seconde édition, Dijon, 1824, in-8.°), cite plusieurs exemples de vers rapportés; il auroit pu ajouter le distique qu'on vient de lire.

10. — *Qui fit prendre Mars au piege auec ta mere, si non moy, qui l'auois rendu si mal auisé, que venir faire un poure mari cocu dedens son lit mesme*, page 12. — Rien de si connu que cette fable, racontée d'une manière très piquante par Ovide, *de Arte amatoriá* (II, 561 et seq.), et par Lucien (XVIII.ᵉ Dialogue des dieux), et sur laquelle roule l'épigramme suivante, due à un poëte du temps de Marot, ou peut-être à Marot lui-même:

>   Mars et Venus furent tous deux surpris
>   Par Vulcanus couchez dedans un lict,
>   Qui de liens qu'il forgea, les a pris,
>   Puis aux hauts Dieux va conter leur delict.
>   Là viennent tous : lors un d'eux riant dit:
>   Mon compaignon, si tu te sens fasché
>   De ces liens, dont tu es attaché,
>   Je suis content de les porter pour toy :
>   Que pleust aux Dieux que sans estre caché,
>   J'eusse m'amie ainsi aupres de moy.

Quant à l'emploi du mot *cocu*, qu'un auteur, et surtout une femme, ne se permettroit pas aujourd'hui, nous renverrons à ce que nous avons dit sur l'ancienne liberté du langage dans une des notes qui accompagnent la Notice de M. Cochard; nous ajouterons seulement une citation qui complètera notre pensée, et qui pourra servir aussi à justifier Louise Labé et son siècle: « Le mot de *cocu* si souvent employé par ces deux auteurs (Mont- « fleury et Molière), mais surtout par le premier, est depuis « long-temps proscrit au théâtre, et même dans la société. Ce « n'est pas qu'il y en ait moins : c'est au contraire parce qu'il « y en a davantage; car plus la société est corrompue, plus on « est attentif à proscrire tous les termes qui en rappellent les « déréglements. » (L'abbé SABATIER, les Trois Siècles, article Montfleury.)

11. — *Defendre sa querele iniuste contre toute la Grece*, page 12. — C'est le sujet de l'Iliade.

12. — *Qui ust parlé des Amours de Dido*, même page. — C'est le sujet du IV.ᵉ livre de l'Énéide.

13. — *Mile autres hotesses qui font plaisir aus passans*, page 13. — Brantôme parle quelque part d'une Romaine complaisante (Lucia Hostilia, femme de Caligula), qui faisoit à un amant « quelque plaisir et gracieuseté de son gentil corps. »

14. — *Ie crois qu'aucune mencion ne seroit d'Artemise, si ie ne lui usse fait boire les cendres de son mari*, même page. — Artémise, sœur et femme de Mausole, roi de Carie, ayant perdu son époux, lui fit élever un superbe monument qu'on appela le *Mausolée*, et que l'on comptoit au nombre des sept merveilles du monde. Parmi les marques qu'elle donna de son désespoir, on raconte qu'elle parfuma d'essences les cendres de Mausole, les mit dans de l'eau, et les avala. Voy. Hérodote, Histoire (liv. VII), et Aulugelle, Nuits Attiques (liv. X, c. 18). Jacques Yver, dans son Printemps d'Yver, Paris, 1572, in-16, fol. 109 v.°, dit en parlant d'une *vefue* nommée Carite, « qu'elle « portoit son époux mieux au cueur que ceste Royne Artemise, « qui beuuant les cendres de son mary, luy bastit en sa poi- « trine un si precieux tombeau. »

15. — *Tu as ofensé la Royne des hommes*, page 14. — La jolie édition de l'Éloge de la Folie, traduit du latin d'Érasme, par M. Gueudeville (traduction revue et presque entièrement refaite par de Querlon), 1752, petit in-12, est terminée par un cul de lampe représentant la Folie appuyée sur le globe du monde, et assise sur un trophée composé de sceptres, de couronnes et de plusieurs autres attributs, et au bas duquel on lit ces mots dans un cartouche : « La Pazzia regina del mondo. » Le peintre n'a point oublié la marotte qu'on fait tenir ordinairement à cette *reine du monde*, en guise de sceptre, non plus que les grelots dont on garnit ses vêtements. J'ajouterai, puisque l'occasion se présente, que César Ripa, dans son Iconolo-

gie, dépeint autrement la Folie : il lui donne la figure d'une femme jetée à terre, riant aux éclats, et ayant à la main une lune, parce que les changements de cet astre exercent, dit-il, une grande influence sur les fous.

16. — *O qu'il n'est pas dit sans cause, qu'il ne faut point receuoir present de la main de ses ennemis*, page 15. — Louise Labé vouloit rappeler le fameux vers de Virgile (Énéide, II, 49):

.... Timeo Danaos et dona ferentes,

et ce proverbe des Grecs : *Echthrón adóra dóra*, qui perd toute la grâce de son expression dans la traduction latine : Hostium munera non munera.

DISCOVRS III.

17. — *Quand le fier Diomede me naura*, page 19. — Voy. Homere (Iliade); Virgile (Énéide, XI, 276 et 277).

18. — *Pour sauuer mon fils Enee*, même page. — Voy. Virgile (Énéide, *passim*).

19. — *Si mes pleurs pour la mort de mon Adonis te murent à compassion*, même page. — Adonis, né du commerce incestueux de Myrrha avec son père Cynire, fut passionnément aimé de Vénus. Grand amateur de la chasse, il fut déchiré par un sanglier. Descendu aux enfers, il s'y fit aimer de Proserpine; et lorsque Vénus eut obtenu son retour à la vie, l'épouse de Pluton refusa de le rendre au jour. Le père des dieux ne voulant mécontenter aucune des deux déesses, les renvoya au jugement de la muse Calliope, qui partagea le différend, en ordonnant qu'Adonis seroit alternativement avec l'une et l'autre déesse. Les Heures furent aussitôt députées aux enfers, pour ramener Adonis à Vénus. Celle-ci manqua bientôt à la convention; ce qui causa entre ces déesses une grande querelle. Enfin Jupiter la termina, en ordonnant qu'Adonis seroit libre quatre mois de l'année, qu'il en passeroit quatre avec Vénus et le reste avec Proserpine. Théocrite et Moschus ont composé chacun une idylle sur la mort d'Adonis, dont M. Servan de Sugny, de Lyon, a donné

d'élégantes traductions, pages 148 et 231 de ses Idylles de Théocrite, traduites en vers françois, Paris, 1822, in-18.

(La plupart des détails sur Adonis, contenus dans cette note, sont tirés du Dictionnaire de la Fable de M. Noël. Nous continuerons à puiser dans cet excellent livre, quelquefois même sans en prévenir, les explications mythologiques dont le texte de Louise Labé nous paroîtra avoir besoin.)

20. — *Croyez que si elle vous ha fait tort, que telle punicion en sera faite*, etc., page 20. — Cette phrase seroit irrégulière aujourd'hui, et devoit l'être aussi du temps de Louise Labé : le second *que* y est de trop.

DISCOVRS IIII.

21. — *Tout le bien qu'ay reçu, l'ay plus tot à par force et finesse, que par amour*, page 24. — Jupiter adresse à l'Amour la même plainte dans le II.e Dialogue des dieux de Lucien. Louise Labé avoit certainement ce dialogue sous les yeux, lorsqu'elle écrivoit son Discours IV, car on y retrouve le même sujet et les mêmes pensées. La ressemblance est frappante. Il est donc à présumer que la Belle Cordière avoit dans sa *librairie* un Lucien, sinon tout grec, du moins avec une traduction latine : il n'en existoit point encore, que je sache, de traduction complète en langue vulgaire. Quelques-uns des ouvrages du philosophe de Samosate avoient été *translatés* en françois par Simon Bourgoin, Gilles d'Auriguy, Loys Meigret, Estienne Forcadel, Antoine Crappier, etc.; mais les Dialogues des dieux ne faisoient pas partie de ces *translations*. Il seroit néanmoins possible que le second de ces dialogues fût du nombre des trente Dialogues moraux de Lucien, dont Geoffroy Tory, au rapport de du Verdier, avoit publié la traduction à la suite de celle de la Table de l'ancien philosophe Cebes, Paris, Jean Petit, 1529, in-12.

22. — *Amour se plait de choses egales*, page 25. — Ceci rappelle la jolie pensée de Minucius Felix sur l'amitié : « Ami« citia pares semper aut accipit, aut facit. » — « Toujours l'a-

« mitié nous trouve ou nous rend égaux. » Le nouveau traducteur de l'Octavius, M. Pericaud aîné, nous apprend dans une note, que cette même pensée est une des sentences de Publius Syrus; et il cite le mot de Pythagore : « Entre amis tous les « biens sont communs, et l'amitié est un commerce d'égalité. » (Cicéron, de Leg. I, 12.)

23. — *Ce n'est qu'un ioug, lequel faut qu'il soit porté par deus Taureaus semblables : autrement le harnois n'ira pas droit*, page 25. — Ce que Louise Labé dit d'une liaison amoureuse, Ovide (Héroïd. IX, 29-32) le dit du mariage :

> Quam male inæquales veniant ad aratra juvenci,
>   Tam premitur magno conjuge nupta minor.
> Non honor est, sed onus : species læsura ferentem.
>   Si qua voles apte nubere, nube pari;

passage qu'avoit en vue Jacques Yver, dans son Printemps d'Yver (1572, fol. 112 rect.), où on lit : « Car encor qu'on die que ce « n'est pas vice d'aimer en bon lieu, si est-ce qu'il me semble (sui-« uant l'auis de Deianire en Ouide) que comme pour tirer bien « une charrue, faut apparier des bœufs les plus esgaux en gran-« deur de corps et en force qu'on puisse trouver, afin qu'ils « aillent d'un mesme front au labeur : ainsi en mariage doit « auoir une égalité la plus parfaite, et unanimité la plus en-« tiere qu'on puisse trouuer : autrement l'un ne sert à l'autre « que d'espine au pied, pour l'empescher de s'aduancer. »

24. — *Quand tu voudras estre aymé, descens en bas, laisse ici ta couronne et ton sceptre, et ne dis qui tu es*, même page. — C'est le conseil que donne aussi l'Amour à Jupiter dans le II.ᵉ Dialogue des dieux de Lucien : « Si tu veux devenir aimable, cesse « d'agiter ton égide et de porter ta foudre, etc. »

25. — *Tu dis beaucoup de raisons : mais il y faut un long temps, une sugeccion grande, et beaucoup de passions*, page 26. — Jupiter répond aux mêmes *raisons* dans le Dialogue de Lucien ci-dessus cité : « Je veux aimer, mais je veux jouir plus « commodément de mes amours. »

DISCOVRS V.

26. — *Amour, la vraye ame de tout l'Vnivers*, page 27. — « Amour, désir inné! âme de la nature! principe inépuisable « d'existence! puissance souveraine, qui peux tout, et contre « laquelle rien ne peut; par qui tout agit, tout respire, et tout « se renouvelle! divine flamme! germe de perpétuité répandu « dans tout avec le souffle de la vie! précieux sentiment, qui « peux seul adoucir les cœurs féroces et glacés, en les péné- « trant d'une douce chaleur! cause première de tout bien, de « toute société, qui réunis sans contrainte et par tes seuls at- « traits les natures sauvages et dispersées! source unique et fé- « conde de tout plaisir, de toute volupté! Amour! comment « ne t'auroit-on pas divinisé! » (BUFFON.)

27. — *De tous aymé*, page 29. — Nous avons préféré cette leçon de l'édition de 1556, in-8.°, à celle de toutes les autres éditions : *De tout aymé*.

28. — *Les roues des enfers soutiennent elles une ame plus détestable que cette cy!* même page.—Allusion au supplice d'Ixion attaché dans les enfers à une roue environnée de serpens, qu'il devoit rouler sans relâche.

29. — *Les montaignes de Sicile couurent elles de plus exécrables personnes!* même page. — Allusion au châtiment infligé au géant Briarée, que Jupiter accabla du poids de l'Etna, montagne de Sicile.

30. — *Les Scythes deïfierent Pylade et Oreste, et leur dresserent temples et autels, les apelans les Dieux d'amitié*, page 32. — Ceci est tiré du dialogue de Lucien, intitulé, *Toxaris*, ou de l'Amitié. Voy. pages 113-174 du tom. III de la traduction de Lucien, par Belin de Ballu.

31. — *Les uns le faisant sortir* (l'Amour) *de Chaos et de la Terre*, même page. — Voy. Hésiode (Théogonie, vers le commencement).

32. — *Les autres du Ciel et de la Nuit*, même page. — Selon

Aristophane (les Oiseaux, acte II), la Nuit pondit un œuf, qu'elle couva sous ses ailes noires, et d'où sortit l'Amour avec des ailes d'or; mais, suivant le même auteur, ce ne fut pas le Ciel qui féconda la Nuit, ce fut l'Érèbe.

33. — *Aucuns de Discorde et de Zephyre*, page 32. — C'est la naissance que lui donnoit Alcée.

34. — *Autres de Venus la vraye mere*, même page. — Cette opinion sur la filiation de l'Amour étoit la plus répandue; mais on varioit sur le père qui l'avoit engendré de Vénus. Suivant Sappho, c'étoit Cœlus; suivant Sénèque, Vulcain; suivant Simonide et le plus grand nombre des poètes, Mars. Il existoit encore sur ce point d'autres versions, sur lesquelles nous renvoyons à la Mythologie de Noël le Comte (l. IV, c. 14), ou au Dictionnaire de la Fable, de M. Noël, au mot *Cupidon*.

35. — *Les Grecs d'un seul surnom qu'ils t'ont donné, Iupiter, t'apelant amiable*, page 33. — Les Grecs donnoient à Jupiter le surnom de *Philius*, et l'adoroient sous cette dénomination comme présidant à l'amitié. Voy. le *Toxaris* de Lucien, et Suidas (Lexic., v.° *Philios*).

36. — *Plus parfait que les premiers hommes du banquet de Platon*, même page. « Les dieux, dit Platon dans son dialogue
« du Banquet, avoient d'abord formé l'homme d'une figure
« ronde, avec deux corps et les deux sexes. Ces deux hommes
« étoient d'une forme si extraordinaire, qu'ils résolurent de faire
« la guerre aux dieux. Jupiter irrité fut sur le point de les faire
« périr; mais, fâché de détruire le genre humain, il se contenta
« de les partager en deux pour les affaiblir, afin qu'ils n'eussent
« plus désormais ni tant de force, ni tant d'audace. Apollon
« fut chargé d'ajuster ces deux demi-corps, et le nombril est
« l'endroit où ce Dieu en arrêta et noua les peaux. » Voy.
M. Noël, Dictionnaire de la Fable, au mot *Androgynes*.

37. — *Qui ne dira bien de l'amour fraternelle, ayant veu Castor et Pollux, l'un mortel estre fait immortel à moitié du don de son frère!* même page. — De ces deux frères éclos de l'œuf de

Léda, avec Hélène et Clytemnestre, l'un (Castor) étoit fils de Tyndare, et par conséquent mortel; l'autre (Pollux) étoit fils de Jupiter, et immortel comme son père. Castor ayant été tué par Lyncée, Pollux demanda pour lui l'immortalité à Jupiter; mais cette prière ne pouvant être exaucée, l'immortalité fut partagée entre eux, de sorte qu'ils vivoient et mouroient alternativement.

38. — *Car peu de freres sont de telle sorte*, page 34.
> .... Fratrum quoque gratia rara est.
> (OVID. Metam. I, 145.)

Cependant, suivant un poète moderne (LEGOUVÉ, Étéocle et Polynice),
> Un frère est un ami donné par la nature.

39. — *Comme Ionathas sauua la vie de David*, même page. — Il est un peu choquant de voir citer des noms de l'histoire sainte dans un sujet mythologique; mais ce qui peut servir à excuser Louise Labé, c'est que des écrivains justement célèbres ont poussé beaucoup plus loin cette faute de goût, puisqu'ils ont mis en action, dans les mêmes poëmes, des dieux de la fable et des personnages de la Bible. Ce mélange monstrueux est l'objet des reproches que la critique adresse en particulier au poëme De Partu Virginis de Sannazar, et à la Lusiade du Camoëns. « On se rebute, dit L. Racine en parlant du premier de
« ces ouvrages (préface du poëme de la Religion), d'entendre
« les merveilles saintes dans la bouche de Protée, le catalogue
« des Néréides qui environnent J. C., lorsqu'il marche sur les
« eaux; et l'on méprise les hommages que lui rend Neptune,
« lorsqu'à son aspect il baisse son trident. » On éprouve le même sentiment en lisant la Lusiade, lorsqu'on y voit « Vénus,
« secondée des conseils du Père éternel et aidée des flèches
« de Cupidon, rendre les Néréides amoureuses des Portugais;
« lorsque ceux-ci, après la conquête, travaillent à la propaga-
« tion de la foi, la même déesse se charger du succès de l'en-
« treprise, et ailleurs Bacchus voulant leur faire accroire qu'ils

« abordent dans une île amie et chrétienne, y dresser un autel
« pour les mieux tromper, leur présenter des images du S. Es-
« prit, de la Vierge et des Apôtres, et, prosterné lui-même,
« brûler dévotement de l'encens en l'honneur du vrai Dieu. »

40. — *Dire l'histoire de Pythias et Damon*, page 34. — L'histoire de Pythias (*al*. Phintias) et de Damon se trouve partout, notamment dans le recueil de Valère-Maxime (l. IV, c. 7).

41. — *De celui qui quitta son espouse à son ami la premiere nuit, et s'en fuit vagabond par le monde*, même page. — J'ignore où Louise Labé avoit lu cette histoire : du moins je ne me souviens pas de l'avoir vue dans aucun écrivain antérieur. Le joli roman d'Éliezer et Nephtaly, ouvrage posthume de Florian, et que cet aimable auteur intitule, Poëme traduit de l'hébreu, roule sur un trait semblable de dévouement et de générosité. Éliezer venoit d'épouser Rachel, dont il étoit vivement épris, lorsqu'il découvrit par hasard qu'elle étoit aimée de son frère Nephtaly. Il laissa sur le bord des eaux ses vêtements souillés de limon, pour que l'on ne doutât point de sa mort, et pour que la loi prescrivît à Nephtaly de devenir l'époux de sa veuve, et il s'éloigna et disparut pendant neuf ans.

42. — *I'allegueray le dire d'un grand Roy*, même page. — Ce grand roi est Darius, roi de Perse. Le mot que Louise Labé rapporte de ce prince, est tiré des Apophthegmes de Plutarque. Voy. ses Œuvres morales, traduites en françois, par l'abbé Ricard (tome II, pag. 361).

43. — *Vn Scythe demandant en mariage une fille,.... dit qu'il n'avoit autre bien que deus amis*, même page. — Ce Scythe se nommoit Arsacomas, et ce fut à Leucanor, roi du Bosphore, dont il demandoit la fille, qu'il fit cette belle réponse. Voy. le *Toxaris* de Lucien (page 157 du tome III de la traduction des Œuvres de Lucien, par Belin de Ballu).

44. — *Ne sauua Ariadne la vie à Thesee*, même page. — Ariane (c'est ainsi que nous avons francisé ce nom), fille de Minos, roi de Crète, charmé de la bonne mine de Thésée, venu pour

combattre le Minotaure, lui donna un peloton de fil, à la faveur duquel il sortit du labyrinthe. (Dictionnaire de la Fable, art. Ariane).

45. — *Hypermnestre à Lyncee*, page 34. — Hypermnestre, une des cinquante Danaïdes, fut la seule qui eut horreur d'exécuter l'ordre de son père. Celui-ci leur avoit fait jurer d'égorger leurs maris la première nuit de leurs noces. Au lieu de tenir son serment, Hypermnestre procura à Lyncée son époux les moyens de s'évader. (Dictionnaire de la Fable, art. Hypermnestre).

46. — *Se couchent en chapon le morceau au bec*, page 35. — C'est-à-dire, se couchent ayant encore le morceau à la bouche, après avoir soupé d'aussi bonne heure que les chapons prennent leur repas du soir. On retrouve cette expression proverbiale dans Rabelais (Pantagruel, l. II, c. 9): « Ce que feut faict, et
« mangea tresbien à ce soir, et s'en alla *coucher en chappon*
« et dormir iusques au lendemain heure du disner, en sorte
« qu'il ne feit que trois pas et un sault du lict à table; » et dans le LII.ᵉ des Arrêts d'Amour, ajouté aux précédents par Gilles d'Aurigni, dit le Pamphile: « Sur ce que ledict demandeur disoit,
« que combien que de toute disposition de droit commun d'a-
« mour maritale, lesdictz maryz soient en bonne possession de
« iouyr plainement et paisiblement de leurs femmes, et qu'ilz
« en doiuent auoir l'entretien et denis, tant apres souper que
« deuant, et se puissent tenir sur leurs gardes pour le peril
« éminent de leurs dictes femmes. Et se aller *coucher* et depar-
« tir d'une compaignie à telle heure que bon leur semble, voire
« *en chappon* si mestier est : à faire fermer leur porte quand la
« fantasie et umbraige les prend. »

47. — *On ne veut iamais venir à ennui et lasseté, qui prouient de voir tousiours une mesme chose*, page 37. — C'est la pensée de ce vers devenu proverbe :

L'ennui naquit un jour de l'uniformité.

(LA MOTTE.)

48. — *S'il est caché, il l'est en sorte, que lon le cuide plus beau et delicat*, page 38.

>Si qua latent, meliora putat..........
>(Ovid. Metam. I, 502.)

49. — *L'amoureuse curiosité des hommes fait rechercher la beauté iusques au bout des piez*, page 39.

>Pes erat exiguus, pedis est aptissima forma.
>(Ovid. Am. III, 3, 7.)

>Bien est-il vrai que je vois à Rosire
>Un pied mignon, et pied mignon veut dire :
>Il est joli.
>(Picardet, de Dijon.)

50. — *Les fleurs que tu fiz, ó Iupiter, naitre es mois de l'an les plus chaus, sont entre les hommes faites hybernalles*, même page. — Déjà du temps de Domitien, on avoit trouvé le secret de faire fleurir à Rome les roses pendant l'hiver; et Martial donne aux roses obtenues par ce moyen l'épithète dont se sert Louise Labé; il les appelle aussi *hybernalles : Hybernas rosas* (VI, 80).

51. — *Leur departir plus de chaleur que le païs ne le requerroit*, même page. — Louise Labé veut parler des serres chaudes dont l'invention est fort ancienne. Voy. Martial (VIII, 68).

52. — *Pauanes, passemeses, gaillardes*, même page. — Ces différents mots seront expliqués dans le Glossaire. Il existe un ouvrage fort rare, que je n'ai pu me procurer, intitulé : Recueil de chansons, bransles, gaillardes, voltes, courantes, pauanes, romanesques et autres especes de poësie, propre pour la recreation des cœurs melancholiques, par les bien disants Poëtes de notre temps, Paris, Montreuil, 1579, 2 vol. in-12.

53. — *Dequoy allege un voyageur son trauail, que lui cause le long chemin, qu'en chantant quelque chanson d'amour*, page 40.

>Cantantes licet usque (minus via lædet) eamus.
>(Virgil. Eclog. IX, 64.)

54. — *Ainsi passoit son chemin Apulec, quelque Filozofe qu'il*

fust, page 40. — Apulée, philosophe platonicien, né à Madaure en Afrique, et qui florissoit sous les Antonins, a composé en latin l'Ane d'or, espèce de roman plein d'aventures amoureuses, et des poésies érotiques qui ne sont pas parvenues jusqu'à nous. Il fut accusé de sortilège pour avoir inspiré une vive passion à une femme nommée Pudentilla, plus âgée que lui, et qu'il épousa. Voy. ses Œuvres, et particulièrement son Apologie.

55. — *N'est ce pas Amour! lequel semble estre le suget, duquel tous Poëtes veulent parler*, même page. « Qui ostera aux « Muses les imaginations amoureuses, leur desrobbera le plus bel « entretien qu'elles ayent et la plus noble matiere de leur ou- « urage : et qui fera perdre à l'Amour la communication et ser- « uice de la poësie, l'affoiblira de ses meilleures armes. » (MONTAIGNE, Essais, III, 5.) « L'Amour est celui de tous les Dieux qui « sait le mieux le chemin du Parnasse. » (RACINE, Lettre V à M. Vitart.)

    De cette passion la sensible peinture
    Est pour aller au cœur la route la plus sure.
               (BOILEAU, Art poét., ch. III.)

56. — *Celui qui ha ù le nom de Sage, ha descrit ses plus hautes concepcions en forme d'amourettes*, page 41. — Socrate fut déclaré par l'oracle le plus sage des hommes. Il a, en effet, *descrit ses plus hautes concepcions* sous la forme qu'indique Louise Labé (Voy. Platon et Xénophon), et il se donnoit lui-même la qualification de sage (savant, expert, connoisseur) en matière d'amour. *Sophos ta erótica.*

57. — *Qu'a iamais mieus chanté Virgile, que les amours de la Dame de Carthage!* même page. — Il paroit que Louise Labé préféroit à tous les autres ouvrages de Virgile le livre IV de son Énéide, où il chante les amours de Didon et d'Énée. Ce livre est, en effet, sinon le plus beau titre de son auteur à l'admiration de la postérité, du moins une partie très remarquable d'un poème qu'on place avec raison à côté des plus hauts chefs-d'œuvre de l'esprit humain, l'Iliade et l'Odyssée d'Homère.

NOTES. 171

58. — *Il retournera plus d'une Semiramis, d'une Biblis, d'une Myrrha, d'une Canace, d'une Phedra,* page 42. — Sémiramis conçut un amour criminel pour son fils Ninias; Biblis, pour son frère Caunus; Myrrha, pour Cynire son père; Canacé, pour son frère Macarée; et Phèdre, pour Hippolyte, le fils de Thésée son mari. L'histoire ancienne et la mythologie sont pleines de ces passions incestueuses. Louise Labé en a cité les exemples les plus célèbres.

59. — *Iupiter composera tous ces trois iours en un, comme il fit les trois nuits, qu'il fut auec Alcmene,* page 44. — Jupiter, amoureux d'Alcmène, profita, pour la tromper, de l'absence d'Amphitryon, roi de Thèbes, son mari, parti pour une expédition militaire. Il prit les traits et la figure de ce dernier, et, à l'aide de cette métamorphose, il obtint les faveurs de la reine, qu'il rendit mère d'Hercule. On ajoute que ce dieu rendit la nuit plus longue que les autres, et que, pour ne rien changer à l'ordre de la nature, il raccourcit le jour qui suivit, en mémoire de quoi Alcmène porta depuis un ornement de tête composé de trois lunes (Dictionnaire de la Fable). On peut remarquer en passant que, si cette fable avoit été inventée par les modernes, ce n'est pas sur la tête d'Alcmène qu'ils auroient placé l'*ornement* dont il s'agit.

60. — *N'atendez point, Iupiter....,* page 45. — Le plaidoyer de Mercure qui commence ici, est plus long que celui d'Apollon; il est peut-être aussi plus piquant; l'un et l'autre sont une parodie ingénieuse des usages du barreau. Louise Labé a fondu dans le discours de Mercure la quintessence de l'Éloge de la Folie d'Érasme, que bien certainement, comme nous l'avons dit plus haut, elle avoit dans sa *librairie;* mais elle a sagement exclu tout ce qui sentoit trop la satire, les observations caustiques sur les mœurs du temps, sur les moines, le clergé et la cour de Rome. Elle a ajouté beaucoup de choses tirées de son propre fond, et assaisonné le tout d'érudition, de grâce et de naïveté.

61. — *Ay tant aymé la mere, que n'ay iamais espargné mes*

allees et venues, page 45. — On sait que Mercure étoit le messager des dieux, et que c'est à lui qu'ils confioient leurs messages d'amour. C'est même de son nom que quelques savans dérivent le mot graveleux par lequel nous désignons cette classe d'hommes que les anciens appeloient *Lenones*. L'amitié de Vénus et de Mercure étoit célèbre dans l'antiquité. On les représentoit ensemble, et on leur bâtissoit des temples communs. Voy. Larcher, Mém. sur Vénus, p. 298-9.

62. — *Ayans tous suiui Amour fors Pallas*, page 46. — Voy. le XIX.ᵉ Dialogue des dieux de Lucien.

63. — *Apolon, qui ha si long tems ouy les causeurs à Romme*, page 47. — Une statue d'ivoire d'Apollon décoroit à Rome le Forum d'Auguste, où l'on rendoit quelquefois la justice. Louise Labé fait allusion à cette circonstance, de même que Juvénal lorsqu'il donne à Apollon l'épithète de jurisconsulte :

...Deinde forum jurisque peritus Apollo.
(Sat. I, 128.)

vers que Dusaulx a plutôt paraphrasé que traduit, en le rendant de cette manière : « Le forum où l'on voit la statue d'Apol- « lon, si connue des plaideurs. »

64. — *Ne s'ataqua il pas à Mars, qui regardoit Vulcan forgeant des armes, et tout soudein le blessa*, page 48. — Louise Labé a puisé ce fait dans une des plus jolies odes d'Anacréon, la 45.ᵉ, qui a aussi fourni à J. B. Rousseau le sujet de sa cantate des Forges de Lemnos.

65. — *Il s'en est mis en son plein deuoir*, même page. — On lit dans l'édition de 1556, in-16 : *Il ne s'en est mis*, etc. C'est une leçon contraire au sens évident de la phrase.

66. — *Aussi est Folie ieune et fille de Ieunesse*, même page. — Avant Louise Labé, Érasme, dans son Encomium Moriæ, supposoit que la Folie étoit la fille de la Jeunesse (*Neotetes*). Il lui donnoit pour père Plutus, le dieu des richesses. Suivant lui, elle ne devoit pas le jour au mariage de ses parents, mais

elle étoit l'enfant du plaisir; elle étoit venue au monde dans les Iles Fortunées, où elle avoit sucé le lait de Méthé (l'Ivresse), fille de Bacchus, et celui d'Apædia (l'Ignorance), fille de Pan : fictions allégoriques dont le sens s'explique de lui-même.

67. — *Toymesme, Iupiter, les apelles pasteurs de Peuples*, page 51. — C'est le nom que Jupiter donne aux rois dans Homère.

> O vous, pasteurs d'humains, et non pas de brebis,
> Rois..........
> (LA FONTAINE, l. x, f. 11.)

68. — *Aristote ne mourut il de dueil, comme un fol, ne pouuant entendre la cause du flus et reflus de l'Euripe*, page 52. — Ce fait est rapporté par Strabon (Géographie, l. IX); mais d'autres auteurs donnent à la mort d'Aristote une cause moins extraordinaire : ils le font mourir d'une colique.

69. — *Crate, getant son tresor en la mer*, même page. — J'avois pensé d'abord que Crate étoit une faute d'impression, et qu'il falloit lire Polycrate. On se rappelle, en effet, que ce tyran de Samos, inquiet d'un bonheur trop constant, jeta dans la mer un anneau du plus grand prix, qui fut retrouué dans le corps d'un poisson destiné à sa table : mais je me trompois, et au moment où je croyois prendre en défaut l'érudition de Louise Labé, j'ai trouvé dans Diogène Laërce (l. VI, Vie de Cratès), qu'au rapport de Dioclès, Diogène le cynique persuada à Cratès, son disciple, de jeter dans la mer tout l'argent qu'il pouvoit avoir. Louise Labé ne cite d'ailleurs, en cet endroit, que des philosophes, Aristote, Empédocle, Diogène, Aristippe; et Polycrate, qui n'étoit que prince, figureroit mal au milieu d'eux.

70. — *Empedocle qui se fust fait immortel sans ses sabots d'erain*, même page. — Empédocle, philosophe, poète et historien, pour cacher sa mort et se faire croire un dieu, se précipita, dit-on, dans le volcan du mont Etna; mais le volcan rejeta une des sandales d'airain qu'il avoit coutume de porter; ce qui décela sa fraude, et prouva qu'il étoit un simple mortel. Voy. Diogène Laërce, liv. VII, vie d'Empédocle, où sont cités

des auteurs qui ont contredit ce récit, et assigné à la mort de ce philosophe des causes diverses, mais toutes plus vraisemblables.

71. — *Diogene auec son tonneau: et Aristippe qui se pensoit grand Filozofe, se sachant bien ouy d'un grand Signeur*, page 52. — Diogène et son tonneau sont connus de tout le monde. Quant à Aristippe, on sait aussi que ce philosophe mercenaire, habile à s'accommoder aux temps, aux lieux et aux personnes, souffrit de la part de Denys le tyran, dont il étoit le flatteur, des avanies qui lui attirèrent les railleries de Diogène (Voy. Diogène Laërce, l. II). Horace a loué le caractère souple et facile d'Aristippe, qui le rendoit heureux dans tous les états et dans toutes les positions de la vie :

Omnis Aristippum decuit color et status et res.
(Epist. I, 17, 22.)

72. — *Ceus qui font des maisons au Ciel*, même page. — Les astrologues qui prétendent connoître l'avenir d'après la position des astres. On appelle *maisons* les douze signes du zodiaque que le soleil parcourt successivement chaque année.

73. — *Ces getteurs de points, faiseurs de characteres*, même page. — Les devins, les magiciens, qui se livrent à des calculs divinatoires, ou qui tracent des caractères magiques.

74. — *Combien dureroient peu aucuns mariages, si la sottise des hommes ou des femmes laissoit voir les vices qui y sont*, page 53. — Cette phrase est l'abrégé d'un passage beaucoup plus étendu de l'Éloge de la Folie d'Érasme : « Grands Dieux! com- « bien arriveroit-il de séparations, et bien pis encore, si l'union « de l'homme et de la femme n'étoit soutenue, n'étoit fomentée « par la flatterie, par les divertissements, par la complaisance, « par les détours, par la dissimulation, tous gens de mon es- « corte et de ma suite! Ah! qu'il se feroit peu de mariages, si « l'amant avoit la prudence de bien s'informer du jeu que sa « petite maîtresse, qui paroît si délicate, si honteuse, si neuve, « a joué longtemps avant les noces! Pour les mariages déjà

« contractés, ce seroit bien un autre train. Que de séparations,
« si la négligence ou la bêtise des maris ne les aveugloit sur la
« vie secrète de leurs épouses! On traite cela de folie, et on a
« raison; mais c'est pourtant cette même folie qui fait que la
« femme plaît au mari, et que le mari plaît à la femme, que
« la maison est tranquille, et que les alliances se maintiennent.
« *On fait les cornes* à un mari, on le nomme *cocu*, commode,
« et je ne sais quel sobriquet on ne lui donne pas hors de chez
« lui; pendant que le bonhomme console sa chère moitié, et
« boit, par ses tendres baisers, les larmes hypocrites de l'adul-
« tère. Cela ne vaut-il pas beaucoup mieux, que de se consumer
« en chagrin, que de faire du vacarme et du tintamarre, en s'a-
« bandonnant à la jalousie! » (Trad. de QUERLON.)

75. — *Dequoy uiuroient tant d'Auocats, Procureurs, Greffiers,
Sergens, Iuges*, page 54. — Owen a dit après Louise Labé (l. 1,
ép. 15):

>Ulceribus, Galene, vales tantummodo nostris:
>Stultitia nostra, Justiniane, sapis.

>Ta sagesse, ô Barthole, est l'humaine folie;
>Galien, ta santé, c'est notre maladie.
>   (DE KÉRIVALANT.)

Voy. pag. 46 et 47 du recueil piquant et varié, imprimé à Lyon en
1819 et 1821, in-18, sous ce titre: Épigrammes choisies d'Owen,
traduites en françois par M. de Kérivalant, publiées par M. de
Labouïsse. Boileau a dit aussi:

>Des sottises d'autrui nous vivons au palais.
>   (Epit. II.)

76. — *Qui verra un homme enfariné auec une bosse derrière
entrer en salle, ayant une contenance de fol*, même page. — Ce
portrait rappelle celui de Triboulet, *fol* de Louis XII, et ensuite de François I.er, par Jean Marot, père de Clément, dans
sa description du voyage de Venise de Louis XII, en 1509:

>Triboulet fut un fol, de la teste escorné,
>Aussi saige à trente ans, que le iour qu'il fut né:

Petit front et gros yeulx, nez grant, taillé à vote (voûte),
Estomac plat et long, haut dos à porter hote,
Chascun contrefaisoit, chanta, dança, prescha,
Et de tout si plaisant, qu'onc homme ne fascha.

77. — *Comme le saut des bergers, qu'ils font pour l'amour de leurs amies*, page 55. — L'édition de 1556, in-8.°, porte *amis:* c'est peut-être la véritable leçon.

78. — *Telles sont les Tragedies que les garçons des vilages premierement inuenterent*, même page. — Voy. Horace (de Arte poet. v. 275-7); et Boileau (Art poétique, ch. iii).

79. — *Comme disoit quelcun, leurs piez et mains parlans*, page 56. — Ce *quelcun* est bien certainement un ancien. « On feroit, « dit Bayle (art. Pilade, Rem. E), un gros recueil, si l'on en- « treprenoit de rassembler tous les passages où les anciens ont « heureusement exprimé le langage manuel des pantomimes; « contentons-nous de mettre ici ce latin de Cassiodore : His « sunt additæ orchestarum loquacissimæ manus, linguosi digiti, « silentium clamosum, expositio tacita, etc. » Il paroît que la pantomime fut portée dans l'antiquité au plus haut degré de perfection. La danse en étoit un accessoire, comme aujourd'hui; mais la chironomie, ou l'art des gestes, qui peut seule exprimer tous les mouvements de l'âme, en étoit la partie principale.

80. — *N'estoit ce pas un plaisant combat d'Antoine auec Cleopatra, à qui dépendroit le plus en un festin!* même page. — L'anecdote à laquelle il est fait allusion en cet endroit est rapportée par Pline l'ancien (Hist. nat., ix, 58).

81. — *Cesar se fachoit qu'il n'auoit encore commencé à troubler le monde en l'aage, qu'Alexandre le grand en auoit vaincu une grande partie*, même page. — Voy. Suétone (in Jul. Cæs. c. 7).

82. — *Combien Luculle et autres, ont ils laissé d'imitateurs*, page 57. — Le mot *laissé* a été omis dans l'édition de 1762.

83. — *Mettre ponts sur les mers (comme Claude Empereur)*, même page. — Je crois que notre aimable savante se trompe ici,

et qu'elle confond Claude avec Caligula. L'histoire ne parle d'aucun pont mis sur la mer par Claude, tandis qu'elle nous apprend que Caligula en éleva un de 3600 pas, pour aller de Bayes à Pouzzoles. Ce pont étoit formé d'un double rang de vaisseaux attachés avec des ancres, et recouvert d'une chaussée qui imitoit la voie Appienne. Voy. les détails que donne à ce sujet Suétone (in Caligul. c. 19 et 32).

84. — *En receuant une pomme comme Cydipee*, page 59. — Il falloit écrire Cydippe. Aconce (ou Acontius), jeune homme de l'île de Cée, d'une rare beauté, mais peu favorisé de la fortune, étant allé à Délos pour sacrifier à Diane, vit, dans le temple de la déesse, une jeune personne d'une beauté ravissante, nommée Cydippe. Mais jugeant que sa fortune et sa naissance mettroient un obstacle à son bonheur, il grava sur une pomme ces mots : Aconce, je jure par Diane de n'être jamais qu'à vous. Cydippe, aux pieds de laquelle il avoit fait rouler la boule, la ramassa, lut cet écrit sans y penser, et s'engagea de même : car une loi obligeoit d'exécuter tout ce qu'on promettoit dans le temple de Diane. Cependant Cydippe étoit promise en mariage à un autre ; mais, toutes les fois qu'on vouloit la marier, elle étoit attaquée d'une fièvre violente, en sorte que ses parens furent obligés de la donner à Aconce. (M. Noël, Dict. de la Fable.) La x.[e] épître du liv. I d'Aristenète roule sur cette histoire, et la xx.[e] héroïde d'Ovide est censée écrite par Aconce à Cydippe.

85. — *En lisant un liure, comme la Dame Francisque de Rimini*, même page. — Voy. le Dante (la Divina Commedia, ch. v).

86. — *Comme le ieune Gnidien, qui ayma l'euure fait par Praxitelle*, même page. — L'histoire de ce jeune Cnidien (et non pas *Gnidien*), et du moyen dont il se servit pour assouvir la passion que lui inspira la statue de Vénus faite par Praxitèle, est racontée avec beaucoup de détails dans le traité des Amours de Lucien. Voy. la traduction de ses œuvres, par Belin de Ballu

(tome III, pages 558 et suiv.). Voy. aussi les autres auteurs cités par Larcher (Mémoire sur Vénus, page 116).

87. — *Tel feu estoit celui de Narcisse*, page 59. — Voy. Ovide (Metam. III, 407 et seq.)

88. — *Qu'ils se prennent à leurs Filozofes, qui ont estimé Folie estre priuacion de sagesse, et sagesse estre sans passion*, page 60. — Cette définition appartient aux stoïciens, et Érasme le dit formellement dans le passage suivant de l'Encomium Moriæ, que Louise Labé paroît avoir copié : « Etenim cum stoïcis defi-« nitoribus nihil aliud sit sapientia, quam duci ratione: contra « stultitia, affectuum arbitrio moveri, ne plane tristis ac tetrica « esset hominum vita. » (Page 22.)

89. — *Ayant discouru mile bons heurs, qui passeront bien loin des cotes*, même page. — Expression proverbiale que je n'ai vue nulle autre part.

90. — *Escrire sur le bout de la table auec du vin, entrelasser son nom et celui de s'amie*, page 61.

> Blanditiasque leves tenui perscribere vino,
> Ut dominam in mensa se legat illa tuam.
>
> (OVID. de Arte am. I, 571—2.)

91. — *Tousiours refusent ce qu'elles voudroient bien que lon leur otast par force*, page 64.

> Fæmina sæpe negat id quod habere cupit.
>
> (ANT. DE ARENA.)

Presque tous les poètes, comme à l'envi, se sont exercés sur cette pensée, et l'ont présentée sous diverses faces.

92. — *Qui excusera Hercule deuidant les pelotons d'Omphale*, page 66. — Hercule voyageant s'arrêta chez Omphale, reine de Lydie, et fut si épris de sa beauté, qu'il oublia sa valeur et ses exploits pour se livrer aux plaisirs de l'amour. « Tandis qu'Om-« phale, couverte de la peau du lion de Némée, tenoit la massue, « comme si elle étoit Hercule, celui-ci, habillé en femme, « vêtu d'une robe de pourpre, travailloit à des ouvrages de laine,

« et souffroit qu'Omphale lui donnât quelquefois de petits souf-
« flets avec sa pantoufle. » (LUCIEN, De quelle manière on doit
écrire l'histoire.) On trouve Hercule ainsi représenté sur d'anciens monuments (Dictionnaire de la Fable). Il est aisé de
percer le sens de cette allégorie, par laquelle les anciens ex-
primoient le pouvoir et la tyrannie de l'amour. Balthazar Gra-
cien, auteur d'un livre intitulé, Il discreto, traduit en françois
par le P. de Courbeville, jésuite, sous le titre de L'homme uni-
versel, Paris, 1723, in-8.°, a, sur ce trait de la vie d'Hercule,
une pensée bien espagnole : « Combien ont fini, dit-il, par
« d'indignes actions qui ont flétri leur mémoire! Hercule s'avise
« à la fin de filer comme une femme, et il devient ainsi lui-
« même la Parque de son immortalité. »

93. — *Le sage Roi Hebrieu auec cette grande multitude de femmes*, page 66.

  C'est Salomon, ce sage fortuné,
  Roi philosophe, et Platon couronné,
  Qui connut tout du cèdre jusqu'à l'herbe.
  Vit-on jamais un luxe plus superbe!
  Il faisait naître au gré de ses désirs
  L'argent et l'or, et surtout les plaisirs.
  Mille beautés servaient à son usage. —
  Mille! — On le dit : c'est beaucoup pour un sage.
  Qu'on m'en donne une, et c'est assez pour moi
  Qui n'ai l'honneur d'être sage ni roi.
     (VOLTAIRE, le Mondain, satire.)

94. — *Annibal s'abatardissant autour d'une Dame*, même page.
— Ce trait n'est, je crois, connu que par une phrase de Pline
l'ancien qui, faisant une description géographique de l'Italie
dans le livre III de son Histoire naturelle, ajoute à la mention
de la ville de Salapia, dans la Pouille Daunienne, que cette ville
est célèbre par une aventure amoureuse d'Annibal : « Oppidum
« Salapia Annibalis meretricio amore inclytum. »

95. — *Le plus grand enchantement, qui soit pour estre aymé,
c'est aymer. Ayez tant de sufumigacions, tant de characteres,*

adiuracions, poudres, et pierres, que voudrez : mais si savez bien vous ayder, montrant et declarant votre amour : il n'y aura besoin de ces estranges receptes. Donq pour se faire aymer, il faut estre aymable, page 63. — Louise Labé n'a fait que copier cet apophthegme d'Hécaton dans Sénèque (Epist. IX) : « Ego tibi « monstrabo amatorium sine medicamento, sine herba, sine « ullius veneficæ carmine : si vis amari, ama. » Ovide avoit dit auparavant (de Arte am., II, 108) :

.... Ut ameris, amabilis esto.

Enfin, on lit dans Martial (VI, 11) :

Hoc non fit verbis : Marce, ut ameris, ama.

Pibrac a puisé aux mêmes sources la pensée de ce quatrain :

Je t'apprendray, si tu veux, en peu d'heure,
Le beau secret du breuvage amoureux :
Ayme les tiens, tu seras aymé d'eux ;
Il n'y a point de recepte meilleure.

96. — *Zethe et Amphion ne se pouuoient accorder, pource que la vacacion de l'un ne plaisoit à l'autre*, même page. — Zethe et Amphion, fils jumeaux de Jupiter et d'Antiope. La *vacacion* du premier étoit le soin des troupeaux, et celle du second la musique. Ce fut au son de la lyre de celui-ci que s'élevèrent d'eux-mêmes les murs de Thèbes. Voy. les dictionnaires de mythologie. Horace se sert aussi de l'exemple de ces deux frères, et Louise Labé connoissoit sans doute le passage suivant de ce poète (Epist. I, 18, 40-44) :

Nec, cum venari volet ille, poemata panges.
Gratia sic fratrum geminorum Amphionis atque
Zethi dissiluit, donec suspecta severo
Conticuit lyra ; fraternis cessisse putatur
Moribus Amphion....................

97. — *Si la femme que vous aymez est avare, il faut se transmuer en or, et tomber ainsi en son sein*, même page. — Allusion à la métamorphose en pluie d'or, dont Jupiter fit usage pour

pénétrer dans la tour d'airain, où étoit renfermée Danaé par ordre d'Acrisius son père, roi d'Argos.

98. — *Tous les seruiteurs et amis d'Atalanta estoient chasseurs, pour ce qu'elle y prenoit plaisir*, page 68. — Atalante, fille de Schénée, roi de Scyros, étoit passionnée pour la chasse. Elle promit sa main à celui de ses amants qui la vaincroit à la course. Hippomène en vint à bout par un stratagême. Il laissa tomber trois pommes d'or, cueillies au jardin des Hespérides, et dont Vénus lui avoit fait présent. Atalante se baissa pour les ramasser, et Hippomène toucha le but avant elle.

99. — *Les tristes se fachent d'ouir chanter*, même page.

Oderunt hilarem tristes tristemque jocosi.
(Horace, Epist. I, 18, 89.)

100. — *Le Gerion à trois corps*, page 69. — Géryon fut un géant à trois corps, qui avoit pour garder ses troupeaux un chien à deux têtes, et un dragon à sept. Hercule le tua avec ses défenseurs, et emmena ses bœufs. Voy. l'explication de cette allégorie dans le Dictionnaire de la Fable de M. Noël.

101. — *Ignorance, nonchaillance, esperance et cecité, qui sont toutes damoiselles de Folie*, page 70. — Érasme, Encom. Moriæ (pages 9 et 10), ne donne pas tout-à-fait le même cortége à la Folie : il suppose qu'elle est toujours accompagnée de l'Amour-propre (*Philautia*), de la Flatterie (*Colacia*), de l'Oubli (*Lethe*), de la Paresse (*Misoponia*), de la Volupté (*Edone*), de l'Irréflexion (*Anoia*), de la Débauche (*Truphe*), de Comus, et du Sommeil. Il ajoute que, secondée et servie fidèlement par ces esclaves, elle règne sur l'univers, et que les monarques eux-mêmes sont soumis à ses lois.

102. — *Genie*, page 71. — Le dieu Génius, qui présidoit à la nature et donnoit le mouvement et la vie à tous les êtres. Il étoit surtout regardé comme l'auteur des sensations agréables et voluptueuses : de là cette expression qu'on trouve dans Perse (Sat. V, 155), Genio indulge; pour signifier, divertissez-vous,

donnez-vous du bon temps. Chaque homme avoit son Génie. Les villes et les empires avoient aussi le leur.

103. — *Ieunesse*, page 71. — Nous avons vu qu'Érasme et Louise Labé en font la mère de la Folie. Cette déesse étoit adorée par les anciens sous les noms de Juventa, de Juventus et d'Hébé.

104. — *Ce gentil Gardien des iardins*, même page. — Priape, fils de Bacchus et de Vénus. Il étoit l'emblême de la fécondité, et sa statue, véritable épouvantail, étoit placée dans les jardins pour les défendre contre les voleurs et les oiseaux. On ne voit pas ce qui a pu lui valoir, de la part de Louise Labé ou de Mercure qu'elle fait parler, l'épithète de *gentil*, à moins qu'on ne dise que Mercure, en habile orateur, devoit flatter les juges devant qui il plaidoit, et au nombre desquels étoit Priape : excuse qui, je crois, n'auroit pas satisfait Ménage ; car dans ses observations sur l'Aminte (act. IV, sc. 2, v. 52), il blâme le Tasse, seulement pour avoir nommé Priape : « Par non dovesse « il poeta, dit-il, metter in bocca d'un uomo, che parlava a « vergine così onesta, così schiva, così ritrosa, come era Silvia, una così oscena, così brutta, così sfacciata parola, come « è quella di Priapo. Nè può essere scusato con dire, che ne i « tempi antichi non era disonesta, e significava solamente il dio « de' giardini; dovendo il poeta giudizioso aver riguardo eziandio a' tempi suoi. » Il est vrai que Louise Labé a évité de désigner par son propre nom le dieu dont il s'agit ; mais n'at-elle pas détruit l'effet de cette sage réserve par la qualification de *gentil* qu'elle lui a donnée? L'innocence, ou plutôt la simplicité du temps où elle écrivoit, est la meilleure excuse qu'on puisse invoquer en sa faveur.

105. — *Pour apointer le diferent, và prononcer un arrest interlocutoire*, même page. — Louise Labé a sans doute consulté quelque avocat de son temps sur ces termes de pratique qui sont ici fort heureusement appliqués. L'*arrest*, placé à la suite, est aussi dans la forme usitée au barreau.

NOTES.

106. — *Nous auons remis votre afaire d'ici à trois fois, sept fois, neuf siecles*, page 72. — A dix-huit mille neuf cents ans. Les nombres impairs étoient dans l'antiquité des nombres mystérieux. J'ignore s'il y a quelque autre finesse cachée dans cette multiplication de siècles par trois, sept et neuf.

ELEGIES.

107. — Les Elégies de Louise Labé n'ont d'autre défaut que d'être trop courtes et trop peu nombreuses ; elles ont tout ce qui donne du prix et du charme à ce genre, dans lequel peu de nos auteurs ont réussi ; elles sont tendres, touchantes, passionnées. Le cœur seul y parle, suivant le précepte de Boileau. Nulle affectation, nulle recherche dans le style ; mais une exquise naïveté de sentiment et de langage, qui n'exclut point l'énergie. Louise Labé y gémit sur les chaînes qu'elle porte ; elle déplore l'absence de son amant ; elle exhale de douces plaintes ; elle peint l'excès de ses tourments et de ses peines. La troisième de ces pièces, adressée aux dames lyonnoises, et où leur belle compatriote se justifie en rejetant sur l'Amour tous les reproches qu'on pourroit lui faire, me paroît remporter la palme sur les deux autres. Les rapprochements que j'indiquerai, et que j'aurois pu multiplier bien davantage, seront destinés à montrer que la nouvelle Sappho n'avoit pas lu en vain les meilleurs auteurs qui existoient avant elle, et que son âme étoit, pour me servir des expressions de Pétrone, « ingenti flumine litterarum inundata. »

I.

108. — *Il m'a donné la lyre, qui les vers*
Souloit chanter de l'Amour Lesbienne, page 73.
La lyre de Sappho, née à Érèse ou à Mitylène, dans l'île de Lesbos.

109. — *L'autre bruler et d'Amour consommer*, page 74.
Consommer est la leçon de toutes les éditions : on verra dans

le Glossaire, que ce n'est point une faute d'impression, comme on pourroit aisément le croire. On diroit aujourd'hui :

L'autre brûler, d'amour se consumer.

110. — *Voulant chasser le ridé labourage*
Que l'aage auoit graué sur son visage, page 76.

Cette comparaison des rides que le temps *grave* sur le visage, avec les sillons du laboureur, est autorisée par l'exemple d'Horace, qui a dit (Epod. 8) :

Et rugis vetus
Frontem senectus exaret.

111. — *Sur son chef gris elle auoit empruntee*
Quelque perruque, et assez mal antee, même page.

L'usage des perruques remonte à la plus haute antiquité. On les portoit blondes du temps de Louise Labé. Du moins Turnèbe, son contemporain, qui écrivoit aussi vers le milieu du seizième siècle, assure-t-il dans ses Adversaria (l. IV, c. 19), qu'à cette époque les dames, et surtout celles de la cour, affubloient leurs têtes de faux cheveux blonds. « Comæ sunt adpo-« sititiæ, quales flavas plerumque mulieres mentito decore for-« mam quærentes, præsertim in aulis, sibi adjiciunt. » Voy. Éloge des perruques (par M. Deguerle), Paris, an VII, in-12.

112. — *Tel n'ayme point, qu'une Dame aymera ;*
Tel ayme aussi, qui aymé ne sera, page 77.

Horace (l. I, od. 33) :

Insignem tenui fronte Lycorida
Cyri torret amor; Cyrus in asperam
Declinat Pholoen............
Sic visum Veneri, cui placet impares
Formas atque animos sub juga ahenea
Sævo mittere cum joco.

Moschus a fait sur ce sujet une très jolie idylle, ainsi traduite par Urbain Chevreau :

Pour Écho le dieu Pan soupire,
Écho brûle pour un satyre

Que les yeux de Lidas consument jour et nuit,
  Et dans le feu qui les dévore,
  Chacun hait l'objet qui le suit,
Autant qu'il est haï de l'objet qu'il adore.
Toi qui des feux d'amour sens ton cœur enflammé,
  Pour éviter ce mal extrême,
  Aime toujours l'objet qui t'aime,
Et n'aime point celui dont tu n'es point aimé.

II.

113. — *O combien ha de pensee et de creinte,*
  Tout aparsoy, l'ame d'Amour ateinte!
. . . .
  Tu es, peut estre, en chemin inconnu
  Outre ton gré malade retenu, page 78.

Quid timeam ignoro : timeo tamen omnia demens :
  Et patet in curas area lata meas.
Quæcumque æquor habet, quæcumque pericula tellus,
  Tam longæ causas suspicor esse moræ.
      (Ovide, Heroïd. I, 74—77.)

114. — *Ie crois que non : car tant suis coutumiere*
  De faire aus Dieus pour ta santé priere, même page.

Sæpe deos supplex, pro te, scelerate, rogavi,
  Cum prece turicremis devenerata focis.
      (Ovide, Heroïd. II, 17.)

115. — *Desia deux fois depuis le promis terme*
  De ton retour, Phebe ses cornes ferme, page 79.

Expression poétique, empruntée à l'astronomie, pour signifier deux mois. Ovide a dit de même (Metam. VII, 530 et 531) :

Dumque quater junctis implevit cornibus orbem
Luna, quater plenum tenuata retexuit orbem....

et (Heroïd. II, 3) :

Cornua cum lunæ pleno quater orbe coïssent,
  Littoribus nostris anchora pacta tua est.
Luna quater latuit ; pleno quater orbe recrevit ;
  Nec vehit Actæas Sithonis unda rates.

116. — *Si toutefois, pour estre enamouré*
En autre lieu, tu as tant demeuré, page 79.

Hæc ego dum stultè meditor (quæ vestra libido est!)
Esse peregrino captus amore potes.
(Ovide, Heroïd. 1, 78 et 79.)

117. — *La terre aussi que Calpe et Pyrenee*
Auec la mer tiennent enuironnee, même page.

L'Espagne qui forme une péninsule, et à laquelle on donne souvent cette dernière dénomination. *Calpe* est l'ancien nom de Gibraltar, où Hercule, croyant être au bout du monde, éleva deux colonnes, pour apprendre à la postérité qu'il avoit poussé jusques-là ses conquêtes. *Pyrenee* désigne les montagnes ainsi nommées, qui séparent l'Espagne de la France. Les anciens supposoient qu'une princesse appelée Pyrène, fille de Bébrycius, roi d'Espagne, ayant été violée par Hercule, mit au monde un serpent, qu'elle fut tellement effrayée de cette apparition qu'elle prit la fuite, et se réfugia dans une forêt, où elle devint la proie des bêtes féroces, et qu'elle donna son nom aux monts Pyrénées.

118. — *Le beau païs auquel or' te promeines*, même page.
L'Italie, puisque Louise Labé dit plus haut dans cette même élégie :

Or' que tu es aupres de ce riuage
Du Pau cornu.......

Voy. le Glossaire, au mot *Pau*.

119. — *Que gens d'esprit me donnent quelque gloire*, même page.

At mihi Pegasides blandissima carmina dictant.
Jam canitur toto nomen in orbe meum
(Ovide, Heroïd. xv, 27 et 28.)

120. — *Maints grans Signeurs à mon amour pretendent,*
Et à me plaire et seruir prets se rendent, même page.

Pénélope dit à Ulysse dans Ovide (Heroïd. 1, 97 et 98) :

Dulichii Samiique, et quos tulit alta Zacynthos.
Turba ruunt in me luxuriosa proci.

121. — *Et neanmoins tant peu ie m'en soucie,*
     Que seulement ne les en remercie, page 80.

Cui colar infelix, aut cui placuisse laborem?
Ille mei cultûs unicus auctor abest.
(Ovide, Heroïd. XV, 77 et 78.)

122. — *Tu es tout seul, tout mon mal et mon bien:*
     Auec toy tout, et sans toy ie n'ay rien, même page.

Langage d'une âme éperdue, qui s'oublie elle-même et se confond dans celle de son amant, voit tout en lui, et hors de lui ne voit rien.

123. — *Ne viuant pas, mais mourant d'un Amour*
     Lequel m'occit dix mile fois le iour, même page.

Toutes les éditions portent: *d'une Amour Lequel.....* Il est évident qu'on doit lire comme nous avons imprimé, ou changer *lequel* en *laquell'*. Il y a, dans les poètes du seizième siècle, de nombreux exemples d'un retranchement semblable de l'*e* muet, à la fin de certains mots, pour le besoin de la mesure. Voy. les mots *Ell'* et *Quell'* dans le Glossaire.

III.

124. — *....Mais qui dessous les Cieus*
     Se peut vanter de n'estre vicieus, page 81.

.........Vitiis nemo sine nascitur.
(Horace, Serm. I, 3, 68.)

125. — *L'un n'est content de sa sorte-de vie,*
     Et tousiours porte à ses voisins enuie, même page.

Qui fit, Mœcenas, ut nemo, quam sibi sortem
Seu ratio dederit, seu fors objecerit, illâ
Contentus vivat, laudet diversa sequentes!
(Horace, Serm. I, 1, 1—3.)

126. — *L'autre croyant poureté estre vice,* même page.

Allusion à ce proverbe: Pauvreté n'est pas vice. On sait la réponse de du Fresny, à qui on le citoit: C'est bien pis, dit-il.

127. — *.. Celle là, qui plus docte que sage,*
   Auec Pallas comparoit son ouurage, page 82.

Arachné, qui osa défier Pallas dans l'art de *peindre auec l'es-guille*, c'est-à-dire, de broder sur toile et sur tapisserie, et que la déesse, pour la punir de son *outrecuidance*, changea en araignée. Voy. Ovide (Metam. VI, 1 et seq.)

128. — *Piquer, volter le cheual glorieus,* même page.

On a vu dans la Notice sur Louise Labé, que du Verdier dit à peu près dans les mêmes termes, « qu'elle *piquoit* fort bien un « *cheval*, à raison de quoy, ajoute-t-il, les gentilshommes qui » auoient accez à elle, l'appelloient le capitaine Loys. »

129. — *Pour Bradamante, ou la haute Marphise,*
   Seur de Roger............, même page.

Voy. l'Arioste (Orlando furioso, *passim*).

130. — *Et de trauail qui me donne sans cesse,*
   Boire, manger, et dormir ne me laisse, page 83.

Le premier de ces deux vers est imprimé ainsi dans toutes les éditions ; il semble qu'il faudroit lire :

   Et du travail qu'il me donne sans cesse.

131. — *Le tems met fin aus hautes Pyramides,* etc., même page.
Louise Labé a pu emprunter cette comparaison de la puissance de l'amour avec celle du temps, à Jérôme Angerianus :

   Tempore tecta ruunt prætoria, tempore vires,
      Tempore quæsitæ debilitantur opes.
   ....
   Tempore fit cœlum variabile, tempore Phœbus
      Luce caret ; scriptum tempore marmor obit.
   Tempore durities, decedit tempore livor :
      At meus, heu ! nullo tempore cessat amor

Voy. Michael Tarch. Marullus, Hieron. Angerianus et Joannes Secundus, Poetæ elegantissimi ; Spiræ Nemetum, 1595, in-12 (page 227).

132. — *Paris ayma Œnone ardemment,* page 84.
Pour que ce vers ait la mesure, il faut de ces trois choses l'une :

ou lire *Œnoné* au lieu d'*Œnone*, ou aspirer l'*a* d'*ardemment*, ou substituer à ce dernier mot *ardentement*. *Ardentement* étoit alors françois : on le trouve plus bas (sonnet XX, page 98). Du reste, toutes les éditions ont *Œnone* et *ardemment*, sauf celle de 1556, in-8.°, où on lit *ardamment :* ce qui ne change rien à ma remarque.

133. — *Mais son amour ne dura longuement*, page 84.
L'amour de Paris pour Œnone, nymphe du mont Ida, fut, en effet, de peu de durée. Dès qu'il eut jugé les déesses, Paris s'éloigna, et bientôt Hélène le rendit infidèle. L'histoire de cette passion et des effets qu'elle produisit, est connue. Quant à Œnone, elle fut constante jusqu'à la mort ; car, après la ruine de Troye, le cadavre de son amant lui ayant été apporté, elle ne put le voir sans mourir de douleur, et tous deux furent ensevelis dans le même tombeau.

134. — *Medee fut aymee de Iason,*
    Qui tot apres la mit hors sa maison, même page.
L'amour de Médée et l'infidélité de Jason sont aussi au nombre des fables les plus connues. Plusieurs poètes célèbres y ont trouvé un sujet de tragédie.

D'après les règles actuelles de la versification, ce vers seroit défectueux ; le mot *Medee*, placé comme il l'est, offriroit lui seul deux fautes, dont la dernière est répétée au mot *aymee*. La première consiste en ce que la césure tombe sur un *e* muet ; la seconde, en ce que l'*e* muet étant précédé d'une voyelle, n'est pas mangé ou *élidé* par le mot suivant. On trouve, de l'une et de l'autre de ces fautes, des exemples nombreux dans Louise Labé et dans les poètes qui sont venus avant elle, de même que dans ceux qui l'ont suivie jusque vers le milieu du dix-septième siècle ; mais on ne peut leur adresser sur ce point aucun reproche, attendu que les lois qu'on leur appliqueroit n'existoient pas encore, et qu'elles ne sauroient avoir, comme on le dit au barreau, un effet rétroactif.

SONNETS.

135. — Il y avoit fort peu de temps que la mode des sonnets s'étoit introduite en France, lorsque Louise Labé composa les siens. Ce fut, à ce qu'il paroît, Mellin de Saint-Gelais qui fit goûter à la cour ce nouveau genre de poème, emprunté aux Italiens, ou repris sur eux; car Guillaume Colletet (Traité du Sonnet, Paris, 1658, in-12) cherche à prouver que l'invention en est due aux François, et fait remonter l'époque de cette invention au-delà du onzième ou du douzième siècle. Ce qu'il y a de certain, c'est que nos poètes ne faisoient plus de sonnets. On en renouvela l'usage, et ils eurent bientôt une grande vogue. Joachim du Bellay contribua surtout à l'augmenter, en 1549, par la publication de ses cinquante sonnets à la louange d'Olive. Dès ce moment, le Parnasse françois fut inondé de pièces de ce genre. Boileau en a tracé la poétique dans des vers que tout le monde sait par cœur. Les sonnets de Louise Labé, qui sont tous en vers de dix syllabes, sont réguliers, quant au nombre des vers, à la division des stances en deux quatrains et deux tercets, et au placement des rimes; mais le mélange alternatif des rimes masculines et féminines n'est point observé dans la plupart d'entre eux, de même qu'il ne l'est pas dans les Élégies. Il est à remarquer que ce mélange, quoique mis en pratique par quelques-uns de nos poètes, et en particulier par Ronsard, n'étoit pas encore érigé en loi. Voy. ce que dit à ce sujet Pasquier (Recherches de la France, l. VII, c. 7). On rencontre aussi dans les poésies de Louise Labé des enjambements, et surtout de fréquents hiatus. Ce n'étoient pas non plus des fautes, ou du moins c'étoient celles du temps. La grande révolution opérée par Malherbe dans notre versification, n'avoit pas encore eu lieu : ce poète ne vint au monde qu'en 1555, l'année même où parurent, pour la première fois, les œuvres de la Belle Cordière.

I.

136. — Ce sonnet italien, ainsi que quelques pièces composées dans le même idiôme, qu'on trouvera parmi les *Escriz à la louenge de Louïze Labé*, est imprimé avec l'orthographe des anciennes éditions : *hauria* (avrebbe) pour *avria*, *gratie* pour *grazie*, *et* pour *e*, etc. Les Italiens, dont la langue a été fixée beaucoup plus tôt que la nôtre, et qui l'est depuis le commencement du seizième siècle, ont cependant admis quelques changements dans leur orthographe.

On a essayé la traduction suivante en faveur de ceux qui ne savent pas la langue italienne :

« Non, le prudent Ulysse, ou tout autre mortel encore plus
« fin, s'il en fut jamais, n'auroit pu prévoir les ennuis et les
« tourments que me fait éprouver ce visage divin, plein de grâ-
« ces, de majesté et de grandeur. Amour, c'est toi qui, à l'aide
« de ces beaux yeux, as fait dans mon cœur innocent, où tu
« puises l'aliment et la chaleur, une blessure si grave qu'elle est
« sans remède, si tu ne le donnes toi-même. O cruauté du sort
« qui me rend semblable à une personne piquée par un scorpion,
« et qui me contraint à demander du soulagement contre le ve-
« nin qui me dévore, à celui-là même par qui il fut lancé ! Je le
« supplie de mettre un terme à ma peine ; mais je le prie en
« même temps de ne pas éteindre en moi le désir dont je suis
« consumée, et qui m'est si cher, qu'il ne peut cesser d'être sans
« que je meure. »

137. — *Punta d'un Scorpio, et domandar riparo*
   Contr'el velen' dall' istesso animale, page 85.

Allusion à la croyance vulgaire, que l'huile qu'on tire du scorpion est le meilleur remède contre la piqûre de cet animal.

III.

138. — On remarquera le bizarre entrelacement des rimes dans les deux tercets.

V.

139. — Parmi les fragments peu nombreux qui nous restent de Sappho, il en existe un qui pour la pensée diffère peu de ce sonnet. Ce fragment que nous a conservé le grammairien Héphestion, a été ainsi traduit en vers latins par Henri Estienne:

> Jam pulchra quidem Diana,
> Jam Pleiades occiderunt,
> Jam nox media est, et hora
> Jam præterit: ipsa vero
> Ah! sola cubo misella.

VI.

140. — Louise Labé paroît s'être rappelé le commencement de l'ode célèbre de Sappho, imitée par Catulle (carm. LI): Ille mî par esse deo videtur....., et peut-être la 136.ᵉ épigr. du liv. VII de l'Anthologie de Planude, dont je citerai l'imitation suivante:

> Heureux l'amant que ta vue intéresse,
> Qui s'attendrit aux accents de ta voix,
> Et même au sein d'une trompeuse ivresse,
> Aime à gémir sous tes sévères loix!
> Mais plus heureux l'amant qui se réveille
> Flatté par toi du plus tendre souris,
> Et peut cueillir sur ta bouche vermeille
> Un doux baiser dont ton cœur est le prix!

Les deux quatrains du sonnet de Louise Labé roulent sur les mêmes pensées; mais la fin lui en appartient.

VIII.

141. — Ce sonnet a un grand rapport avec celui de Pétrarque:

> Pace non trovo, e non ho da far guerra, etc.
> (Part. I, Sonn. 105.)

IX.

142. — Sauvigny, Parnasse des dames (tome II, page 144), remarque que « la pensée qui termine ce sonnet, a été répétée

« depuis, même par nos meilleurs poètes; » et rien n'est plus vrai : cette pensée est partout. Mais il est plus curieux de rechercher où Louise Labé a puisé le sujet de la pièce entière; et, si je ne me trompe, je l'ai trouvé dans ce passage d'Ovide (Heroïd. XV, 123-134) : c'est Sappho qui parle à Phaon, Sappho que Louise Labé a imitée plusieurs fois, et qu'elle semble, comme je l'ai déjà dit, avoir voulu prendre pour modèle :

> Tu mihi cura, Phaon : te somnia nostra reducunt;
> Somnia formoso candidiora die.
> Illic te invenio, quamquam regionibus absis;
> Sed non longa satis gaudia somnus habet.
> Sæpe tuos nostra cervice onerare lacertos,
> Sæpe tuæ videor supposuisse meos.
> Blandior interdum, verisque simillima verba
> Eloquor; et vigilant sensibus ora meis.
> Oscula cognosco, quæ tu committere linguæ,
> Aptaque consueras accipere, apta dare.
> Ulteriora pudet narrare : sed omnia fiunt :
> Et juvat et sine te non libet esse mihi......

XIII.

143. — C'est là un des plus beaux sonnets de Louise Labé; on peut le comparer au II.ᵉ baiser de Jean Second : Vicina quantum vitis lascivit in ulmo, etc., qui offre absolument le même sujet.

144. — *Que ia tempeste, Euripe, ne Courant*, page 94. L'Euripe est un bras de mer qui séparoit l'île d'Eubée (aujourd'hui Négrepont) d'avec la Béotie (la Livadie). L'inconstance et l'irrégularité de son flux et reflux a souvent fourni aux poètes un objet de comparaison avec les mouvements d'une âme incertaine et flottante.

145. — *Comme du Lierre est l'arbre encercelé*, même page. Ce vers n'est presque que la traduction du commencement du II.ᵉ baiser de Jean Second, que nous venons de citer.

146. — *Et mon esprit sur ses leures fuiroit*, même page. La même pensée se retrouve dans un distique attribué à Platon

par divers auteurs, et que Fontenelle a rendu avec beaucoup de délicatesse dans le dialogue entre Platon et Marguerite d'Écosse :

> Lorsqu'Agathis, par un baiser de flamme,
> Consent à me payer des maux que j'ai sentis,
> Sur mes lèvres soudain je sens venir mon ame
> Qui veut passer dans celle d'Agathis.

Aulugelle (Nuits Attiques, XIX, 11), et Macrobe (Saturnales, II, 2) nous ont conservé une imitation ou paraphrase latine du même distique, terminée par ces vers qui ont aussi le plus grand rapport avec le passage de Louise Labé :

> Tum si moræ quid plusculæ
> Fuisset in cœtu osculi,
> Amoris igni percita (animula)
> Transisset, et me linqueret,
> Et mira prorsum res foret,
> Ut ad me fierem mortuus,
> Ad puerum ut intus viverem.

Je placerai ici une petite pièce gracieuse et naïve, qui n'est guère connue, et qui roule pareillement sur le baiser : elle est citée, fol. 32 recto de l'Art poétique françois (par Thomas Sibilet), Paris, 1548, in-8.º, comme étant de Saingelais (sic) ; c'est une heureuse et libre imitation du chœur du II.ᵉ acte du Pastor fido, imité depuis par Voltaire, Questions sur l'Encyclopédie (art. *Baiser*) :

> Ou mettra lon un baiser fauorable,
> Qu'on m'a donné, pour seurement tenir !
> Le mettre en l'œil, il n'en est pas capable :
> La main n'y peut toucher ny auenir :
> La bouche en prend ce qu'en peut retenir,
> Et n'en retient qu'autant que le bien dure :
> C'est donc au cœur l'effet et garde seure
> De ce present, à luy seul appartient.
>
> O dous baiser, estrange est ta nature,
> Bouche te prend, et le cœur te retient.

NOTES.

XV.

147. — Il y a quelque ressemblance entre ce sonnet et celui de Pétrarque :

>Zefiro torna, e'l bel tempo rimena, etc.
>
>(Part. II, son. 42.)

La conclusion seule est différente; et je ne sais si elle n'est pas préférable dans la pièce de l'auteur françois.

XVII.

148. — C'est encore Pétrarque que la belle amoureuse prend ici pour modèle. Qu'on lise le sonnet de l'amant de Laure :

>Solo e pensoso i più deserti campi, etc.
>
>(Part. I, son. 28.)

et l'on en sera convaincu. Mais quand Louise Labé imite,

>Son imitation n'est point un esclavage,

elle conserve toujours une allure libre et franche.

XVIII.

149. — « Il n'y avoit qu'une rivale de Sappho qui pût faire de
« pareils vers. Ce sonnet est beaucoup trop libre, je l'avoue.
« Falloit-il le supprimer! Il nous reste encore des statues anti-
« ques devant lesquelles la pudeur est peut-être obligée de bais-
« ser les yeux; mais quel homme avec un peu de goût auroit
« le courage de les mutiler! » (SAUVIGNY, Parnasse des dames, tome II, page 147.)

Voyez une note sur ce sonnet, parmi celles dont j'ai accompagné la Notice sur Louise Labé.

150. — *Lors double vie à chacun en suivra.*

Chacun en soy et son ami vivra, page 97.

Les remarques que j'ai faites sur ce vers du sonnet XIII :

>Et mon esprit sur ses levres fuiroit,

peuvent s'appliquer ici. Je citerai de plus le XXXI.ᵉ baiser de

Bonnefons: Panchari, virgineos..., et le XIII.ᵉ de Jean Second: Languidus è dulci certamine..., où J. B. Rousseau a puisé, sans en avertir, le fond et les pensées du dixain suivant:

> Prêt à descendre au manoir ténébreux,
> Jà de Caron j'entrevoyois la barque,
> Quand de Caliste un baiser amoureux
> Me rendit l'âme, et vint frauder la Parque.
> Lors de son livre Eacus me démarque,
> Et le nocher tout seul l'onde passa.
> Tout seul! je faux, mon ame traversa
> Le fleuve noir; mais Caliste, Caliste
> En ce baiser dans mes veines glissa
> Part de la sienne, avec quoi je subsiste.

151. — *Tousiours suis mal, viuant discrettement,*
Et ne me puis donner contentement,
Si hors de moy ne fay quelque saillie, page 97.
Un poète, Quinault, si je ne me trompe, a dit:

> Il faut souvent, pour être heureux,
> Qu'il en coûte un peu d'innocence.

XIX.

152. — Un goût exquis règne dans cette charmante petite pièce; elle exhale, s'il est permis de le dire, un tel parfum d'antiquité, qu'on la croiroit traduite d'Anacréon, ou du moins de Bion, ou de Moschus. Elle ne perdroit rien à être mise à côté de l'Amour Oiseau du second de ces poètes, et peut-être même y gagneroit-elle.

XXII.

153. — *Et toy, sa seur, qu'Endimion embrasse*, page 100.
Endymion, fils d'Ethlius, eut, selon Pausanias, cinquante filles de la chaste Diane. C'étoit dans les bras du sommeil où le bel Endymion étoit enseveli, qu'elle jouissoit tous les soirs des faveurs de son jeune amant. Le mont Latmus, dans la Carie, fut le théâtre de leurs voluptueuses caresses.

154. — *Voilà du Ciel la puissante harmonie*
  Qui les esprits diuins ensemble lie, page 100.

Le meilleur commentaire d'un auteur se trouve souvent dans ses ouvrages. Louise Labé dit ici en vers à peu près ce qu'elle a dit en prose par l'organe d'Apollon, Débat de Folie et d'Amour (Discours V, page 27): « S'il est permis à chacun atenter « sur le lien qui entretient et lie tout ensemble : ie voy en peu « d'heure le Ciel en desordre, ie voy les uns changer leur cours, « les autres entreprendre sur leurs voisins une consommacion « uniuerselle : ton sceptre, ton trone, ta magesté en danger; » et un peu plus bas (page 28) : « Si tout l'Vniuers ne tient que « par certeines amoureuses composicions, si elles cessoient, « l'ancien Abime reuiendroit. Otant l'amour, tout est ruïné.»

XXIII.

155. — *Louas iadis et ma tresse doree,*
  Et de mes yeus la beauté comparee
  A deus Soleils.........., même page.

L'éloge de la *tresse doree* de Louise Labé, et la comparaison de ses yeux *à deus Soleils*, se retrouvent plusieurs fois dans les *Escriz de diuers poëtes à sa louenge*.

156. — *Tira les trets causes de ton tourment*, même page.

On lit *causez* dans les éditions antérieures à celle-ci : j'ai pensé que c'étoit une faute d'impression qui, s'étant glissée dans l'édition primitive, s'étoit perpétuée dans toutes les autres.

157. — *Mais ie m'assure, quelque part que tu sois*, page 101.
Ce vers a une syllabe de trop.

XXIIII.

158. — *Sans votre ardeur d'un Vulcan excuser,*
  Sans la beauté d'Adonis acuser, même page.

C'est-à-dire, sans que votre ardeur soit rendue excusable par la circonstance que vous auriez un Vulcain pour mari, sans que vous ayez à alléguer, pour vous justifier, la beauté extraordinaire de votre amant.

159. — La fin de ce sonnet rappelle celle de l'Héroïde d'Héloïse à Abailard, par Colardeau :

> Et que le voyageur, pleurant notre mémoire,
> Dise : Ils s'aimèrent trop, ils furent malheureux ;
> Gémissons sur leur tombe, et n'aimons pas comme eux.

ESCRIZ DE DIVERS POETES
A LA LOVENGE DE LOVÏZE LABÉ LIONNOIZE.

160. — Il existe un grand nombre de poètes qui, comme Louise Labé, ont fait imprimer avec leurs vers ceux qu'on leur avoit adressés : c'étoit même de son temps une coutume assez généralement suivie. Les amis de l'auteur célébroient à qui mieux mieux ses talents et ses ouvrages, et on décoroit de leurs pompeux compliments les premières pages du recueil. Il n'est presque aucun des livres publiés dans le seizième siècle, qui ne soit précédé de pareils éloges ; mais on ne les plaçoit pas toujours au commencement du volume : on les réunissoit quelquefois à la fin. C'est ainsi, pour citer un exemple analogue à celui de Louise Labé, qu'à la suite des Rymes de gentile et vertueuse dame Pernette du Guillet, lyonnoise, Lyon, Jean de Tournes, 1545, in-8.°, l'éditeur, Antoine du Moulin, mâconnois, rassembla les épitaphes qui avoient été faites pour cette dame, morte peu de mois auparavant, par Maurice Sceve et quelques poètes anonymes. Louise Labé, plus heureuse, a été chantée de son vivant ; et ce ne fut sans doute qu'en faisant violence à sa modestie, pour satisfaire le désir de ses amis et se conformer à l'usage, qu'elle se décida à publier avec ses œuvres les pièces composées à sa louange. Nous devons lui en savoir gré : plusieurs de ces pièces renferment des détails précieux, et quelques-unes ont un mérite réel sous le rapport de la poésie, telles que l'ode grecque et l'ode latine, la pièce, O ma belle rebelle (page 118), l'ode d'Olivier de Magny (page 121), et enfin celle qui termine la collection (pages 132 et suiv.).

Les éditeurs de 1762, et celui de Brest, 1815, ont bouleversé l'ordre que ces différents morceaux ont dans les éditions primitives: nous l'avons, au contraire, religieusement conservé. C'est un monument antique dont nous avons voulu reproduire une copie fidèle.

ΕΙΣ ΩΔΑΣ ΛΟΙΣΗΣ ΛΑΒΑΙΑΣ. (Page 103.)

161. — Le mètre de cette ode, dont l'auteur ne s'est pas nommé, consiste dans le mélange alternatif du grand vers héroïque et du vers iambique de quatre pieds. M. Servan de Sugny, jeune poète lyonnois, connu par une élégante traduction de Théocrite, que j'ai déjà eu occasion de citer, en a fait, à ma prière, l'imitation suivante :

SUR LES POÉSIES DE LOUISE LABÉ.

Le temps, belle Sappho, nous a ravi tes vers;
Mais la jeune Labé que sa tendresse inspire,
Que Paphos a nourrie en ses bocages verts,
Fait revivre tes chants et ton brulant délire.

Son cœur s'est enflammé pour un autre Phaon,
Hélas! et comme toi chérit un infidèle:
Louise pleure en vain sa noire trahison,
Ses dédains, ses refus, sa fuite criminelle.

Mais lorsque de son cœur elle peint les tourments,
Lorsqu'elle rend la vie à ta lyre sonore,
Ses lecteurs enchantés deviennent ses amants,
Et voudroient remplacer un ingrat qu'elle adore.

DE ALOYSÆ LABÆÆ OSCVLIS. (Page 104.)

162. — L'original de cette pièce latine est peut-être préférable à celui de la pièce grecque. Le mètre en est le même que celui de la 10.ᵉ ode du livre I d'Horace : Vides ut alta stet nive candidum...; et, comme on le verra, ce n'est pas le seul rapport qu'elle ait avec les odes de ce grand poète. Antoine Fumée paroît être le nom de son auteur, ainsi que nous le dirons plus bas.

163. — *Fontisue Dircæi recessus*, page 104.

La maison de Pindare, à Thèbes en Béotie, étoit, suivant Pausanias, près du ruisseau ou de la fontaine de Dircé. De là vient le nom de *cygne de Dircé*, donné au chantre des jeux olympiques.

164. — *Profuerint vel inanis Evan*, même page.

Au lieu d'*inanis*, on lit *manis* dans toutes les éditions; mais c'est évidemment une faute : *manis* n'offre aucun sens, et la mesure réclame *inanis*. J'ai cru pouvoir me permettre cette légère correction.

165. — *Sed tu Labœæ basia candidæ*
Imbuta poscas nectare....., même page.

Expression empruntée d'Horace (l. 1, od. 13, v. 15 et 16) :

.... Oscula, quæ Venus
Quinta parte sui nectaris imbuit.

166. — ...... *Amaracosque molles*, même page.

Virgile a dit de même : *Mollis amaracus* (AEneid. 1, 693).

167. — ..... *(Dicere seu lubet*
Sectis puellas unguibus acriter
Deprœliantes, aut inustam
Dente notam labiis querenteis, même page.

On reconnoît encore là deux emprunts faits à Horace, ou du moins deux allusions aux passages suivants :

.... Nos prælia virginum
Sectis in juvenes unguibus acrium
Cantamus...............
(L. 1, od. 6, v. 17—19.)

.... Sive puer furens
Impressit memorem dente labris notam.
(L. eod. od. 13, v. 11 et 12.)

168. .... *Nec suo*
Fulgore lucentem Dianam, pages 104 et 105.

Tu potens Trivia, et notho es
Dicta lumine Luna.
(CATULL. Carm. ad Dianam, v. 13.)

169. — J'aurois voulu pouvoir enrichir ces notes d'une traduction en vers françois de la pièce d'Antoine Fumée : je suis forcé d'y suppléer par la traduction en prose qu'on va lire, et qui n'a d'autre mérite, si c'en est un, que d'être littérale.

« Cesse d'adresser aux Muses tes vœux accoutumés ; n'invo-
« que point Apollon, ni le vain fils de Sémèle ; ne va point
« chercher inutilement des inspirations sur les bords de la fon-
« taine de Dircé ; mais demande à la blanche Labé ces baisers
« empreints de nectar, qui exhalent les parfums des roses, des
« tendres marjolaines, des violettes et des sucs de l'Arabie.
« Ces baisers ne périssent point sur le bout des lèvres : lancé
« par une suave haleine, leur aiguillon va jusqu'au cœur, le
« pénètre, l'agite et l'enflamme. Le feu se répand de là dans
« tous les sens ; et, dégagée de ses liens, l'âme vient doucement
« expirer sur la bouche de Louise. C'est là que tu dois puiser
« l'enthousiasme, soit que tu veuilles dire les jeunes filles qui
« ont coupé leurs ongles pour ne pas égratigner leurs amants,
« en résistant à leurs caresses, ou qui se plaignent des traces
« qu'ont imprimées sur elles ces caresses trop vives, soit que,
« d'un ton plus hardi, tu veuilles célébrer les mouvements du
« ciel et le retour des saisons, ou Diane brillant d'un éclat em-
« prunté, ou la splendeur des astres qui éclairent les pôles du
« monde : chants dignes des baisers de Louise, et faits pour être
« répétés par les purs accents de sa voix mariée aux doux accords
« de sa lyre. Alors, poète couronné, ta poésie harmonieuse char-
« mera les oreilles les plus délicates de la Grèce et de Rome. »

EN GRACE DV DIALOGVE D'AMOVR ET DE FOLIE. (Page 105.)

170. — Le style de ce sonnet est vraiment ténébreux, et ressemble à celui de la Délie de Maurice Sceve. Si la signature, NON SI NON LA, est une anagramme, c'est une énigme dont je ne sais pas le mot ; si c'est une devise, elle est mauvaise, puisqu'elle ne présente point de sens.

EN CONTEMPLACION DE D. LOVÏZE LABÉ.

171. — *De quel liz est, mais de quelle Deesse*
Cette beauté, qui les autres destrousse! page 106.

Je ne comprends pas ces mots, *de quel liz est*, sur lesquels il n'y a aucune variante dans les éditions. Peut-être faut-il lire : *de quels liz*, ou *de quel lit*.

172. — *Quelle Syrene hors du sein ce chant pousse,*
Qui deceuroit le caut Prince de Grece! même page.

Le caut Prince de Grece, c'est Ulysse qui, comme on le sait, résista au chant et aux attraits des Sirènes.

173. — P. D. T. Ces lettres initiales désignent peut-être Pontus de Tyard. Ce poète faisoit partie de la fameuse Pléïade formée sous le règne d'Henri II, et dont les six autres étoiles étoient Dorat, Ronsard, Joachim du Bellay, Belleau, Jean Antoine de Baïf, et Jodelle. Né vers 1521, près de Mâcon, dans le château de Bissy, appartenant à son père, il publia en 1549, à Lyon, chez Jean de Tournes, in-8.°, un recueil de vers intitulé, Erreurs amoureuses, qui eut à son apparition assez de succès pour être réimprimé deux fois en 1552 et 1556, et qui fut inséré ensuite dans la collection de ses Œuvres poétiques en 1573. Pontus de Tyard renonça dans l'âge mûr à la poésie pour se livrer à l'étude de la philosophie, des mathématiques et de la théologie; il embrassa l'état ecclésiastique, et, après avoir été aumônier d'Henri III, fut élevé au siége épiscopal de Châlons-sur-Saône. Les ouvrages qu'il a donnés dans la seconde moitié de sa carrière, terminée à 84 ans, roulent sur les sciences; quelques-uns sont ascétiques; tous sont tombés dans le plus profond oubli.

A D. LOVÏZE LABÉ, SVR SON PORTRAIT. (Page 106.)

174. — Je n'ai pu trouver aucun portrait ancien de Louise Labé. Cette pièce prouve qu'il en existoit un de son vivant. Louise Labé ne figure point dans le Promptuaire des médailles

imprimé plusieurs fois vers la fin du 16.ᵉ siècle (notamment en 1577 et 1578, par Guillaume Roville, tantôt en françois, tantôt en italien, et même en latin), quoiqu'on y voie un médaillon représentant Maurice Sceve, contemporain de la Belle Cordière, et, à ce qu'il paroît, un de ses amis. Les portraits qui sont gravés dans le Parnasse des dames (t. II, p. 66), et dans l'estampe placée à la tête de l'édition de 1762, de même que dans une vignette (page V de la même édition), sont, je crois, des ouvrages de fantaisie, et n'ont dès-lors aucune authenticité.

175. — *Iadis un Grec sus une froide image*
    Que consacra Praxitele à Cyprine, page 106.
Voy. note 86.

176. — *L'ame me part, et mourant en cet aise,*
    Ie la reprens ia fuiant en sa bouche, page 107.
Voy. notes 146 et 150.

SONNET. (Page 107.)

A CELLE QVI N'EST SEVLEMENT A SOY BELLE. (Page 108.)

177. — Ces deux pièces assez médiocres, et même un peu obscures, portent, au lieu de signature, les mots, DEVOIR DE VOIR. C'est la devise de l'auteur, et peut-être l'anagramme de son nom. Antoine du Verdier avoit mis celle-ci, en 1584, au bas de la préface de sa Bibliothèque : TARD ENNVIÉ DE VOIR.

178. — *Et reciter la douce cruauté*
    De BELLE A SOY....., page 107.
On a déjà vu dans la Notice sur Louise Labé, que BELLE A SOY étoit l'anagramme de Loyse Labé. L'abbé Goujet, Biblioth. franç. (tome XII, page 77), a cru que *soy* étoit pour *souhait, belle à souhait*, sans doute à cause de la ressemblance de prononciation de ces deux mots ; mais il s'est trompé : la seconde des pièces sur lesquelles roule cette note, est intitulée : *A celle qui n'est seulement à soy belle*, et la pièce suivante contient ce vers :

    O douce mort (à tous plus qu'à soy belle) :

ce qui montre évidemment que *Belle à soy* étoit entendu dans le sens de *Pulchra sibi*.

A DAME LOVÏZE, DES MVSES OV PREMIERE OV DIZIEME COVRONNANTE LA TROVPE. (Page 109.)

179. — Le surnom de dixième Muse fut aussi donné à Sappho, témoin une épigramme de l'Anthologie de Planude (I, 67, 9), faite par Antipater de Sidon, et ainsi imitée par un poète peut-être lyonnois :

> En écoutant Sappho, Mnémosyne confuse
> Fut surprise d'entendre une dixième Muse.

(Ce distique se trouve manuscrit avec 252 autres imitations de l'Anthologie, sur les marges d'un exemplaire de l'édition de ce recueil, donnée en 1600, à Francfort, par les héritiers de Wechel, in-fol. A côté de l'ép. I, c. 77, liv. I, on lit l'imitation et la note suivantes :

> Quand on verra la cigale en son trou
> S'enfuir de honte à la voix du coucou,
> Quand dans les champs la petite alouette
> Charmera plus que le cygne au trépas,
> Quand mieux qu'un rossignol chantera la chouette,
> En esprit, en vertus, j'égalerai Du Gas. *

* « Prévôt des marchands de la ville de Lyon en cette année
« 1728. Le traducteur ne connoissoit point Palladius; mais il
« ose assurer que le grec n'a jamais dit plus vrai que le fran-
« cois.) »

180. — *Nature ayant en ses idees pris Vn tel suget, qu'il surpassoit son mieus*, page 109. Ceci est imité de Pétrarque (sonnet 126.ᵉ, part. I) :

> In qual parte del Cielo, in qual Idea
> Era l'esempio, onde Natura tolse
> Quel bel viso leggiadro, in ch'ella volse
> Mostrar quaggiù, quanto lassù potea !...

On se rappelle que Platon supposoit qu'il existoit dans l'esprit de Dieu certains moules ou patrons de tous les êtres, qu'il nommoit *idées*.

181. — La signature de ce sonnet, D'IMMORTEL ZELE, est encore la devise ou l'anagramme de quelque poète du temps, dont j'ignore le nom. Un Jean de Vauzelles, prieur de Montrotier, chevalier de l'église métropolitaine de Lyon, et curé ou recteur de l'ancienne église de S. Romain, auteur de quelques livres de piété, qui vivoit dans le même siècle, et étoit parent de Maurice Sceve, faisant aussi une mauvaise allusion à son nom, avoit choisi pour devise ces paroles : CRAINTE DE DIEU VAUT ZELE, ou celles-ci : D'UN VRAY ZELE, qu'il mettoit à la tête de ses ouvrages.

SONETTO. (Page 110.)

182.

IMITATION.

Vers ces lieux où la Saône *à pas lents se promène*,
N'arrivant qu'à regret au Rhône qui l'entraîne *,
L'Amour avoit conduit et ma barque et mon cœur :
Je respirois l'air pur que Louise respire ;
Sans espoir d'être aimé, ma voix faisoit redire
Son nom cher aux échos d'un rivage enchanteur ;
Assis sur le gazon, appuyé sur ma lyre,
J'attendois du sommeil un remède à mes maux ;
J'étois près de goûter les douceurs du repos.
Tout-à-coup à mes yeux s'est offerte Louise,
Et ces mots ont frappé mon oreille surprise :
« J'endure ainsi que toi les plus cruels tourments ;
« Les soupirs et les pleurs sont le lot des amants. »

(M. PERICAUD aîné.)

SONETTO. (Page 111.)

183.

IMITATION.

Le feu qui brûle mon cœur,
A pour moi tant de douceur

---

* L. Racine, *Poème de la Religion*.

Que, même au milieu des flammes,
Je vais chantant les beaux yeux
De la plus belle des femmes.
Je demande au roi des cieux
Que, pour le prix de mon zèle,
L'embrasant de tous mes feux
Il me fasse aimer de celle
Dont je suis tant amoureux.
Quand d'une ardeur mutuelle
L'Amour consume deux cœurs,
Il les comble de faveurs ;
Mais si de brûler l'un cesse,
L'autre meurt dans la tristesse.
Ah ! dépouillez vos rigueurs :
Si vous daignez me sourire,
Le plus heureux des amants,
Voyant finir ses tourments,
Vous consacrera sa lyre.

(LE MÊME.)

AVVENTVROSI FIORI (Page 111.)

184.

IMITATION.

Fleurs dont Labé fait sa parure,
Vous qu'elle place sur son sein,
Ou sur sa blonde chevelure,
Trois fois heureux votre destin !
Vous que la prodigue nature
Décora de mille couleurs,
Vous l'emportez par vos odeurs
Sur les parfums de l'Arabie !
Plus brillante encor que ces fleurs,
O Louise, ô ma douce amie,
Autant que vous l'avez voulu,
Le ciel vous fit aimable et belle :
A vous former l'Amour s'est plu ;
Vous n'êtes point une mortelle.
Quand je vois vos divins appas,
La crainte de ne pas vous plaire
Dans mon cœur porte le trépas ;
Mais cette céleste lumière

Qu'on voit briller en vos beaux yeux,
Pareille à l'astre radieux
Qui nous fait vivre et nous éclaire,
Devient mon guide tutélaire,
Et me ramène près des lieux
Que votre beauté vivifie.
Dans ce séjour délicieux
Si je pouvois couler ma vie,
A vous, amants les plus heureux,
Loin de jamais porter envie,
Je me croirois égal aux dieux.

(LE MÊME.)

EPITRE A SES AMIS, etc. (Page 114.)

185. — Cette épitre est d'Olivier de Magny, qui s'y nomme lui-même. Né, comme Clément Marot, à Cahors en Quercy, Olivier de Magny fit partie de « cette grande flotte de poètes « que produisit le règne du roi Henri II, » suivant l'expression de Pasquier, Recherch. de la France, VII, 6. Il vint au monde en 1520, et fut attaché en qualité de secrétaire à Jean d'Avanson, seigneur de St-Marcel, conseiller du roi, et depuis surintendant des finances, à l'époque où ce magistrat fut envoyé en ambassade à Rome sous le pontificat de Jules III, dans l'intervalle de 1550 à 1555. Il paroît que, dans une course qu'il fit dans le midi de la France, par ordre de son patron, il s'arrêta à Lyon où il vit Louise Labé, qu'il célébra dans cette pièce et dans l'ode : *Muses, filles de Iupiter*, etc. (page 121). Ces deux morceaux donneront une idée suffisante du talent poétique d'Olivier de Magny : dans le premier, on trouvera un peu d'affectation et de mignardise ; dans le second, une imagination trop vagabonde, de l'emphase et de l'exagération, mais aussi une certaine chaleur, et parfois de la grâce. Il avoit déjà publié deux de ses principaux ouvrages : ses *Amours*, Paris, 1553, in-8.° (réimpr. depuis à Lyon, 1573, in-16), et ses *Gayetez*, Paris, 1554, in-8.° Il fit paroître ensuite des *Soupirs*, en 1557, et des *Odes*, en 1559.

186. — *Ni de mon cher Giues (qui m'ayme
Comme ses yeux).....*, page 116.

Il existoit sur la fin du XVII.ᵉ siècle un M. de Gyvez, avocat du roi au présidial d'Orléans, descendant sans doute de cet ami d'Olivier de Magny. C'étoit, suivant le témoignage de La Monnoye, qui fut en correspondance avec lui, « un homme dis- « tingué par une littérature exquise. »

A ELLE MESME (Page 118.)

187. — Cette pièce est de Jean-Antoine de Baïf. M. Brès l'a insérée, mais abrégée et tronquée, dans sa Bibliothèque du promeneur, Paris, 1823, in-18 (pag. 29). Né à Venise vers 1532, fils naturel de Lazare de Baïf, Jean-Antoine de Baïf n'avoit que 23 ans en 1555, et néanmoins il avoit déjà fait beaucoup de vers. Il rima dès sa plus tendre enfance, et fut un de nos poètes les plus féconds : sa versification est un peu rude, et on y reconnoît l'école de Ronsard.

DOVBLE RONDEAV, A ELLE. (Page 120.)

188. — Ce double rondeau est très médiocre. Le poète y fait rimer le mot *ofense* avec lui-même : ce qui est une faute assez grossière.

ODE EN FAVEVR DE D. LOVÏZE LABÉ, A SON BON SIGNEVR. D. M.

189. — D. M. désigne Olivier de Magny, auteur de cette ode. Voy. note 185.

190. — *Vers ce docte et gentil Fumee*, page 121.
Antoine Fumée, qu'Olivier de Magny qualifie dans ses odes, publiées en 1559, de Grand Rapporteur de France. C'est sans doute le même auquel du Verdier a consacré un article où il le fait auteur d'un Panégyrique au très chrétien roi de France et de Pologne (Charles IX), Paris, 1574, in-8.°, et d'une Histoire générale en IV livres, non achevée. La famille des Fumée occupa de grandes places, et plusieurs de ses membres se distin-

guèrent dans les lettres. Adam, premier du nom, fut garde des sceaux sous Charles VIII, en 1492. Un de ses arrière-petits-fils, Nicolas, abbé commendataire de l'abbaye de la Cousture au Maine, parvint à la pairie et au siége épiscopal de Beauvais. On cite aussi deux frères de ce dernier : Adam III, sieur des Roches en Touraine, mathématicien, jurisconsulte, historien, poète, qui fut maître des requêtes de l'hôtel du roi, et Martin, seigneur de Genillé, auteur de la traduction du roman grec attribué à Athénagoras. La préface que Muret a mise à la tête de ses Commentaires sur les Amours de Ronsard, 1553, in-8.°, est adressée « à monseigneur Adam Fumée, conseiller du roi « en son parlement à Paris. »

191. — *Ie le voy ores deuant moy*
En un aussi plaisant émoy
Pour faire son Ode Latine, page 121.

C'est d'après ce passage que je crois pouvoir attribuer à Antoine Fumée l'ode latine, qui est la seconde pièce des *Escriz à la louenge de Louïze Labé* (page 104). Voy. notes 162 et suiv.

192. — *Le pere de la lyre courbe*, page 122.

Mercure, qui passe pour avoir inventé la lyre. Le poète le désigne ainsi d'après Horace (od. I, 10, 6) :

Curvæque lyræ parentem.

193. — *Quand celui qui iadis naquit*
Dans la tour d'erein..., même page.

Persée, fils de Jupiter et de Danaé.

194. — *Monté sur un cheual volant*, même page.

Pégase.

195. — *Mesmement aupres de ce pont*
Opposé viz à viz du mont,
Du mont orgueilleus de Foruiere, page 123.

Ce pont est celui de la Guillotière, sur le Rhône, construit, ou du moins fondé par les soins du pape Innocent IV, pendant le séjour de sept années qu'il fit à Lyon vers le milieu du XIIIe

siècle. La maison et le jardin de Louise Labé en étoient fort peu éloignés. *Le mont orguilleus de Foruiere* est nommé *Four-uiere* (page 147) dans une note qui appartient aux anciennes éditions. Nous aurons occasion d'en reparler.

196. — *Ie ne say quelle belle fleur*, page 123.

Louise Labé.

197. — *Et qui voit son sourcil benin,*
Voit le petit arc hebenin,
Dont Amour ses traits nous desserre, page 124.

Dorat a dit :
Sur l'albâtre d'un front serein
Trace deux jolis arcs d'ébène.

198. — *Celui qui fleure en la baisant*
Son vent si dous et si plaisant,
Fleure l'odeur de la Sabee, page 125.

Ces expressions présentent aujourd'hui un double sens désa-gréable, et rappellent presque l'énigme de l'abbé Beaugénie. Au fond, cependant, les idées sont gracieuses et délicates.

199. — *Et qui voit ses dens en riant*
Voit des terres de l'Orient
Meinte perlette desrobee, même page.

La Fontaine, dans le Différend de Beaux Yeux et de Belle Bouche :

Belle Bouche à toute heure étale des trésors :
Le nacre est en dedans, le corail en dehors.
Quand je daigne m'ouvrir, il n'est richesse égale.
Les présents que nous fait la rive orientale,
N'approchent pas des dons que je prétends avoir :
Trente-deux perles se font voir,
Dont la moins belle et la moins claire
Passe celles que l'Inde a dans ses régions :
Pour plus de trente-deux millions
Je ne m'en voudrois pas défaire.
Belle Bouche ainsi harangua.....

200. — *Celui qui contemple son sein*
Large, poli, profond et plein,

> *Et voit son teton rondelet,*
> *Voit deus petis gazons de lait*, page 125.

Ronsard, au Ier livre de ses Amours (sonnet 40):

> Que de beautez, que de graces écloses
> Voy ie au iardin de ce sein verdelet
> Enfler son rond de *deux gazons de lait*
> Ou des Amours les fleches sont encloses!...

et au IIe livre (sonnet 2):

> Vous avez les tetins comme deux monts *de lait*
> Qui pommelent ainsi qu'au printemps nouuelet
> Pommelent deux boutons que leur chasse enuironne...

201. — *Ou bien deus boulettes d'iuoire*, même page.

Marot (Épigr. 57, du beau tetin):

> Tetin qui fait honte à la rose,
> Tetin plus beau que toute chose,
> Tetin dur, non pas tetin, voire,
> Mais *petite boule d'ivoire*, etc.

202. — *Celui qui voit sa belle main,*
Se peut asseurer tout soudein
D'auoir vù celle de l'Aurore, même page.

Ronsard dit à Marie (liv. II de ses Amours, sonnet 2):

> Vous auez de l'*Aurore* et le front et *la main*.

et (sonnet 6):

> De toy l'*Aurore* emprunte et sa iouë et *sa main*.

Les poètes grecs surnommoient l'Aurore *rhododactulos*, qui a les doigts de rose.

203. — *Et qui voit ses piez si petis,*
S'asseure que ceus de Thetis
Heureus il ha pù voir encore, même page.

La beauté et la blancheur des pieds de Thétis étoient célèbres. Homère appelle cette déesse la Déesse aux pieds d'argent, *Thea*

NOTES.

Thetis arguropeza. Aconce, détaillant les charmes de Cydippe, dans Ovide (Heroïd. xx, 60), dit :

> Et, Thetidi quales vix rear esse, pedes.

204. — *A la prendre à la cheuelure*, page 127.

Cette allégorie ingénieuse est due, comme tant d'autres, aux anciens. Le statuaire Lysippe avoit ainsi représenté l'Occasion. Voy. le CXXI.e Emblême d'Alciat, imité d'une épigramme de Posidippe dans l'Anthologie. Tout le monde sait par cœur ce vers devenu proverbe, qui exprime la même idée :

> Fronte capillata est, sed post Occasio calva.

205. — *Le Tems encore quelquefois*
Admirant ta grace eternelle
Chantera d'une belle voix
D'Auanson ta gloire eternelle, même page.

Au lieu d'*eternelle*, il faut évidemment lire *immortelle* au second ou au quatrième vers. Nous avons parlé de Jean d'Avanson, note 185. Olivier de Magny, son secrétaire, n'est pas le seul qui l'ait célébré. Presque tous les écrivains de ce temps-là le représentent comme le soutien et le protecteur de tous ceux qui cultivoient les lettres en France. Ronsard, en particulier, en donne cette idée en deux ou trois endroits de ses poésies.

MADRIGALE. (Page 128.)

206. — Ce madrigal italien n'est pas d'un amoureux transi : du moins il n'y manque pas d'*ardeur*, de *flammes* et de *feux*. M. Pericaud aîné, qui nous a fourni la traduction suivante, a dû y conserver *la chaleur* de l'original :

> Le premier jour que j'aperçus Louise,
> De tant de feu mon âme fut éprise
> Que je pensai, quelle était mon erreur !
> Voir à son comble une si vive ardeur ;
> Mais sa beauté qui d'heure en heure augmente,
> Redouble encor l'amour qui me tourmente :
> Las ! maintenant peut-il croître si peu
> Que je ne sois tout de flamme et de feu ?

NOTES.

ODE. (Page 128.)

207. — *Qui de langue plus diserte*
Fait le Musagete orer, page 130.

Allusion au *Debat de Folie et d'Amour*, dans lequel Apollon (désigné ici par le surnom de *Musagete*, conducteur des Muses) défend la cause de l'Amour contre Mercure, chargé de celle de la Folie.

208. — *Qui pres d'eus peut sommeiller,*
Comme elle, sur le Parnasse! même page.

Expression empruntée du Prologue des Satires de Perse :

> Nec in bicipiti somniasse Parnasso
> Memini, ut repentè sic poeta prodirem.

L'ancien scholiaste de Perse voit là une allusion à un prétendu songe d'Ennius. Ce poète assuroit dans ses Annales, que l'âme d'Homère avoit passé en lui, et sa preuve étoit qu'il l'avoit rêvé sur le Parnasse.

209. — *Qui sortit, le coup donné,*
En armes, de la ceruelle, même page.

Minerve qui sortit tout armée du cerveau de Jupiter.

SONNET A D. L. L. PAR A. F. R. (Même page.)

210. — Les lettres initiales A. F. R. seroient-elles celles d'*Antoine Fumee Rapporteur?* Voy. note 190.

211. — *Si de ceus qui ne t'ont connue, qu'en lisant*
Tes Odes et Sonnets, Louïze, es honoree, même page.

Toutes les éditions antérieures à la nôtre portent : *et honoree*, ce qui rend la phrase inachevée. J'ai cru devoir, pour la rendre régulière et complète, introduire dans le texte le léger changement d'*et* en *es*, qui me paroît être la leçon originale.

A DAME LOVÏZE LABÉ, LA COMPARANT AVS CIEVS. (Page 131.)

212. — L'auteur de cette pièce n'a pas eu à faire de grands efforts d'imagination : car il s'est contenté de traduire une pièce latine de Jérôme Angerianus :

Septem errant ignes per cœli mobilis axes, etc.

Voy. page 221 du recueil intitulé : Michael Tarch. Marullus, Hieron. Angerianus et Joan. Secundus, déjà cité note 131.

DES LOVENGES DE DAME LOVÏZE LABÉ. (Page 132.)

213. — Cette ode, la dernière et la plus longue des pièces faites à la louange de Louise Labé, est peut-être aussi la plus remarquable, soit sous le rapport des détails historiques qu'elle contient, soit même sous le rapport de la poésie.

214 — ...... *Le Dieu Delphique*, même page.

Apollon qui avoit à Delphes un temple où il rendoit des oracles.

215. — *Trop mieus que ce vieil Rommain*
Qui sa demeure ancienne,
La terre Saturnienne
Delaissa pour ta beauté, page 133.

Ce *vieil Rommain* qui avoit quitté l'Italie pour venir adorer Louise Labé, mais dont l'amour ne fut payé que de rigueurs, et qui mourut en Espagne, comme on le voit dans la strophe suivante, est probablement l'auteur des quatre pièces en vers italiens (pages 110, 111 et 128).

216. — *Ainsi que Semiramide*, page 134.

Voy. note 58.

217. — *D'un roc de pins emplumé*, page 135.

La note sur le mot *pins*, placée au bas de cette page : *Apherese pour sapins*, appartient aux anciennes éditions.

218. — *Ou comme Penthasilee*, même page.

Penthésilée, reine des Amazones, que Virgile (Énéide, 1, 491) met au nombre des guerriers venus au secours de Troye.

219. — *Ne demontroit rien en elle*
Que d'un cheualier vaillant, page 136.

La syntaxe exigeroit: *Ne demontre rien en elle*, les autres verbes qui précèdent étant au présent.

220. — *L'orguilleus fils de Clymene*, page 137.

Prométhée, fils de Japet et de Clymène.

221. — *Vn peu plus haut que la plaine*, page 137.

La description du jardin de Louise Labé, qui commence à ce vers, mérite de fixer l'attention des lecteurs. C'est, à mon gré, un morceau plein de grâce et de poésie.

222. — *Du iuste Roy de Corcyre*, même page.

Alcinoüs : ses jardins ou vergers étoient célèbres dans l'antiquité, et tout le monde connoît la description qu'Homère nous en a laissée (Odyss. VII). Martial comparoit à ces mêmes jardins celui que Marcella lui avoit donné ou conservé en Espagne : Hoc nemus, hi fontes, etc. (liv. XII, Ep. 31). J'en ai essayé autrefois l'imitation, ou plutôt la traduction suivante :

> Ces fontaines, ce bois, cette épaisse verdure,
> Ce ruisseau qui promène une eau limpide et pure,
> Ces rosiers qui deux fois se couronnent de fleurs
> Dont celles de Pœstum envîroient les couleurs,
> Ces légumes exquis qu'épargne la froidure,
> L'anguille qui serpente en ces bassins riants,
> Et cette blanche tour que, non moins blanche qu'elle,
> Habite de pigeons une troupe fidelle,
> Je les revois enfin après trente printemps !
> D'une femme chérie agréables présents !
> Aux plus riches trésors Martial vous préfère ;
> Vous êtes son empire, et si Nausicaa
> Offroit de lui céder le jardin de son père :
> J'aime mieux, diroit-il, celui de Marcella.

Ailleurs (liv. VIII, Ep. 68), le même poète a encore recours à cette comparaison en faveur de la serre chaude d'Entellus (Voy. note 51) :

> Qu'on vante les jardins du sage Alcinoüs !
> Les tiens offrent encor de plus rares merveilles.
> La pierre diaphane y protégeant les treilles
> Défend, sans les cacher, les présents de Bacchus.
> Ainsi brille un caillou dans l'onde transparente ;
> Tels, à travers les fils d'un tissu précieux,
> Se tracent les contours d'une taille élégante.
> L'hiver même, ô combien l'art est ingénieux !
> De Pomone remplit la corbeille odorante.

Cette dernière imitation est de feu M. de Kérivalant, et m'a été communiquée par M. de Labouïsse, son ami et le légataire de ses ouvrages. La pierre diaphane dont il y est question, est celle que les anciens appeloient *specularis*, ou pierre de miroir, et dont ils faisoient leurs vitres.

223. — *DV TRESNOBLE ROY DE FRANCE LE CROISSANT NEVVE ACROISSANCE*, etc., pag. 138.

M. de Ruolz, Discours sur la personne et les ouvrages de Louise Labé (page 16), dit que ces six vers (formant inscription) « étoient sans doute l'ouvrage de la maîtresse du logis. » Henri II qui régnoit alors, avoit pour devise un double croissant. On trouve dans l'ode De l'Antiquité et excellence de la Ville de Lyon, par Charles Fontaine, parisien, Lyon, Jean Citoys, 1557, in-12 (page 18), une strophe que l'auteur adresse aux Lyonnois, et qui a beaucoup de rapport avec le passage, objet de cette note :

>Ce beau croissant, tousiours croissant,
>Par sa vertu et influence
>Vous ira tousiours accroissant:
>Tous biens aurez en affluence.

224. — *Au Dieu en Inde inuoqué*, même page.

A Bacchus, qui fit la conquête des Indes avec une armée d'hommes et de femmes portant, au lieu d'armes, des thyrses et des tambours.

225. — *Là l'Oliue palissante Qu'Athene tant reclama*, page 139.

L'olivier, arbre consacré à Minerve, et que l'on disoit même avoir été produit par cette déesse, patrone de la ville d'Athènes. Le territoire de l'Attique étoit propre à la culture de l'olivier, et cet arbre y étoit très abondant.

226. — *Et la branche verdissante Qu'Apolon iadis ayma*, même page.

Le laurier : on connoit la fable de Daphné changée en laurier par Apollon. Voy. Ovide (Metam. I, 451 et seq.).

NOTES.

227. — *Là l'Arbre droit de Cibelle*, page 139.

Le pin, consacré à Cybèle. Voy. dans Phèdre la 17.ᵉ fable du livre III, intitulée : Arbores in deorum tutelâ.

228. — *Et le ceruerin rebelle*
Au plaisir venerien, même page.

N'ayant trouvé le mot *ceruerin* dans aucun de nos dictionnaires, et ne voulant néanmoins rien laisser d'inexpliqué, j'ai recouru aux savants, soit par la voie épistolaire, soit par celle des journaux (voyez, entre autres, le Journal anecdotique de Castelnaudary, 3.ᵉ année, 1.ᵉʳ semestre, n.° 21, et le Journal de Dijon et de la Côte-d'Or du 27 décembre 1823). Je n'ai reçu aucune réponse positive ; mais diverses conjectures m'ont été communiquées. Parmi les personnes auxquelles je les dois, je citerai M. Charles Pougens, de l'institut, si profondément versé dans les antiquités de la langue françoise ; M. le marquis de Chesnel, de la société d'agriculture de Montpellier, qui cultive d'une manière très distinguée les sciences naturelles ; M. de Labouïsse, si célèbre comme littérateur et comme poète, et que le culte des Muses n'empêche point de se livrer à des études plus sérieuses ; M. le docteur Vallot, un des membres les plus instruits de l'académie de Dijon, etc. La plupart de ces savants ont pensé que le *cerverin* étoit le gatilier commun, le *vitex agnus castus* de Linné. M. de Labouïsse croit même avoir lu quelque part le nom de *cerverin*, donné à un sirop qu'on préparoit dans les couvents avec les baies de cet arbuste. M. Vallot va encore plus loin : il indique l'étymologie de ce nom. Suivant lui, *cerverin* vient de *cerberin* (petit cerbère), en remplaçant le *b* par *v*, substitution très commune dans les langues du Midi. « Cette allu-
« sion, ajoute-t-il, sera facilement sentie en se rappelant *ver-*
« *tugadin* » (Petites Affiches de Dijon du 16 janvier 1824). C'étoit, en effet, une opinion généralement adoptée par les anciens, que l'*agnus castus* étoit doué d'une vertu réfrigérante qui le faisoit compter au nombre des anti-aphrodisiaques les plus puissants. Quelques auteurs racontent que les Athéniennes se

disposant à sacrifier à Cérès dans les Thesmophories, composoient pendant quelques jours leurs lits avec les feuilles de cet arbrisseau, pour se maintenir dans l'état le plus favorable à la chasteté. Bayle (art. *Thesmophories*, rem. B.), doute que cet usage ait jamais existé, et fait voir que les dames d'Athènes ne pouvoient y avoir recours, sans avouer la foiblesse de leur vertu et leur incontinence habituelle; mais, que le fait soit vrai ou non, il n'est pas moins certain que ceux qui l'ont rapporté, regardoient l'*agnus castus* comme *rebelle au plaisir venerien*, pour employer les expressions de notre vieux poète. Ce préjugé, car on prétend que c'en est un, a subsisté long-temps, et s'est même perpétué presque jusqu'à nos jours. Voici ce qu'on lit dans les Lyonnois dignes de mémoire, de l'abbé Pernetti (tome II, page 179) : « M. Chomel (de Lyon, auteur du Dictionnaire éco-
« nomique, mort en 1712) étoit un homme vertueux : il aimoit
« les pauvres ; et, pour soulager ceux de sa paroisse, il établit
« une communauté de filles, sous le nom de l'Enfant Jésus, de
« St. Vincent et de Ste. Blandine : il leur avoit donné le secret
« de la préparation de l'*agnus castus*, dont il vantoit souvent
« les vertus. M. Villemot, curé de la Guillotière, impatienté
« des éloges continuels que M. Chomel en faisoit, lui dit un
« jour avec une brusque franchise qui lui étoit naturelle : Il
« semble que vous vouliez rendre inutile la grâce du Sauveur. »

D'après ces autorités, il est sinon prouvé, du moins très vraisemblable, que, comme le croient les personnes recommandables que j'ai citées, notre auteur désigne par le mot de *ceruerin*, inusité aujourd'hui, le *vitex agnus castus* de Linné.

229. — *Auec l'obscure ramee*
Par Phebe iadis formee
Du corps Cyparissien, page 139.

Cyparisse, ami d'Apollon, ayant tué par mégarde un cerf auquel il étoit très attaché, en eut tant de regret, qu'il pria les dieux de lui ôter la vie, ou de rendre sa douleur perpétuelle. Apollon le changea en cyprès, qui dès ce moment devint le symbole du deuil et le compagnon des affligés. On le portoit dans les pompes funèbres, et on le plantoit autour des tombeaux.

230. — *D'un Narcisse qui s'arreste*
Tout panchant le col sur l'eau, page 140.

<blockquote>
Narcisse, en s'admirant, mourut au bord des flots,
Et, fleur, il semble encor se chercher dans les eaux.
(DORAT, le Mois de mai, poème.)
</blockquote>

Voy. Ovide (Metam. III, 407 et seq.).

231. — *Estoit le iaune souci*, même page.
Le nom de cette fleur vient de *solsequium*, parce qu'en effet, comme le fait entendre le poëte dans les vers suivants, elle semble suivre le soleil : elle se ferme quand il se couche, et s'ouvre lorsqu'il se lève.

232. — *Là aussi estoient Brunettes*, page 141.
Les fleurs appelées *Brunettes* ne sont pas plus connues aujourd'hui que l'arbuste qu'on nommoit *cerverin*. J'ai consulté les mêmes personnes, auxquelles j'avois demandé l'explication de ce dernier mot : suivant les unes, la *brunette* est la scabieuse pourprée ou fleur de veuve, *scabiosa atropurpurea*, Linn.; suivant les autres, c'est la petite consoude, *brunella* ou *prunella vulgaris ;* suivant d'autres enfin, c'est le cyclame d'Europe, *cyclamen europæum*, Linn. « Pour avoir la preuve que c'est le
« cyclame, dit M. Vallot, il suffit de recourir à l'ouvrage, fort
« ancien, il est vrai, de Mathieu Sauvage, Matthæi Sylvatici
« opus pandectarum; on lit (fol. XLIII) : *Brumaria, brumeria*, vl.
« *brunete*, et (fol. XLIIII, cap. CXV) : *Buthomarien, panis por-*
« *cinus*, d'où l'on conclut facilement cyclame (Petites Affiches
« de Dijon, déjà citées). » « Ce qui a pu faire donner le nom
« de *brunette* au cyclame, dont les variétés sont si nombreuses,
« ajoute encore M. Vallot, c'est la couleur de l'écorce des ra-
« cines, et surtout le *vert brun* de la surface des feuilles de
« cette plante. »

233. — *Mastis, damas*......., page 141.

Ces deux noms de fleurs sont également ignorés de nos botanistes modernes. Le premier est-il, ainsi que le conjecturent MM. de Labouïsse et de Chesnel, le nom défiguré du pied d'alouette, en latin *delphinium Ajacis!* Mais nous verrons que le pied d'alouette semble être désigné dans la strophe suivante. N'est-ce pas plutôt, d'après l'avis de MM. Pougens et Vallot, le *thymus mastichina*, Linn., recherché pour son odeur aromatique, pénétrante et suave? « On s'assurera de cette détermination, observe
« M. Vallot, en recourant à l'Histoire des plantes de Dale-
« champ (tome I, liv. VIII, chap. IV, pag. 769 et 770), où on
« lit: *Vrai maron appellé en françois mastic.* » Le *thymus mastichina* a, en effet, des propriétés analogues à celles du mastic: ce qui a pu lui valoir la même dénomination. Le retranchement du c, suivant M. Pougens, ne doit point arrêter, vu l'incertitude et le peu de fixité de l'orthographe chez les anciens poètes françois. Il se pourroit, d'ailleurs, qu'au temps de Louise Labé, le c de *mastic* ne se prononçât pas, motif suffisant pour que, d'après le système d'orthographe suivi dans ses œuvres, on n'eût pas craint de faire disparoître cette lettre comme inutile. Quant aux *damas*, je me contenterai de rapporter l'opinion du savant médecin dijonnois, et parce qu'elle est très plausible, et parce qu'il indique et combat les autres conjectures qui ont été faites sur le même mot: « *Damas*, c'est l'oreille d'ours, *primula auri-*
« *cula*, Linn.: elle a reçu la dénomination de *damas* d'après
« Fabius Columna qui, sous le nom d'*alisma* ou *damasonium*
« *Dioscoridis*, avoit indiqué une espèce désignée aujourd'hui sous
« le nom de *primula palinuri*. Quelques personnes voudront
« peut-être que *damas* désigne la nielle, *nigella damascena*,
« Linn.; d'autres prétendront que *damas* désigne la *rose musquée*
« *de Damas*, indiquée par Dalechamp (Hist. gén. des Plantes,
« tom. I, liv. II, chap. 2, pag. 104), et rapportée par Lamark
« au *rosa alba*, Linn. Mais, si elles veulent réfléchir sur la
« strophe où cette plante est citée, elles verront que l'oreille

« d'ours s'accorde mieux avec les fleurs qui y sont mention-
« nées. » M. Vallot trouve enfin la confirmation de sa conjecture
dans le nom de *damas*, donné à une sorte d'étoffe de soie, sur
laquelle la lumière joue comme sur les corolles bigarrées de
l'oreille d'ours, qui est, d'ailleurs, si connue et si recherchée
des amateurs.

 234. — *Auec la fleur, en laquelle*
   Hiacinte renouuelle
   Son nom apres son trespas, page 141.

Ces vers s'appliquent, suivant toute apparence, au pied d'alouette,
delphinium Ajacis, Linn. Du moins, tous les botanistes s'ac-
cordent à croire que le pied d'alouette est l'*hyacinthus* des anciens, ainsi nommé par les poètes qui supposoient cette fleur née
du sang d'Hyacinthe, et suivant lesquels elle portoit la marque
des gémissements d'Apollon, c'est-à-dire les lettres AI AI, exclamation douloureuse répondant à notre *hélas*. Il y avoit, à ce
qu'il paroît, une autre espèce d'*hyacinthus* née du sang d'Ajax,
et portant aussi les mêmes lettres écrites (initiales du nom de
ce héros). Suivant un savant du premier ordre, cette dernière
espèce seroit notre lis-martagon, et c'est mal-à-propos que
Linné auroit donné au pied d'alouette la dénomination de *delphinium Ajacis*. Voy. dans le Journal des Débats du 17 mai
1812, un article très curieux de M. Boissonade, sur les Prin-
cipes de botanique, par Ventenat. En tout cas, le chantre de
Louise Labé a eu tort de dire qu'Hyacinthe *renouuelle son nom*
dans la fleur née de son sang, s'il a entendu faire allusion aux
lettres AI AI dont elle semble offrir l'image : ces lettres ne
pourroient *renouueller* que le nom d'Ajax ; mais peut-être ses
paroles ne signifient-elles autre chose, sinon que la fleur dont
il s'agit étant appelée Hyacinthe, comme l'ami d'Apollon, per-
pétue par là le souvenir de ce personnage fabuleux.

 235. — *Du lieu ou fut renfermé*
   Le monstre contre nature
   En Pasiphaë formé, même page.

Du labyrinthe de l'île de Crète, dans lequel fut renfermé le Minotaure, monstre moitié homme et moitié taureau, né des embrassements d'un taureau et de Pasiphaé, femme de Minos.

236. — *Titan........,* page 141.

Le soleil, auquel les anciens poètes donnoient ce nom, soit parce qu'ils le croyoient fils d'Hypérion, un des Titans, soit parce qu'ils le prenoient pour Hypérion lui-même.

237. — *La forte Tritonienne*
Fille du Dieu Candien, page 142.

Minerve, fille de Jupiter, né et adoré dans l'île de Crète (aujourd'hui Candie). Elle portoit le surnom de *Tritonia, Tritonis, Tritogenia,* du nom d'un fleuve ou d'un lac d'Afrique appelé *Triton,* sur les bords duquel on disoit qu'elle étoit née ou avoit été aperçue pour la première fois, ou bien du nom de la nymphe *Tritonis* ou *Tritonia,* que quelques-uns lui donnoient pour mère.

238. — *Et la vierge Ortygienne*
Sœur du beau Dieu Cynthien, même page.

Diane, sœur d'Apollon né en même temps qu'elle sur la montagne de Cynthie, dans l'île de Délos. L'île d'Ortygie, située près de Syracuse, à l'embouchure de l'Alphée, lui avoit été donnée par Minerve et Proserpine.

239. — *Et tout son corps il arrose*
D'un tresgracieus repos, page 143.

Cette expression hardie est empruntée de Virgile:

At Venus Ascanio placidum per membra quietem
Inrigat....................
(*Æneid.* I, 191—2.)

et de Silius Italicus:

.... Oculisque quietem
Irrorat......................
(*De Bello Punico,* x, 355—6.)

C'est par la même figure que Valérius Flaccus (Argonaut. IV, 10) donne au sommeil l'épithète de *liquidus*:

.... Liquidique potentia somni.

NOTES.

240. — ......*Pres du riuage*
Du Simoent Phrygien, page 143.
Du Simoïs, fleuve de Phrygie.

241. — *Dont naquit le preux courage*, même page.
Énée, fils d'Anchise et de Vénus. Vénus le conçut et lui donna le jour sur les bords du Simoïs.

242. — ......*La Cyprienne*, page 144.
Vénus, surnommée *Cyprienne*, *Cyprine* ou *Cypris*, parce qu'elle avoit pris naissance de l'écume de la mer, près de l'île de Chypre, et que cette île lui étoit consacrée.

243. — *Tenant les vermeilles roses*
De sa bouche un peu descloses, même page.
Je ne sais si le mot *déclos* a jamais été employé d'une manière aussi heureuse que dans ce passage et dans le commencement de l'ode suivante, qu'on me permettra de transcrire ici tout entière :

>Mignonne, allons voir si la rose
>Qui ce matin auoit desclose
>Sa robe de pourpre au soleil,
>A point perdu ceste vespree
>Les plis de sa robe pourpree,
>Et son teint au vostre pareil.
>
>Las! voyez comme en peu d'espace,
>Mignonne, elle a dessus la place
>Las, las, ses beautez laissé cheoir!
>O vrayment marastre Nature,
>Puisqu'une telle fleur ne dure
>Que du matin iusques au soir!
>
>Donc, si vous me croyez, mignonne,
>Tandis que vostre âge fleuronne
>En sa plus verte nouveauté,
>Cueillez, cueillez votre ieunesse :
>Comme à ceste fleur la vieillesse
>Fera ternir vostre beauté.

Anacréon se seroit-il exprimé autrement! Étoit-il plus gracieux!

Et Marmontel n'a-t-il pas raison d'appeler cette pièce, une jolie ode anacréontique ? Elle est cependant de Ronsard (livre I, ode 17).

244. — *Contre les dars de ton frere*, page 145.
Le poëte supposant, comme on le verra plus bas, que Louise Labé est née de Mars et de Vénus, en fait par là une sœur de l'Amour.

245. — *..... L'Oiseau qui presage,*
En chantant, sa proche mort, page 146.
Le cygne qui, d'après la croyance des anciens, chantoit mélodieusement à l'approche de sa mort. Voy. note 8.

246. — *Auecques deus vaillans freres*, même page.
Castor et Pollux, éclos avec Hélène de l'œuf dont accoucha Léda, épouse de Tyndare, après avoir eu commerce avec Jupiter changé en cygne. Castor étoit né de la semence de Tyndare, et par conséquent mortel ; Pollux, né de celle de Jupiter, étoit demi-dieu. Celui-ci partagea son immortalité avec son frère Voy. note 37. Le poëte les caractérise l'un et l'autre d'après les idées des anciens.

> Castor gaudet equis, ovo prognatus eodem
> Pugnis......................
> (Horace, Sat. II, 1, 26.)

> Tyndaridæ fratres hic eques, ille pugil.
> (Ovide, Fast. V, 700.)

247. — *Du cruel Roy de Bebrice*, même page.
Les Bébryciens étoient un peuple qui sortit de la Thrace pour s'établir dans la Bithynie. Sous prétexte de donner des jeux, ils attiroient les voyageurs dans une forêt, et les massacroient sans pitié. Amycus, leur roi, fut tué par Pollux et les Argonautes, auxquels ils avoient tendu les mêmes piéges.

248. — *...... Gradiue le fort*, page 147.
Mars, appelé aussi *Gradivus*, du latin *gradi*, marcher, ou du grec *cradainein*, agiter une lance.

249. — *Vn mont ou lon me decore,*
   Qui retient de moy son nom, page 147.

Le mont ou la colline de Fourvière, qui domine Lyon, et où l'on voit une église célèbre dédiée à la Vierge. Le poète devoit adopter l'étymologie qui fait venir *Fourviere* de *Forum Veneris*, et qui suppose que Vénus y avoit un temple : cela convenoit à son sujet. Mais cette étymologie ne paroît pas être la véritable, et on croit généralement aujourd'hui que *Fourviere* est une altération de *Forum vetus*, parce qu'il y avoit, sur le haut de cette montagne, une place publique ou marché construit par Trajan. C'est du moins ce que cherche à prouver le P. de Colonia (tome I, pages 169 et suiv.). Il fait voir qu'on ne trouve ni sur les lieux, ni dans l'histoire, aucun indice de l'existence de ce prétendu temple de Vénus. Quoi qu'il en soit, Maurice Sceve donnoit au nom de Fourvière la même origine que notre poète: le XCV.ᵉ dixain de sa Délie est ainsi conçu:

> Ton hault sommet, ô *Mont à Venus sainte*,
> De tant d'esclairs tant de fois coronné,
> Monstre ma teste estre de sanglotz ceincte,
> Qui mon plus hault tiennent enuironné,
> Et ce Brouas te couurant estonné
> De mes souspirs descouure la bruyne.
> Tes aqueductz, deplorable ruyne,
> Te font priser par l'iniure du temps,
> Et mes yeulx secz de l'eau, qui me ruyne,
> Me font du peuple, et d'elle passe-temps.

Jean-Isaac Pontanus, auteur d'un voyage dans la Gaule Narbonnoise, inséré parmi ses autres poésies latines, Amsterdam, 1634, in-12, décrivant en beaux vers la ville de Lyon, a adopté aussi la même tradition :

> Singula miramur pontes et amœna fluenta,
> Vicinamque astris cingentia mœnia rupem,
> Qua Veneri Idaliæ, sic fert longæva vetustas,
> Fundata est, veluti olim Erycino in vertice, sedes.
> Fallor! an hanc quondam molitus Claudius ingens

Indigena, atque illo qunque sese fassus Achivis
Et magna Æneadum de stirpe et gente profectum!

« Nous admirons tour-à-tour ces beaux fleuves, les ponts qui
« les traversent, et ces murailles construites sur un rocher
« voisin des astres, où, s'il faut en croire d'antiques récits, un
« temple fut élevé à Vénus, comme autrefois sur le mont Éryx.
« Peut-être n'est-ce qu'une illusion; mais je crois que ce temple
« fut l'ouvrage de Claude qui, dans sa patrie, voulut rappeler
« aux Grecs qu'il sortoit de la noble race d'Énée. »

250. — *Le lieu ou tu fus conçue*
Ne fut vile ny chateau, page 147.

Ce passage sembleroit annoncer que Louise Labé n'étoit pas née à Lyon même, mais dans les environs de cette ville.

251. — *Là autour sont meintes plaines*, etc., pages 147 et 148.
Est-ce de la maison de campagne et des fonds que Louise Labé possédoit à Parcieu, que le poète veut parler?

252. — *Marot, Moulin, la Fonteine,*
Auec la Muse hauteine
De ce Sceue audacieus,
Dont la tonnante parole,
Qui dens les astres carole,
Semble un contrefoudre es Cieus, page 151.

Clément Marot, qui vint et séjourna à Lyon en 1530, 1536, 1537 et 1538, ne put y connoître Louise Labé, qui n'étoit alors qu'un enfant, puisqu'elle étoit née en 1526. Il étoit mort depuis onze ans, lorsqu'elle publia ses ouvrages. On ne trouve rien dans les œuvres de Marot qui soit relatif à la Belle Cordière, quoique, d'après les vers qu'on vient de lire, il paroisse l'avoir célébrée.

Les poésies et la personne de Moulin me sont inconnues, à moins qu'il ne s'agisse d'Antoine du Moulin, mâconnois, éditeur des œuvres de Marot, de celles de Pernette du Guillet, de celles de Bonaventure des Périers, et auteur lui-même d'un grand nombre d'ouvrages en vers et en prose, dont la Croix du Maine et du Verdier indiquent les principaux.

Quant à *la Fonteine*, c'est, je crois, Charles Fontaine, auteur de poésies dont plusieurs sont adressées à des Lyonnois, et dont il existe trois éditions, ou plutôt trois recueils, imprimés, le premier à Paris, en 1546, sous le titre de la Fontaine d'Amour, le second, en 1555, sous celui des Ruisseaux de Fontaine, et le troisième, en 1588, à Lyon, chez Benoît Rigaud, sous celui du Jardin d'Amour avec la Fontaine d'Amour. Le Magasin Encyclopédique, année 1812 (tome VI, pages 351-366), contient une notice intéressante dont ce poète est le sujet, et qui est intitulée, Lettre à M. de B*** sur un poète du XVI.e siècle, qui a habité Lyon, et dont plusieurs ouvrages ont rapport à cette ville. J'ai lieu de croire que cette lettre est de M. Dugas-Montbel, de l'académie de Lyon, auquel nous devons la dernière et la meilleure traduction d'Homère. Charles Fontaine, né à Paris le 13 juillet 1515, fut l'ami, le disciple, et le défenseur de Marot. Il eut pour femmes deux lyonnoises, qu'il désigne sous les noms de Marguerite et de Flora. Il épousa la première en 1540, et eut d'elle deux fils. Il la regretta vivement, et néanmoins il se remaria avec la seconde au mois de février 1544. Celle-ci étoit du village de Chaponost. Lui-même nous apprend ces circonstances dans ses vers. Il paroît que, par suite de ces deux établissements, il se fixa à Lyon, et qu'il y mourut, on ne sait pas au juste en quelle année; il sembleroit cependant que ce fut postérieurement à 1588, époque, comme nous l'avons dit, de la publication de son Jardin d'Amour.

Nous avons déjà parlé plusieurs fois de Maurice Seve ou Sceve, et de ses rapports avec Louise Labé (Voy. notamment pages lvj et lvij). On trouvera d'amples détails sur ce poète lyonnois, qui eut une grande réputation de son vivant, dans le P. de Colonia, Histoire littéraire de Lyon (tome II, pages 513-517), et dans l'abbé Goujet, Bibliothèque françoise (tome XI, pages 442-452). Ses deux principaux ouvrages sont sa Delie, obiect de plus haulte vertu, Lyon, Sulpice Sabon, 1544, in-8.°, et Paris, Nicolas du Chemin, 1564, in-16, et son Microcosme ou Petit Monde, Lyon, Jean de Tournes, 1562, in-4.° Joachim du Bellay célèbre Maurice Sceve dans deux de ses sonnets : dans le premier il lui donne l'épithète de *Cygne nouveau ;* je transcrirai ici le second, un des meilleurs du temps où il parut:

> Gentil esprit, ornement de la France,
> Qui d'Apollon sainctement inspiré
> T'es le premier du peuple retiré,
> Loing du chemin tracé par l'ignorance,
>
> Sceue diuin, dont l'heureuse naissance
> N'a moins encor son Rosne décoré,
> Que du Thuscan le fleuue est honoré
> Du tronc qui prent à son bord accroissance,
>
> Reçoy le vœu, qu'un deuot Angeuin,
> Enamouré de ton esprit diuin,
> Laissant la France, à ta grandeur dedie :
>
> Ainsi tousiours le Rosne impetueux,
> Ainsi la Sône au sein non fluctueux,
> Sonne tousiours et Sceue et sa Delie.

Beaucoup d'autres contemporains de Maurice Sceve l'ont pareillement vanté ; mais Estienne Pasquier, Recherches de la France (VII, 6), tout en le plaçant à la tête des *grands poëtes* qui parurent sous le règne de Henri II, et qui « du commence-« ment firent profession de plus contenter leurs esprits que l'o-« pinion du commun peuple, » le blâme d'avoir affecté trop d'érudition : « Le premier qui franchit le pas, dit-il, fut Mau-« rice Sceve, Lionnois, lequel ores qu'en sa jeunesse eust suiuy « la piste des autres, si est-ce qu'arriuant sur l'aage, il voulut « prendre autre train : se mettant en butte, à l'imitation des « Italiens, une maistresse qu'il celebra sous le nom de Delie, « non en sonnets (car l'usage n'en estoit encore introduit), ains « par dixains continuels, mais avecques un sens si tenebreux et

« obscur, que le lisant ie disois estre trés content de ne l'en-
« tendre, puisqu'il ne vouloit estre entendu. » La plupart des
449 dixains dont se compose la Delie de Maurice Scève, sont,
en effet, difficiles à comprendre, quoique du Bellay, dont j'ai
déjà cité deux pièces à la louange de ce poète, l'appelle ailleurs,

Docte aux doctes esclercy.

Rien n'est plus métaphysique que sa poésie, et plus hérissé de
mots nouveaux bizarrement composés, de termes durs et de
brusques transitions. L'épithète d'*audacieus* que lui donne l'auteur de l'ode que je commente, lui convient donc à merveille ;
mais le reste de l'éloge est exagéré. L'expression de *contrefoudre* qui y est employée, est très remarquable.

253. — *Comme d'un la Poësie,*
   Qui de l'onde sortira
   Du petit Clan, dont la riue
   Priuee de flots irez...., page 151.

Quel est le poète désigné dans cette strophe, et dont les vers
ont sans doute été placés parmi les *Escriz à la louenge de Louïze
Labé!* d'après le pompeux éloge qu'on lui accorde, ce ne pouvoit pas être un poète vulgaire, mais un de ceux qui avoient
alors le plus de réputation. Il habitoit les bords du *petit Clan.*
Cette indication peut-elle nous mettre sur la voie? Qu'est-ce
que le *petit Clan!* très probablement la rivière appelée aussi
le *Clain*, et dont les noms latins sont *Clanus, Clanius, Cle-
nis, Clitis* ou *Clenus.* Les dictionnaires géographiques nous
apprennent qu'elle arrose le Poitou; qu'elle a deux sources à
la Yesse et à Pleuville; que de là serpentant vers le Nord oc-
cidental, elle passe à Anche et y reçoit la Boulaye et la Dive,
puis à Vivonne, où elle reçoit la Vonne et plus bas la Miosson ;
qu'enfin elle est jointe par une autre rivière à Poitiers, où
on l'a rendue navigable jusqu'à sa jonction avec la Vienne
au-dessous de Senon et au-dessus de Châtellerault. Ainsi,
de toutes les villes qu'elle parcourt, Poitiers est la plus re-

marquable. Du vivant de Louise Labé, les lettres y étoient en grand crédit, et plusieurs littérateurs renommés existoient dans ses murs : deux, entre autres, qui n'y étoient pas nés, y demeurèrent quelque temps. Le premier est Jacques Peletier du Mans. On lit, en effet, dans l'abbé Goujet, Biblioth. franç. (tome II, page 309) : « Vers 1550, il quitta Paris, et séjourna « successivement à Bourdeaux, à Poitiers et à Lyon ; » et dans le P. Niceron, Mémoires (tome XII, page 367 : « Il alla, vers « l'an 1550, à Bourdeaux, d'où il passa à Poitiers ; mais n'ayant « pas trouvé dans ces deux villes ce qu'il souhaitoit, il se trans- « porta à Lyon, où il demeura quelques années et composa « plusieurs ouvrages. » Ne pourroit-on pas dès-lors supposer que l'ode dont il s'agit a été faite au moment où Jacques Peletier étoit encore à Poitiers, et que c'est lui qui y est indiqué comme le poète dont les chants doivent faire le plus d'honneur à la Belle Cordière ? Ce qui viendroit à l'appui de cette conjecture, c'est que nous avons de ce poète une ode à la louange de la ville de Lyon, terminée par un bel hommage à la beauté et au savoir de Louise Labé (Voy. note 260). Mais il existe des raisons à peu près semblables en faveur du second des littérateurs célèbres que nous avons désignés comme séjournant à Poitiers à la même époque. Je veux parler de Jean-Antoine de Baïf (Voy. note 187). Jean-Antoine de Baïf passa une partie de sa jeunesse dans la capitale du Poitou. Il y étoit notamment lorsqu'il chanta sa Francine, à l'âge de 22 ans, c'est-à-dire, vers 1554 ; car il étoit né à Venise, en 1532. La scène de son églogue XIII, intitulée les Pastoureaux, faite, suivant toute apparence, vers le même temps, et dont il est lui-même un des deux interlocuteurs sous le nom de Toinet, est placée *sur les rives du Clain ;* et Ronsard, vers le commencement de son églogue du Voyage à Tours, insérée dans le second livre de ses Amours, et où il donne également à Baïf le nom de Thoinet, comme il se donne à lui-même celui de Perrot, s'exprime ainsi :

> Et ce Thoinet aussi alloit voir sa Francine,
> Qu'Amour en se iouant d'un trait plein de rigueur
> Luy auoit *prés le Clain* escrite dans le cœur.

Enfin Baïf a, aussi bien que Peletier, chanté Louise Labé, puisque, parmi les *Escriz* à la louange de cette dame, on trouve, comme nous l'avons vu, une pièce de lui, celle qui commence par ces mots, *O ma belle rebelle*, etc. (page 118). C'est donc bien vraisemblablement ou Jean-Antoine de Baïf, ou Jacques Peletier, que notre poète avoit en vue; mais lequel des deux! c'est ce que nous ne pouvons décider. J'ajouterai, puisqu'il s'agit du *Clan* ou *Clain*, une remarque relative à un poète lyonnois, et qui me fournira l'occasion d'un petit rapprochement : Guillaume du Peyrat, de Lyon, nous a laissé un assez mince volume, intitulé Spicilegia poëtica et Amorum libri III, Paris, Jérémie Périer, 1601, in-12. Il y célèbre (liv. I de ses Amours), sous le nom de Pyrrha (cachant peut-être celui de Pierrette), une maîtresse née, comme la Francine de Baïf, sur les bords du *Clain :* c'est ce qu'on voit par la VI.e pièce de ce livre (fol. 37 rect.), où on lit :

> Felix Pictonis ora ter quaterque,
> Felix Clane ter et quater, quieto
> Labens murmure, pervagansque rura,
> Rura Nereidum choris amica,
> Queis primos tenera edidit puella
> Vagitus.............

Le *quieto labens murmure* de Guillaume du Peyrat présente la même pensée que *la riue priuee de flots irez* que notre poète applique aussi au *Clain*, ou, comme il l'appelle, au *petit Clan*.

254. — *Ainsi Laure, ainsi Oliue*
Viuent éternellement, page 152.

Laure de Noves, immortalisée par Pétrarque. Olive, nom sous lequel Joachim du Bellay célébra sa maîtresse. C'étoit l'anagramme de son véritable nom: elle s'appeloit Viole, et étoit d'Angers. Les sonnets que du Bellay fit pour elle, eurent une grande réputation, et leur succès contribua beaucoup à mettre à la mode ce genre de poésie nouvellement importé d'Italie en France (Voy. note 135).

255. — *Vn Bouchet en façon telle*
Met en memoire immortelle
De son Ange le beau nom, page 152.

Jean Bouchet, auteur des Annales d'Aquitaine et d'un très grand nombre d'ouvrages poétiques devenus rares, né à Poitiers en 1476, et mort en 1550 (si c'est le même qui est nommé en cet endroit), avoit sans doute chanté une belle appelée Angélique.

256. — *De la couple Cynthienne*, page 153.
De Diane et d'Apollon (Voy. note 238).

257. — *Ainsi Hector à Enee*
En un songe s'apparut,
Et la sienne destinee
En songe il lui discourut, page 154.

Voy. Virgile (Énéide, II, 270-297).

258. — *Celle harpe Methimnoise*, même page.
La harpe d'Arion, de Methymne, ville de l'île de Lesbos.

259. — *De celle bende lirique*, même page.
L'auteur entend sans doute par ces mots les poètes que les anciens appeloient les neuf lyriques: Alcman, Alcée, Sappho, Stésichore, Ibycus, Anacréon, Simonide, Pindare et Bacchylide.

260. — Nos devanciers, les éditeurs de 1762 et l'éditeur de Brest, ont placé parmi les *Escriz à la louenge de Louïze Labé* l'ode de Jacques Peletier, que nous avons indiquée (note 253). Nous ne les avons point imités en cela, d'après la loi que nous nous sommes imposée de reproduire exactement les éditions originales, où cette ode ne se trouve pas; mais nous la donnerons ici: elle est extraite des Opuscules en vers de Peletier, à la suite de son Art poëtique françois, Lyon, Jean de Tournes, 1555, in-8.° L'orthographe bizarre qui y est suivie, est celle que l'auteur avoit adoptée; car on sait qu'à l'exemple du lyonnois Loys Meigret, il voulut introduire dans l'orthographe une réforme

complette, et la faire *quadrer*, comme on le disoit alors, *avec la prolation* (prononciation) *françoise.*

A LOUIZE LABÉ, LIONNOESE.

Mon cur voulùt qu'un iour Lion ie visse,
A fin qu'a plein mon desir i'assouuisse,
  Altere du renom :
I'è vù le lieu ou l'impetueus Róne,
Dedans son sein prenant la calme Sóne,
  Lui fèt perdre son nom.

I'è vù le siege ou le marchant etale
Sa soee fine e perle oriantale,
  E laborieus or :
I'è vù l'ecrin, dont les Roes qui conduiset
Leur grand'Armee, a leur besoin epuiset
  Vn infini tresor.

I'è contamplé le total edifice,
Que la nature aueques l'artifice
  A clos e ammuré :
I'è vù le plom imprimant meint volume
D'un brief labeur, qui souz les trez de plume
  Vt si long tans duré.

I'è vù an fin Damoeseles e Dames,
Plesir des yeus e passion des ames,
  Aus visages tant beaus :
Mes i'an è vù sus toutes autres l'une,
Resplandissant comme de nuit la Lune
  Sus les moindres flambeaus.

E bien qu'el' soèt an tel nombre si bele,
La beauté ét le moins qui soèt an ele :
  Car le sauoer qu'ele à,
E le parler qui soeuemant distile,
Si viuemant anime d'un dous stile,
  Sont trop plus que cela.

Sus donq, mes vers, louèz cete Louïse :
Soièz, ma plume, a la louer soumise,
  Puisqu'ele à merité,

Maugré le tems fuitif, d'être menee
Dessus le vol de la Fame ampannee
A l'immortalité.

Cette pièce, comme on le voit, a besoin d'un commentaire. Le P. de Colonia, qui la cite dans son Histoire littéraire de Lyon (tome II, pages 544-5), l'accompagne de quelques notes que nous lui emprunterons, et que nous tâcherons de compléter.

I'è vù le siege ou le marchant etale, etc., v. 7.

La rue Mercière. Les marchands de soie, les orfèvres, les joailliers, les passementiers habitoient alors de préférence cette rue.

I'è vù l'ecrin, ou les Roes qui conduiset, etc, v. 10.

Le change, ou plutôt le commerce de Lyon, qui, dans des circonstances difficiles, est venu au secours de nos rois et leur a fourni des sommes immenses.

I'è contemplè le total édifice, etc., v. 15.

La ville.

I'è vù le plom imprimant meint volume, etc., v. 16.

L'imprimerie. Celle de Lyon étoit célèbre. Le premier qui ait exercé cet art dans nos murs, est Guillaume Regis ou le Roy, que Barthélemy Buyer, conseiller de ville, y fit venir en 1476, et qu'il établit dans sa propre maison, située sur le quai de la Saône, près des Augustins. Dès ce moment, jusque vers le milieu du XVIII.e siècle, et même plus tard, on vit une longue suite d'illustres typographes briller dans cette ville. On peut citer, entre autres, Jean Treschel, Sébastien et Antoine Gryphe, Estienne Dolet, Henry Estienne, Guillaume Roville. Jean de Tournes, Thibaud Payen, Antoine de Harsy, les Arnoullet, Jean Temporal, les deux Frellons, Horace Cardon, les Anissons, Benoît Rigaud, Jean Huguetan, Jean et Hugues Barbou, Barthelemy Vincent, Bourgeat, Jullieron, Aimé Delaroche, Jean-Marie Bruyset, etc., etc. A l'époque où vivoit Peletier, et long-temps après, les gens de lettres se rendoient en foule à Lyon pour y faire imprimer leurs ouvrages. C'étoit une des branches les plus importantes du commerce lyonnois. Peletier a donc trouvé là un très juste motif de louange, et il a d'ailleurs fort bien exprimé l'avantage d'une des plus belles inventions de l'esprit humain, en opposant, à la promptitude avec laquelle elle agit, la lenteur de l'écriture manuelle. Un poète du même temps, Charles Fontaine, que j'ai fait connoître plus haut (note 252), a traité le même sujet d'une manière assez bizarre dans ces strophes de son *Ode de l'antiquité et excellence de la ville de Lyon*:

> En mille maisons au dedans,
> Vn grand million de dents noires,
> Vn million de noires dents
> Trauaille en foires et hors foires,
>
> Sur estampe blanche mordans
> D'une merueilleuse morsure,
> Qui sans entrer auant dedans
> Dure sans fin et sans mesure:
>
> Et se fait connoitre partout
> Ou le soleil se leve et couche,
> Auec honneur sans fin ne bout,
> Tant bien sa morsure elle touche.
>
> Et les grans villes on y voit
> Au vif pour un grand tems empreintes:
> Là y revit (pour mort qu'il soit)
> Le Poëte et ses Muses saintes.

Aus visages tant beaus, v. 21.

Les dames de Lyon ont été autrefois renommées pour leur beauté, comme elles le sont encore aujourd'hui. Déjà au xv.ᵉ siècle, Jean le Maire de Belges, dont la maîtresse étoit lyonnoise, plaçoit le temple de Vénus *au confluent d'Arar et Rhodanus* (du Rhône et de la Saône), et vantoit les *visages angeliques* des *nymphes* qui habitoient ce lieu. Érasme dit de la même ville: « Est illic mira formarum felicitas. » — « Là, le « beau sexe est remarquable par les formes les plus heureuses.»

Marot, qui regretta si vivement le séjour de Lyon, le célèbre également sous ce rapport; et parmi les nombreuses visites qui nous ont été faites par nos princes, il en est plus d'une à qui l'histoire n'assigne pas une autre cause.

Resplandissant comme de nuit la Lune, etc., v. 23.

>........ Micat inter omnes
> Julium sidus, velut inter ignes
> Luna minores.
> (Horace, Od. 1, 12, 46—48.)

Pasquier (Recherch. de la France, VII, 6) se sert de la même comparaison, en parlant de Mlle Desroches de Poitiers ; il dit qu'elle « reluisoit à bien escrire entre les Dames, comme « la lune entre les estoilles. »

Et bien qu'el' soèt an tel nombre si bele, v. 25.

Expression purement latine, et qui rappelle le *numeris omnibus absolutus* des anciens classiques.

FIN DES NOTES.

GLOSSAIRE
DE LOUISE LABÉ,

ET

DES POÈTES
QUI ONT ÉCRIT A SA LOUANGE.

INTRODUCTION.

Un Glossaire des vieux mots employés par Louise Labé a été jugé indispensable pour la parfaite intelligence de ses œuvres. Peu de personnes connoissent l'ancien langage, et, parmi celles qui le connoissent, la plupart n'en ont qu'une teinture légère, qui ne les empêcheroit pas d'être plus d'une fois embarrassées en lisant notre nouvelle édition, image fidèle, quant au texte, de celles qui ont paru du vivant de l'auteur, en 1555 et 1556. J'aurois pu me contenter de donner dans les notes l'explication des mots qui sont tombés en désuétude; mais cette méthode n'eût pas eu la commodité qu'offre un dictionnaire, où, grâce à l'ordre alphabétique, on trouve en un instant la solution des difficultés de ce genre, dont on désire l'éclaircissement. J'ai cherché à sauver la sécheresse presque inséparable de ces sortes d'ouvrages, au moyen de quelques citations choisies avec soin et discrétion dans les auteurs contemporains, et de quelques remarques littéraires que j'ai glissées çà et là. Je n'ai pas regardé le travail qui m'étoit imposé, comme tellement sérieux, que toute espèce de digression me fût interdite : j'ai pensé, au contraire, que de légères excursions dans le vaste domaine de la philologie m'étoient permises, ou du moins qu'elles me seroient pardonnées, pourvu qu'elles ne fussent pas trop fréquentes. J'ai ajouté presque à chaque mot l'indication des origines qu'on lui assigne, sans remonter toutefois trop haut, et sans me livrer à une discussion approfondie. L'étymologie est une partie importante de la lexicographie : elle détermine souvent, d'une manière plus précise que toute autre explication, le véritable sens, la véritable acception d'un mot *. J'ai indiqué enfin les anciennes expressions que notre langue doit regretter, et celles que quelques-uns de nos auteurs modernes ont essayé de rajeunir.

On a sans doute remarqué que l'orthographe suivie par Louise Labé, ou plutôt par Jean de Tournes, mais

---

* C'est ce que fait sentir l'origine du mot même d'*étymologie :* il est, en effet, tiré de deux autres qui appartiennent à la langue grecque, *etumos*, vrai, et *logos*, mot, diction.

adoptée par elle, diffère essentiellement de l'orthographe usitée aujourd'hui : elle diffère même, en beaucoup de points, de celle qui étoit alors le plus généralement observée. A cette époque, les Meygret et les Peletier * s'efforçoient de mettre en harmonie l'orthographe et la prononciation ** ; et on trouve des traces

* Louis Meygret avoit publié les ouvrages suivants : 1.° Traité touchant le commun usage de l'écriture françoise, Paris, 1545, in-8.° ; 2.° le Menteur ou l'Incredule de Lucian, traduit du grec : auec une escriture quadrant à la prolation françoise, et les raisons, Paris, 1548, in-4.° ; 3.° Defenses touchant son liure contre les censures et calomnies de Glaumalis (de Vezelet, c'est-à-dire, de Guillaume des Autels), Lyon, 1550, in-8.° ; 4.° Tretté de la Grammere Françoese, Paris, même année, in-4.° ; 5.° Reponse à l'Apolojie de Jaqes Peletier, Paris, Chrestien Wechel, même année et même format ; 6.° et enfin, Reponse à la dézesperee Replique de Glaomalis de Vezelet, transformé en Gyllaome des Aotels, Lyon, 1551, in-8.°. Jacques Peletier du Mans avoit pareillement publié ses Dialogues de l'ortografe è prononciacion françoëse, auec une Apologie à Loys Meigret, Poitiers, Enguilbert de Marnef, 1550, et Lyon, Jean de Tournes, 1555, in-8.°

** Peletier et Meygret n'étoient pas d'accord sur tous les points, et cela devoit être : le premier prononçoit le françois à la normande, et le second, à la lyonnoise. Avant eux, Geoffroy Tory de Bourges, en 1529, et Jacques du Bois, dit Sylvius, en 1531, avoient déjà voulu réformer l'orthographe : ils alloient même jusqu'à proposer de nouveaux caractères. Voy. l'abbé Goujet, Biblioth. franç. (tome I, pages 80 et suiv.). On a fait dans le siècle dernier de semblables tentatives qui n'ont pas non plus fait fortune.

de leurs innovations dans la manière dont Louise Labé écrit un grand nombre de mots. Je n'ai pas cru devoir les indiquer toutes dans le Glossaire, de peur de le grossir outre mesure; mais, pour y suppléer, je vais faire connoître sommairement, avec autant d'ordre qu'il me sera possible, les différences générales qui existent entre l'orthographe de Louise Labé et l'orthographe actuelle. C'est l'objet principal de cette introduction. Je dirai même quelques mots sur les accents et sur la ponctuation *.

I. Louise Labé retranche souvent les lettres doubles: ainsi elle écrit, par exemple, avec un seul *b*, *abatre;* avec un *c*, *acointer, acompagner, acord, acuser;* avec une *f*, *afaire, afliger, dificile, efet, efroyant, soufrir, sufire;* avec un *g*, *agrauer;* avec une *l*, *Achile* **, *aliance, alumer, Apolon, il falut, fole* (féminin de *fol*), *gentilesse, gentile* (féminin de *gentil*), *mile* (mille, nom de nombre), *mole* (féminin de *mol*), *quereler, renouuelé, vilage, vile;* avec une *m*, *flame, enflamer;* avec un *p*, *apas, apeler, i'aperçoy, aprendre, aproche, fraper;* avec une *s*, *Parnasien* ***; avec un *t*,

---

* Ces observations empêcheront qu'on ne prenne pour des fautes d'impression certaines manières d'écrire, d'accentuer et de ponctuer, contraires à l'usage actuel.

** Voy. ce mot dans le Glossaire.

*** Les grecs écrivoient de même *Parnasos* avec une seule *s;* mais cette lettre, dans leur langue, ne prenoit pas le son du *z*, lorsqu'elle étoit placée entre deux voyelles, et, pour parler comme les grammairiens, elle *siffloit* toujours.

AU GLOSSAIRE.

atacher, *ataquer*, *atendre*, *atendrir*, *atenter*, *atirer*, *batu*, *permetez*, etc., etc. *

II. Elle retranche aussi comme inutiles, c'est-à-dire comme ne se prononçant pas de son temps, certaines lettres, telles que *a* dans *saouler* et *Saône*, qu'elle écrit *souler* et *Sone*; *b* dans *subtil*, qu'elle écrit *sutil* **; *c* dans *acquitter*, *acquerir*, *sçauoir*, *sçu*, qu'elle écrit *aquiter*, *aquerir*, *sauoir*, *sù*; *d* dans *pied*, *à pié*; le *d* qui précède l'*s* dans certains pluriels, comme *grans* pour *grands*, *vers* pour *verds*, *bors*, *brocars*, *chaus*, *piez*, *regars*, au lieu de *bords*, *brocards*, *chauds*, etc.; l'*e* muet dans les mots suivants et autres semblables qu'elle orthographie quelquefois ainsi, soit dans ses vers, soit même dans sa prose : *i'emploiray*, *il emploira*, *il oublira*, *vous otroiriez*, *ie priray*, *il remercira*, *payment**** , *durté*, *seurté* (sureté), *assoir*, *i'assois*; *g* dans *cyne*, *dine****, *dinité*, *dinement*, *indine*, *indinacion*, *doits*,

---

* Le *b*, au contraire, est doublé dans *robbe*, *robbon* (petite robe), *robber* (dérober); l'*l* dans *controlleur*, *palle* (pâle), *Praxitelle*, *roullant*, *sallement*; l'*n* dans *Babilonne*, *Gorgonne*; le *p* dans *cappe*, etc.

** Voy. ce mot dans le Glossaire.

*** Ce retranchement de l'*e* muet, encore usité de nos jours dans quelques mots par les poètes, appartient à la figure que les grammairiens appellent *syncope*. Thomas Sibilet (Art poëtique françois, 1548, in-8.°, chap. VI) vouloit qu'on lui donnât le nom d'*apostrophe*, parce qu'il mettoit une apostrophe à la place de l'*e* retranché; il citoit les deux exemples suivants: *pay'ras* pour *payeras*, *lou'ras* pour *loueras*.

**** «Peletier, en son dernier liure de l'Orthographe et Pro-

pour *cygne*, *dignité*, *dignement*, *indigne*, *indignation*, *doigts;* h dans *abit* *, *Itaque*, *Hiacinte*, *lut*, *Rone*, au lieu d'*habit*, *Ithaque*, *Hyacinthe*, *luth*, *Rhône;* p dans *tems*, *passetems*, *printems*, au lieu de *temps*, etc., *pront*, *te*, *domter;* elle ne met point d'*s* finale (et en ceci elle se conforme à un usage qui existait avant elle et qui a subsisté encore long-temps après) à la première personne singulière du présent de l'indicatif des verbes non terminés en *e* muet : *ie condui*, *ie crein*, *ie croy*, *ie choisi*, *ie fay*, *ie m'esbahi*, *ie desten*, *ie ten*, *ie di*, *ie me plein*, *ie sen*, *ie sui*, *ie voy*, non plus qu'à l'imparfait des mêmes verbes, *condui*, *crein*, *croy*, *choisi*, *fay*, etc.; elle retranche quelquefois la même lettre à la première personne de l'imparfait: *i'alloy i'auoy*, *i'estoy* **; elle omet le *t* final dans les pluriels,

---

« nonciation françoise, commande d'oster la lettre *g* des pa-
« roles esquelles elle ne se prononce, comme en ces mots (dit-il)
« *signifier*, *regner*, *digne :* quant à moy, ie ne les prononçay
« iamais qu'auec le *g*. » (Estienne PASQUIER, Lettres, livre III, lettre 4, à M. Ramus).

* Remarquons, une fois pour toutes, que Louise Labé n'est pas toujours constante dans sa manière d'écrire tel ou tel mot : par exemple, ce mot *abit* est écrit sans *h* dans un endroit de ses œuvres, et ailleurs il s'y trouve avec cette lettre : *habiz* ou *habits* (au pluriel).

** Louise Labé ne faisoit en cela que suivre la règle alors reçue. Ce n'est que par licence que Marot et quelques autres poètes mettoient une *s* à la fin des premières personnes des verbes : licence à laquelle Ronsard (Abregé de l'Art poëtique) donnoit son approbation, lorsque le verbe finissoit par une voyelle

et écrit ainsi *cours* (courts), *pars* (parts), *endrois* (endroits), *destruiz* pour *destruits*, *escriz* pour *escrits*, *petis* pour *petits*, *combaz* pour *combats*, etc.

III. Elle substitue certaines lettres à d'autres : *a* remplace *e* dans *ante*, *anté*, *panchant*, *vanger*; *c* est pour *qu* dans *quelcun*, *quelcune*, *quelcuns* (quelques-uns); il est pour *s* dans *celle* (selle à monter à cheval), pour *ss* dans le subjonctif *que ie face* et dans l'infinitif *exaucer* (exhausser), pour *t* dans *marcial*, *pacience*, et généralement dans tous les mots dont la terminaison était avant Louise Labé et est restée depuis en *tion* (conformément à leur étymologie latine), *accion*, *accepcion*, *acusacion*, *afeccion*, *composicion*, *consommacion*, *concepcion*, *euaporacion*, *mencion*, *ocupacion*, *perfeccion*, *recreacion*, *sugeccion*, etc.*; *d* est pour *t* dans *il vid*, prétérit défini du verbe *voir***; *e* pour *a* dans *capiteine*,

ou une diphthongue, et que le mot suivant commençoit de même, comme *i'allois à Tours* pour *i'alloy à Tours*; *ie parlois à madame*, pour *ie parloy à madame*; mais que Thomas Sibilet (Art poëtique françois, chap. IX) avoit, quelques années auparavant, condamnée d'une manière expresse. On disoit aussi *i'estoye* ou *i'estoie*, *i'aimeroye*, *ie diroye*, *ie voudroye*, imparfaits que Ronsard, à l'endroit cité, appelle *de vieux verbes picards*, et qu'il défend aux poètes de rejeter : « Car, dit-il, « plus nous aurons de mots en notre langue, plus elle sera « parfaicte, et donnera moins de peine à celuy qui voudra pour « passetemps s'y employer. » On lit quelque part dans Louise Labé, *ie pensoye*.

* Dans un grand nombre de livres publiés dans le XVIe siècle, les mots terminés en *tion* sont écrits de cette manière.

** Voy. le Glossaire, au mot VID.

certein, ne, contreindre, creindre, dedens, dens, escriuein, espouuenter, fonteine, hautein, ne, humein, ne, louenge, meint, te, meintenant, menger, pleindre, reng, renger, Rommein, souuerein, treine, trenché, veincre, vilein, etc.; pour *ai* dans *tu scez, il scet, cler, ere, clerement, lesse* (laisse, corde), *per* (une paire), *espesseur, gresse, tret,* et pour *æ* dans *euure, meurs, seur; ei* pour *e* dans *seicher, l'ameine, meine, promeine; eu* pour *u* dans *asseurance, seur* (sûr), *asseurer, s'asseurant; f* pour *ph* dans *filozofe, Nynfe, trionfe, trionfer, trofee; g* pour *i* consonne dans *assugettir, getter, magesté, obget* (ailleurs *obiect*), *sugeccion, suget; i* pour *y* dans *abime, bruiant, Ciprien, egaier, essaier, ennuieus, Hiacinte,* la ville de *Lion, Lionnois, lire, lirique, martire, mirte, païs, païsant, Satire* (demi-dieu), *thin* (thym), *Zephire, Zopire,* etc.; *o* pour *au* dans *poure, poureté, pourement; oi* pour *oe* dans *descoiffer; q* pour *c* dans *laqs* (lacets), *donq, onq, publiq, quoy, ye* (ailleurs *coy, ye,* tranquille); *s* pour *c* dans *garse* (ailleurs *garce,* jeune fille), *garsonneau, farse, persa* (il perça), *pinse* (il pince), *sep, simeterre, soupson, soupsonner,* etc.; *ss* pour *c* dans *entrelasser, menasse, menasser; s* pour *x* dans les mots terminés en *eux, aux, oux,* soit singuliers, soit pluriels : *aus, animaus, ceus, cieus, chous, courrous, couteaus, deus, dous, eus, ialous, merueilleus, mieus, tu peus, taureaus, trauaus,* etc.*, et dans les mots suivants : *estreme,*

---

* Voy. le chapitre CIV des Observations de Ménage sur la langue françoise, Paris, Claude Barbin, 1672, in-12. Ce cu-

AU GLOSSAIRE.

fauls, *flus et reflus*, *pris*, etc.; *t* pour *d* dans *l'on m'atent* (l'on m'attend), *chaut*, *diferent* (différend), *il entent*, *il entreprent*, *froit*, *hazart*, *mignart*, *il prent*, *tart*, *vieillart*; *u* pour *eu* dans *abruuer*, *i'u*, *tu uz*, *il ut*, *i'ay ù*, *tu as ù*, *il ha ù*, *que i'usse*, *que tu usses*, *qu'il ust*; *y* pour *i* dans *i'ay*, *ayder*, *aymer*, *ie feray*, *i'ouy* (j'entendis), *ie rendray*, *ie fay* (ailleurs *ie fais*), *ie croy* (ailleurs *ie crois*), *ie say*, *ie voy*, et autres semblables, et dans *amy*, *gay*, *ye*, *ioly*, *moy*, *toy*, *soy*, *moyne*, *mysanthrope*, *ny* (négation), *proye*, *roy*, *royne*, *syrene*, *traytre*, *traytrement*, *voye*, *vray*, *ye**; *z* pour *s* dans *filozofe*, *Lionnoize*, *Louize*, *tu fuz*, *tu languiz*, *ie suiz*, *ie viz* (ailleurs *ie suy*, *ie vy*), et à la fin des pluriels, par exemple, *dinitez*, *ennuiz*, *enseueliz*, *ilz* (on trouve plus souvent *ils*), *influz*, *liez et uniz ensemble*, *molz*, *nuiz* (nuits), *parfumez*, *qualitez*, etc.**; *z* pour *x* dans *dizième*.

rieux chapitre est intitulé : « D'où vient qu'on écrit par un *x* « *cieux*, *dieux*, *mieux*, *travaux*, *animaux*, et autres mots sem-
« blables. »

* « En beaucoup de dictions l'*y* grec est escrit plus par « coustume ou ignorance, que pour raison qu'en sçust rendre « l'escriuain ou l'imprimeur. » (Thomas SIBILET, Art poëtique françois, chap. VIII).

** Le *z* étoit, aussi bien que l'*s*, la marque du pluriel; mais on n'employoit pas indifféremment l'une ou l'autre de ces lettres. Voici une règle que donnoit à cet égard Bonaventure des Periers, règle qui néanmoins n'est pas toujours très scrupuleusement suivie dans l'édition de ses œuvres, publiée après sa mort par Antoine du Moulin, mâconnois :

IV. Avant Louise Labé et de son temps, on ne distinguoit que par la prononciation l'*i* consonne de l'*i* voyelle; il en étoit de même de l'*u*, du moins dans le milieu des mots; car, lorsqu'étant consonne, il se trouvoit au commencement, on se servoit communément du *v*. L'*u* étoit encore moins distingué du *v* dans les lettres capitales, ou plutôt il ne l'étoit pas du tout : pour l'un et pour l'autre, on ne faisoit usage que du V capital. Ainsi, on trouve, pour citer quelques exemples, dans les écrivains de cette époque : *auare, auec, desià* (déjà), *ialoux, iamais, ieunesse, iusques, iniure, i'espouuante, ie conuien, preuüe, reuüe, ie treuue, suruenir, tousiours*, etc., et non *avare, avec, jaloux, jamais*, etc.; IVPITER, VENVS, AMOVR, LOVÏZE, etc., et non JUPITER, VÉNUS, AMOUR, LOUISE. On fait honneur à Pierre Ramus, ou de la Ramée, de l'invention du *v* et du *j*, qu'on rencontre, en effet, pour la première fois, dans sa Grammaire latine, imprimée dès 1557. « Mais, comme le « remarque l'abbé Goujet (Biblioth. franç., tome 1, « pag. 44), il faut convenir que le même Ramus n'a

> DE *Z* ET *S*.
> A SES DISCIPLES.
>
> Vous auez tousiours *S* à mettre
> A la fin de chesque (sic) plurier,
> Sinon qu'il y ait une lettre
> Crestee au bout du singulier :
> Et quant *E* y ha son entier,
> Bonté vous guide à ses bontez :
> Si vous suyuez autre sentier,
> Voz bonnes notes mal notez.

(Recueil des œuures de feu Bonaventure des Periers, Lyon, Jean de Tournes, 1544, in-8.°, page 182.)

« pas été constant à distinguer ces lettres consonnes
« des mêmes lettres voyelles, et que Gilles Beys, li-
« braire à Paris, est proprement le premier qui, ayant
« connu l'utilité de ces consonnes Ramistes, les em-
« ploya dans l'édition du Commentaire de Claude Mi-
« gnault sur les épîtres d'Horace, qu'il fit imprimer en
« 1584, chez Denys Duval. »

V. Le *t* euphonique que nous plaçons dans les interrogations entre le verbe, lorsqu'il est terminé par
une voyelle, et les pronoms personnels *il*, *elle*, *on*,
étoit inconnu. On disait et on écrivoit : *ayme il* pour
aime-t-il, *ha il*, *ha elle* pour *a-t-il*, *a-t-elle*, *ayme on*
pour *aime-t-on*, *fera il*, *fera elle*, *suffira il*, etc. Dans
tous ces cas, et dans tous les cas semblables, on ne se
servoit pas non plus du trait d'union qu'on n'a imaginé
que postérieurement : *ay ie*, *ha ce esté*, *ha lon*, *dit on*,
donnent elles, *trouueront ils*, etc.

VI. Quelques adverbes composés conservoient dis-
tincts dans l'écriture les éléments dont ils sont formés,
et que nous confondons aujourd'hui. Ainsi, on écrivoit
à fin pour *afin*, *en fin* pour *enfin*, *ce pendant* pour *cependant*, *au paravant* pour *auparavant*, *d'orenavant*
pour *dorénavant*, *par tout* pour *partout*, *puis que* pour
puisque, *si non* pour *sinon*; et il en étoit d'autres, au
contraire, où on confondoit ce que nous distinguons
maintenant : *alencontre* pour *à l'encontre*, *apart* pour
à part, *aparsoy* pour *à part soi**. La particule amplia-

* On trouve aussi dans Louise Labé, *à par*, *à par soy*, *à par
elle*.

tive *très* étoit toujours unie à l'adjectif auquel elle se rapportoit, de manière à ne faire avec lui qu'un mot: *tresgracieux*, *tresbelle*, *tresbon*, *tresmauvais*, etc. *Mesme* s'unissoit aussi à *moy*, *toy*, *soy*, *luy* : *moymesme*, *toymesme*, *soymesme*, *luymesme*.

VII. L'emploi des lettres initiales majuscules étoit beaucoup plus fréquent que de nos jours; il n'y a presque aucun passage de Louise Labé où il ne se trouve plusieurs de ces lettres que nous n'y mettrions pas actuellement. Il n'existait aucune règle précise sur ce point, si ce n'est à l'égard des noms propres, des noms abstraits personnifiés, et des mots commençant une phrase ou un vers, dont l'initiale étoit toujours une majuscule. Le même signe se voit quelquefois aux principaux mots d'une période, à ceux sur lesquels l'auteur veut fixer l'attention du lecteur, à ceux qui sont pris dans un sens absolu, aux adjectifs qui indiquent le pays ou la nation; mais le plus souvent il est placé sans autre motif que le caprice de l'écrivain ou de l'imprimeur.

VIII. Les seuls accents employés dans les trois anciennes éditions de Louise Labé, sont l'accent aigu et l'accent grave : du moins l'accent circonflexe ne s'y montre-t-il que sur l'exclamation *ô*, signe du vocatif. Mais l'usage de ces accents n'est pas toujours le même que celui qu'ils ont aujourd'hui. L'accent aigu remplace souvent l'accent circonflexe, comme dans ces mots : *háté*, *óté*, *reuétu*, *vétement*, *il se vét;* il a aussi un emploi particulier dans les interrogations; il y est placé sur la dernière syllabe du verbe, lorsque ce verbe est suivi du pronom personnel *ie* : *assembleráy ie*, *áy ie*, *crois ie*, *véus ie*. L'accent grave figure sur les prétérits en *u* : *i'ay pù*, *i'ay sù*, *i'ay vù*. Beaucoup de mots sur lesquels nous mettons aujourd'hui des accents, n'en ont aucun ; tels sont les mots en *ée :* par exemple, *aymee*, *entree*, *formee*, *fumee*, *ramee*, *Enee*, *Orphee*, *Promethee*, *trofee*, *Thesee* ; les mots en *ère*, *Homere*, *maniere*, *chere*, *mere*, *pere*, *frere*, *premiere*, *seuere* ; les adverbes et prépositions *pres*, *aupres*, *apres*, *expres*, *tres*, *ou* (adverbe de lieu), etc. ; tels sont aussi les mots suivants : *aliené*, *desir*, *desirer*, *declarer* ou *declairer*, *defendre*, *cameleon*, *egaler*, *debat*, *edenté*, *Diomede*, *liberal*, *miserable*, *present*, *priuilege*, *seiour*, *vehement*, etc., etc., etc. Souvent l'*s* placée après un *a* ou un *e* tient lieu d'accent : *creste* (crête), *desplaisir*, *empescher*, *eschaper*, *eschaufer*, *escrire*, *espandre*, *espee*, *espinette*, *espouser*, *estre*, *estant*, *esté*, *i'estoy* ou *i'estois*, *estrange*, *esueiller*, *flesche*, *fresche* (fraîche), *gresle*, *honneste*, *lascher*, *lescher*, *mastin*, *mesler*, *mesme*, *mespriser*, *paste* (pâte), *resiouir*, *respondre*, *teste* (tête), *trespas*, etc. *. Mais *es* et *as* pour *â*, *é* ou

* L'*s* suppléoit également l'accent circonflexe que nous plaçons sur la dernière syllabe des verbes à la troisième personne singulière de l'imparfait du subjonctif : *Qu'il aymast*, *qu'il dust*, *qu'il fust*, *qu'il sust*, *qu'il vinst*, *qu'il voulust*, *qu'il ust* (eût), etc. La même lettre figuroit encore dans *coustume*, *acoustumer*, *coste*, *costeau*, *costé*, *hoste*, *hostesse*, *adiouster*, *deuxiesme*, *troisiesme*, etc., *oster*, *bientost*, *plustost*, etc. On trouve pourtant dans Louise Labé *cote*, *coté*, *hotesse*, *diziéme*, *oter*, *bientot*, *plus tot*.

é ne sont pas constamment mis en usage par Louise Labé; elle écrivoit presque toujours comme nous (et c'étoit alors, je crois, une nouveauté) : *dédaigner, détresse, émoy, témoignage, témoin*, etc., au lieu de *desdaigner, destresse, esmoy, tesmoignage, tesmoin* ou *tesmoing*, qui, de même que les mots cités plus haut et tous les autres mots semblables, n'ont cessé tout-à-fait de s'écrire de la sorte que dans le XVIIIe siècle.

IX. La ponctuation n'avoit pas atteint non plus le degré de perfection qu'elle a maintenant, quoiqu'il y reste encore beaucoup d'arbitraire; un de ses signes principaux étoit même absolument inconnu : je veux parler du point-virgule, qui n'a été inventé que long-temps après, et qui sert à marquer une pause plus forte que la virgule, mais moins forte que le point. La virgule, et plus souvent encore les deux points, en tenoient lieu.

Telles sont les observations qui m'ont paru nécessaires pour compléter le Glossaire de Louise Labé. Les exemples que j'y citerai, achèveront de faire connoître l'orthographe qu'elle a suivie, en même temps que les règles de syntaxe auxquelles elle s'est soumise, et le sens des mots dont elle s'est servie, dans tous les cas où cette orthographe, ces règles et ces mots n'ont pas été conservés par l'usage, roi ou tyran des langues.

GLOSSAIRE DE LOUISE LABÉ.

A.

AAGE, âge. Ce mot est du très petit nombre de ceux où se trouvoit la diphthongue *aa*, tels que les noms propres, *Aaron*, *Nausicaa*, etc.; *Chaalons* (aujourd'hui *Châlons*, ville), et *baailler* (bâiller), que l'on écrivoit ainsi, soit pour marquer que l'*a* y étoit long, soit pour le distinguer de *bailler*, donner, l'accent circonflexe étant encore peu usité. Thomas Sibilet (Art poëtique françois, chap. VIII) vouloit qu'on écrivît *eage*. Le neveu du célèbre traducteur d'Ablancourt, dans l'ingénieux badinage intitulé, Dialogue des lettres de l'alphabet, fait ainsi parler l'*a* devant l'*Usage* et la *Grammaire* qui sont ses principaux interlocuteurs : « Quoique i'aye beaucoup d'autres plain-
« tes à faire, tant contre les autres que contre luy (l'*e*), je
« me contenteray de vous dire, pour ne point abuser de vostre
« audience, qu'encore que je sois presque le seul qui ne cache
« rien de mon *aage*, on m'en retranche maintenant une partie.
« Je vous prie, est-il raisonnable que les *e* se trouvent quel-
« quefois trois ensemble (comme dans *créée*), et que les *a* ne
« puissent marcher deux de compagnie! »

ACERTENER, *acertainer*, assurer, du latin *certus*, certain.

ACHILE, Achille. Ronsard (liv. I, od. 16), et Desportes, Diverses Amours (pag. 105), ont dit *Achil*. Jacques Yver, dans son Printemps d'Yver, 1572, a écrit de même ce nom (fol. 4 recto, et fol. 48 verso).

ACOINTER (s'), fréquenter, rechercher l'amitié, la familiarité de quelqu'un, s'en approcher familièrement, et même trop familièrement, comme le dit Nicod, « quod modestis verbis, « ajoute-t-il, de lasciviâ effertur. »

> Qu'alors qu'elle *s'acointa*
> D'Anchise, pres du riuuage, page 143,

c'est-à-dire, que lorsqu'elle se livra à Anchise, près du rivage. Voy. M. Pougens, Archéologie françoise (tome I, page 4).

Acort, te, adroit, habile, complaisant, doux, d'une humeur facile et agréable, de l'italien *accorto*. Nos poètes marotiques ont accueilli ce mot avec empressement :

> Une fillette *accorte* et bien apprise.
> (J. B. Rousseau, Épigr.)

Acovtrer, *acoustrer*, habiller, orner, ajuster, arranger, du latin *ad*, augmentatif, et *cultura*, culture.

Adestrer (s'), *s'adextrer*, se dresser, se rendre adroit, habile à, du latin *dextra*, main droite. Voy. DESTRIER.

Adonq, *adonques*, alors, du latin *ad tunc*.

Adresser contre (s'), s'adresser à. *Tu t'adresses contre Iupiter*, tu attaques Jupiter.

Afaire, affaire. Ce substantif est tantôt masculin, tantôt féminin, dans Louise Labé et dans les autres écrivains du même temps. *Vne personne dont plusieurs ont afaire*, page 47, une personne qui se livre, qui se prostitue à plusieurs. *Auoir afaire de*, avoir besoin de.

Ainçois, mais, même, plutôt, au contraire, de l'italien *anzi*.

Ains, mais. « Qui pourroit rendre raison de la fortune de « certains mots et de la proscription de quelques autres ? *Ains* « a péri : la voyelle qui le commence, si propre pour l'élision, « n'a pu le sauver ; il a cédé à un autre monosyllabe (*mais*), « qui n'est au plus que son anagramme. » (La Bruyère, Caractères, chap. 14, *De quelques usages*).

Ainsi qve, selon que.

Aiovrner, *adiourner*, faire jour. *Il aiourne*, il fait jour, le jour commence. Ce mot, pris dans cette acception, avoit déjà vieilli du temps de Pasquier, puisqu'il dit (Recherch. de la France, l. VIII, c. 3) : « Nous usons du mot *adiourner*, quand « nous faisons appeller un homme en iustice par la semonce « d'un sergent, le Roman de Pepin en a usé pour dire que le « iour estoit venu : qui n'étoit pas trop malpropre : nous en « auons perdu la naïveté, pour la tourner en chicanerie. » Joachim du Bellay (Illustration de la langue françoise, l. II, c. 6), fait la même observation; il regrette également, au même chapitre, le mot *anuiter*, dont on s'étoit servi autrefois pour signifier *faire nuit*. Nous avons conservé un dérivé d'*ajourner*, dans le sens de *citer en justice :* notre Code de procédure civile appelle *ajournement* l'assignation donnée pardevant un tribunal de première instance.

ALAIGRE, alègre, dispos, agile, vif, du latin *alacer*, d'où vient aussi *allégresse*. On en avoit fait également le verbe *alaigrir*. Du Verdier, art. *Jean le Bon*, cite un ouvrage de ce médecin, intitulé, Opuscule de Galien, d'*alaigrir* le corps, interpreté en françois, Paris, Estienne Groulleau, 1556, in-16. Un auteur moderne a hasardé le substantif *alacrité*, qui n'a pas encore reçu la sanction de l'Académie françoise.

ALENCONTRE, à l'encontre, contre.

ALENER, *haleiner*, respirer, souffler, exhaler.

ALIENÉ, privé de, du latin *alienus*, étranger, la chose dont vous êtes privé, vous devenant étrangère. *Vn homme aliené de son bon entendement*. On dit encore *aliéné d'esprit*, *esprit aliéné*.

ALLER. *Vn aller pensif*, une démarche triste. On rencontre fréquemment dans nos vieux auteurs des infinitifs de verbes pris substantivement, à l'imitation des Grecs et des Italiens : *Le dormir acompagné de toux; un leuer pesant; le viure* (la vie); *le plorer*. Louise Labé. *C'est le iouir et non le posseder qui rend heureux.* (MONTAIGNE.) *Ce n'est pas la mort que ie crain, c'est le mourir.* (Le même.)

AMIABLE, aimable, doux, gracieux.

AMIABLEMENT, d'une manière aimable, etc.

AMIE (s'), sa mie, son amie. *T'amie*, ta mie, ton amie. « Ces termes abrégés, *s'amie, m'amie*, pour *son amie, mon amie,* « ont été par ignorance écrits en deux mots *sa mie, ma mie*, « ce qui fait qu'on appelle *mie* la gouvernante d'un enfant : « *Où est votre mie, voici votre mie*, et qu'on nomme aussi « *mies* les maîtresses des anciens paladins. Oriane étoit la *mie* « d'Amadis ; Maguelonne, celle de Pierre de Provence. » (LA « MONNOYE, Glossaire bourguignon, v.° *Caidémie*.) Marot a dit par une contraction semblable : *M'amour, t'amour, s'amour,* pour *mon amour, ton amour, son amour;* ce dont il a été repris par Thomas Sibilet (Art poëtique françois, chap. VI). Louise Labé a dit aussi *m'amour* (sonnet XVIII).

AMONICION, admonition, action d'*admonester*, avertissement. « Il (M. de Vaugelas) a fort bien décidé qu'on prononçoit *ad-* « *monester* et *admonition;* et Bèze, qui veut qu'on dise *amo-* « *nester* et *amonition*, se trompe assurément. » (MÉNAGE, Observ. sur la langue franç., chap. CXLIII.) La manière dont Louise Labé écrit ce mot, fait voir qu'elle le prononçoit comme Bèze. Voy. SVTIL.

AMOVRS, Amour. L'*s* n'empêche point que ce mot ne soit au singulier. La Monnoye a blâmé Benoît Court, auteur d'un commentaire sur l'ancien ouvrage des Arrests d'Amours, d'en avoir traduit en latin le titre par ces mots *Arresta Amorum*, tandis qu'il falloit *Arresta Amoris; Amours*, à l'antique, étant là un singulier pour *Amour*. Notes sur du Verdier (art. *Benoit Court*).

ANIMANT, animal, du latin *animantes*, animaux.

APAREILLER, préparer, accommoder, approprier, fournir.

APAROIR, paroître. *S'aparoir, s'aparoitre*, se faire voir, se montrer. *Apparoir*, infinitif, qui n'est plus usité qu'au palais, où on a conservé aussi la troisième personne du singulier du présent de l'indicatif employée impersonnellement, *il appert*, se disoit encore du temps de la Bruyère : « Ne faire qu'*aparoir* « dans sa maison. » Caractères (chap. VII, *De la ville*). Com-

paroir, verbe de la même famille, se maintient également au barreau.

Aparsoy, à part soi, en particulier. On trouve aussi *à par soy*, *à par elle*. Voy. Introduction, page 247.

Apart, à part. Voy. ibid.

Apetit, désir, volonté. *A l'apetit de quelque colere*, page 71, au gré d'un mouvement de colère.

Ardentement, ardemment. Voy. note 132.

Ardre, brûler. Villon dit dans une ballade sur la mort de M.ᵉ Jean Cotard :

> Prince, il n'eust sceu iusqu'à terre cracher,
> Tousiours crioit, *haro la gorge m'ard.*

La Fontaine a copié le second de ces vers dans son conte du Paysan qui avoit offensé son seigneur :

> Bref il n'en fut à grand'peine au douzième
> Que s'écriant, *haro la gorge m'ard....*

Ce verbe faisoit au participe passé, *ars*, *arse*. Maurice Sceve, dans sa Délie (dixain CCCXI, dont le sujet est l'incendie de Lyon, sous le règne de Néron) :

> Non (comme on dit) par feu fatal fut *arse*
> Ceste cité sur le mont de Venus :
> Mais la Déesse y mit la flambe esparse,
> Pour ce que maintz par elle estoient venuz
> A leur entente, et ingratz deuenuz,
> Dont elle *ardit* auecques eulx leur ville.
>
> Enuers les siens ne sois donc inciuile
> Pour n'irriter et le filz, et la mere.
> Les Dieux hayantz ingratitude vile,
> Nous font sentir double vengeance amere.

« *Ardre*, au moral, n'a point d'équivalent (dans le langage « moderne); et il seroit si nécessaire! » (Marmontel, Élém. de littér., art. *Usage*). On peut dire d'*ardre* et de beaucoup d'autres mots que nous avons perdus, ce que La Fontaine a dit d'*enseigner* :

J'ai regret que ce mot soit trop vieux aujourd'hui:
Il m'a toujours semblé d'une énergie extrême.

(Livre IV, fable II.)

AREINE, arène, sable.

Du large Rhin les roulantes *areines*.

(Élégie II.)

« Jules César, dans ses livres de l'Analogie, vouloit que le
« mot *arena* ne fût pas usité au pluriel. Aulugelle (liv. XV,
« chap. 8) : C. Cæsar in libris quos ad M. Ciceronem de Ana-
« logia scripsit, *arenas* vitiosè dici existimabat. Nous disons
« *arenes* en vers fort élégamment. J'ay dit dans mou Pescheur :

« Et qui pourroit conter le nombre de mes peines,
« Pourroit conter aussi le nombre des *arenes*.

« Les Italiens disent de mesme *arene* en poësie. Le Casa :

« Ma lasso me ! per le deserte *arene*, etc. »

MÉNAGE (Observ. sur la lang. franç., chap. CXLIV). *Arene*, avec le sens de *sable*, ne s'emploie plus qu'en poésie et au singulier.

ARIADNE, Ariane. Voy. note 44.

ASSEMBLEMENT, union, assemblage, conjonction.

ASSEVRANCE, assurance.

ASSEZ. *Plus qu'assez*, beaucoup. C'est un latinisme : les latins disoient de même, *plus quam satis*.

ASSVRER (s'), *s'asseurer*, être certain, assuré. *M'asseurant*, étant assuré. *Asseuré*, assuré.

Mais ie say bien et de tant ie m'assure.

(Sonnet XXI),

c'est-à-dire, mais je sais bien et je suis si certaine.

ATACHE, affiche.

ATALANTA, Atalante. Voy. note 98.

ATOVRNÉ, orné, du latin *adornatus*.

ATROPE, Atropos, une des trois Parques, celle qui coupe le

fil de notre vie, comme l'exprime le fameux vers d'Eberhard de Béthune :

> Clotho colum bajulat, Lachesis trahit, Atropos occat.

AVCVNEMENT, parfois, en quelque manière.

AVCVNS, quelques, quelques-uns.

> Phèdre étoit si succinct qu'*aucuns* l'en ont blâmé.
> (LA FONTAINE, liv. VI, f. 1.)

AVECQVES, avec. Peletier écrivoit *aueques*. En prose on disoit plus ordinairement *auec*; on allongeoit ce mot d'une syllabe, par une licence poétique, lorsqu'on en avoit besoin pour la mesure : usage qui a subsisté long-temps après Louise Labé :

> Autant vaudroit n'être *avecque* personne
> Que d'être avec Madame que voilà.
> (LA FONTAINE, le Magnifique, conte.)

> Ne nous associons qu'*avecque* nos égaux.
> (LE MÊME, liv. V, f. 2.)

> .... Qu'on est digne d'envie
> Quand *avecque* la force on perd aussi la vie.
> (P. CORNEILLE, le Cid, act. II, sc. 7.)

AVENIR, *aduenir*, arriver. On connoît l'ancienne et belle devise : *Fais ce que dois, aduienne que pourra.*

AVENTVREVS, EVSE, heureux. *Avventuroso* a le même sens en italien. — Hasardeux, sujet aux aventures. « *Aventureux* « n'auroit-il pas dû se soutenir à côté d'*aventure!* » (MARMONTEL, Élém. de littér., art. *Usage*.)

AVERSAIRE, adversaire. Balzac écrivoit aussi *auersaire*.

AVIS. *M'est auis*, il me semble, je pense, je crois. Expression conservée par le peuple.

AVISER, donner avis, avertir.

AVOLÉ, étourdi, qui ne prend conseil que de lui-même, du grec *aboulés*, qui est sans conseil, ou du latin *advolare*.

AV'OVS, avez-vous, par syncope. « Comme les Latins disent

« *sis* pour *si vis*, ainsi les François *au'ous* pour *aués vous*. » (MURET, Commentaire sur les Amours de Ronsard.)

AVTREFOIS, une autre fois. *Autrefois elle fera rire.*

B.

BALLER, danser, du grec *balló*, d'où les mots *bal, ballet, baladin, ballade*. On appelle dans plusieurs provinces *fêtes baladoires*, les fêtes patronales des villages, dans lesquelles il est d'usage de danser.

> Il fut dansé, sauté, *balé*.
> (LA FONTAINE, Joconde, conte.)
>
> .... Il sait danser, *baler*.
> (LE MÊME, liv. IX, f. 3.)

BASTE, il suffit, n'importe, de l'italien *basta*, ou du latin *bene stat*.

BENDE, bande, troupe. On trouve aussi dans Louise Labé *bande* comme nous l'écrivons actuellement. On peut voir Pasquier (Recherches de la France, liv. VIII, chap. 51, intitulé: « Du mot de *bande*, dont les François usent pour *assemblée*. »)

BENIVOLENCE, bienveillance, bonté affectueuse.

BESONGNE, affaire, occupation, travail. *Faire leurs besongnes*, faire leurs affaires, leur fortune, gagner de l'argent, s'enrichir. Il se prenoit quelquefois dans le sens vague que nous donnons en langage familier au mot *chose* ou à celui d'*affaire*.

> Vous chercherez vos *besognes* demain.
> (LA FONTAINE, la Gageure des trois Commères.)

BESONGNER, qu'on a écrit aussi *besoingner, besoigner*, et enfin *besogner*, s'occuper, travailler, faire de la besogne, de l'italien *bisognare*. *Besongner au point*, page 64, travailler au point.

> Si cet enfant avoit plusieurs oreilles,
> Ce ne seroit à vous bien *besogné*.
> (LA FONTAINE, le Faiseur d'oreilles, conte.)

Voy. M. Pougens (Archéologie françoise, tom. I, pag. 61 et 62).

BIZARRIE, bizarrerie.

BLANDISSANT, flattant, caressant, du latin *blandiri*. Voy. M. Pougens (Archéologie françoise, tome I, page 63 et 64).

BLONDISSANT, qui devient blond, qui tire sur le blond. C'est le participe présent du verbe *blondir* dont Marmontel (Éléments de littér., art. *Usage*) a dit: «Quel goût assez bizarre auroit pu « rebuter *blondir!* » et qu'il a placé dans le vers suivant pour montrer l'heureux emploi qu'on en pourroit faire:

Les épis ondoyans commençoient à *blondir*.

L'auteur du Roman de la Rose, v. 22055, a fait usage de *blondoyer* dans le même sens, ainsi que Ronsard (liv. I des Amours, sonnet LXVI):

Vallons bossus et plages *blondoyantes*.

BOIS, le bois de la lance.

Porter la lance et *bois* faire voler.

(Élégie III.)

« Les anciens chevaliers appeloient *bois*, leurs lances. C'est en « poésie un terme de guerre et de tournois... Leurs *bois* volè- « rent en éclats. Et on disoit qu'ils portoient bien leur *bois*, « lorsqu'ils couroient en lice de bonne grâce..... » (Dictionnaire de Trévoux, au mot *Bois*. Voy. aussi Matinées Sénonoises, pag. 373, n.° 347.)

BOND (DE PREMIER), d'abord, de prime abord, au premier moment.

BOULETTE, petite boule. *Deus boulettes d'iuoire*, page 125. *Boule*, suivant Ménage, vient de *bulla*, bulle d'eau, à cause de sa forme sphérique et de la rondeur de la boule. Ce mot auroit produit à son tour celui de *boulanger*, s'il falloit en croire Sir Walter Scott, qu'on sera peut-être étonné de voir cité ici. Le célèbre romancier dit, en effet, dans son roman intitulé, Quentin Durward (voy. la traduction françoise qui en a été publiée à Paris, chez Ladvocat, 1823, 4 vol. in-12, tome I, page 71):

« Le pain étoit aussi blanc que délicieux, et avoit la forme de
« petites boules, ce qui a fait donner le nom de *boulangers* à
« ceux qui le préparoient. » Mais, d'après des autorités plus
respectables en matière d'étymologie, telles que celle du savant président de Brosses (Traité de la formation méchanique
du langage, édit. de l'an IX, tome II, page 130), le mot *boulanger* seroit dérivé de *polentiarius* (qu'on a écrit *polentjarius*),
dont la racine est *polenta*, gâteau de farine, farine cuite.

BRANC, sorte de sabre ou d'épée, du mot françois *blanc*, à
cause du brillant de son acier, suivant Le Duchat (notes sur
Rabelais, Pantagruel, liv. IV, chap. 34, not. 1); ou, suivant
d'autres, du latin *frangere, fractum;* la lettre *f* changée en *b*.
Ces étymologies me paroissent au moins douteuses.

BRAVANTE, *partic. présent fém.* du verbe *braver*. Dans le
XVI.ᵉ siècle, le participe présent pouvoit se décliner, et notamment prendre la terminaison féminine, lors même qu'il
étoit suivi d'un régime direct. C'est ainsi qu'on lit, page 150 :

   Et tendrement *gémissante*
   La grand'cruauté d'Amour;

page 109 : *A D. Louïze, des Muses ou premiere ou diziéme
couronnante la troupe*, et page 58 : *S'adressans tousiours à eus,
et leur faisant visage plus riant...* Dans ce dernier exemple, le
premier participe est décliné, et, par une bizarrerie remarquable, le second ne l'est pas. Du reste, les exemples qu'on pourroit citer de passages où le participe est resté invariable, seroient plus nombreux que les exemples contraires. Souvent
Louise Labé, de même que les autres écrivains de son temps,
donne la marque du pluriel aux participes se rapportant à des
sujets féminins pluriels, sans leur donner la terminaison féminine, comme : *Tant de commoditez prouenans aus hommes*,
page 32 ; *grandes chausses de laine venans à mycuisse*, page 35 ;
leurs afeccions estans plus grandes, page 60; *les pourettes.....
n'ayans la commodité de s'eslongner,.... chassans Amour auec
autre Amour*, page 65.

BRAVE, beau, bien paré. Nos paysans emploient encore le mot *brave* dans ces deux acceptions.

<blockquote>En étoit-il quelqu'une de plus *brave!*
(LA FONTAINE, le Calendrier des vieillards, conte.)</blockquote>

BRIARE, Briarée, géant fabuleux. Malherbe a dit aussi *Briare* pour *Briarée* dans ses fragments :

<blockquote>*Briare* avoit cent mains, Typhon avoit cent testes.</blockquote>

BRIEF (d'où *brièveté*, qu'on écrivoit d'abord *briefueté*), bref, court. *En brief*, en abrégé, en peu de mots.

BROVILLIZ, brouilleries, troubles, divisions.

BRVNETTES, sorte de fleurs. Voy. note 232.

C.

CANACE, Canacé. Voy. note 58.

CARME, vers, du latin *carmen*, tiré lui-même du grec *chairó*, je me réjouis.

CAROLER, danser, du latin *chorus. Carole*, danse. Videtur dici quasi *choreola*, NICOD. Voy. M. Pougens (Archéol. franç., tom. I, pag. 103.) *Caracoler* vient peut-être de *caroler*.

CAS, condamnation, disposition d'un jugement. *Si vous ordonnez quelque cas contre Folie*, page 46, si vous prononcez quelque condamnation contre la Folie. — Hasard, accident, événement, circonstance. *Vous aportant tousiours quelque cas de nouueau pour rendre vos banquets plus plaisans*, même page, faisant toujours naître quelque circonstance nouvelle pour rendre vos banquets plus agréables. *Quelque cas d'importance*, quelque affaire importante, quelque chose d'important.

CAVT, CAVTE, prudent, fin, rusé, subtil, du latin *cautus*, d'où le vieux substantif *cautele*, et l'adjectif *cauteleux* dont nous nous servons encore dans le style comique ou familier. *Le caut de son parler*, page 130, l'adresse, la finesse de son langage.

CAVTEMENT, prudemment, etc.

CE. *Ce pendant*, cependant. On trouve souvent dans les anciens auteurs, *ce temps pendant*, dont *ce pendant* paroît être l'abrégé. *Outre ce*, outre cela. *Pour ce*, pour cela. *A ce que*, afin que. *De ce vient*, de là vient.

CELVY, CELLE, ce, cette. *Celle gentile Damoiselle*, page 117, cette gentille demoiselle. *Celle harpe Methimnoise*, page 154, cette harpe Méthymnoise. Voy. note 258.

CERIMONIEVS, EVSE, cérémonieux. On disoit aussi *cerimonie*, conformément au latin et à l'italien *cerimonia*. (Ménage, Observ. sur la langue franç., chap. LIV.)

CERNE, rond, cercle, tour, du latin *circinus*, d'où *cerner* et *cerneau*.

CERVERIN, sorte d'arbuste. Voy. note 228.

CESSER. *Les ieunes Dames ne cesseront qu'elles n'ayent*, etc., page 57, les jeunes dames s'impatienteront, n'y tiendront pas, jusqu'à ce qu'elles aient, etc.

CESTVY CY, CESTE CY, ou CETTE CY, celui-ci, celle-ci.

CHACVN, chaque. *Chacun soudart estranger*, page 146. *Chacun Prince la louoit*, page 136. La Fontaine (liv. II, fabl. 20) a dit de même *chacune sœur* pour *chaque sœur*.

CHALOIR, se mettre en peine, s'inquiéter, se soucier. *Il ne me chaut*, je ne me soucie pas, je ne m'embarrasse pas, il ne m'importe. « *Ce vieux mot* vient du latin *calere;* et il est sur-
« prenant que Ménage qui veut bien que *non-chalant* vienne de
« *non calens*, ne veuille pas que *chaland* vienne de *calens;* quoi-
« que le *forum aleatorium calefacere* d'Auguste dans Suétone,
« soit proprement *achalander un breland*. » (LA MONNOYE.)
Voy. NONCHALOIR.

CHAPON. *Se coucher en chapon le morceau au bec*, proverbe dont j'ai donné l'explication, note 46.

CHARACTERE, caractère. *Faiseurs de characteres*, charlatans, qui font des caractères magiques.

CHEF, tête, du grec *képhalé*, suivant Henri Estienne, ou de l'italien *capo*, dérivé du latin *caput*, suivant Ménage.

Cigne. Voy. Cyne.

Cil, celui. « *Cil* a été dans ses beaux jours le plus joli mot « de la langue françoise : il est douloureux pour les poëtes qu'il « ait vieilli. » (La Bruyère, Caractères, chap. xiv, *De quelques usages.*)

Circe, Circé, habile magicienne, personnage fabuleux. « Ronsard, dans le Recueil de ses sonnets (sonnet 76), a dit *Circe* (comme Louise Labé) :

« Qu'on ne me vante plus d'Ulysse le voyage,
« Qui ne vit en dix ans que *Circe* et Calypson;

« Et M. Gombaud, dans son Ode à M. Séguier, chancelier de « France :

« Arriere *Circes* et Meduses.

« Mais M. de Voiture a dit *Circé :*

« Quelle docte *Circé*, quelle nouvelle Armide, etc.

« On peut dire *Circe* en vers, comme nous l'avons déjà ob-« servé; mais en prose il faut dire *Circé*. » (Ménage, Observ. sur la langue franç., chap. clv.) Aujourd'hui *Circé* a prévalu, et aucun de nos écrivains n'oserait dire *Circe*.

Citre, guitarre, du latin *cythara*.

Clan, rivière. Voy. note 253.

Cleopatra, Cléopâtre. Voy. note 80.

Colombelle, diminutif de *colombe*, petite colombe. Marot a employé ce mot.

Combien qve, bien que, quoique. *Et combien qu'il en pousse l'une*, page 57, et bien qu'il pousse l'une.

Command (a Dieu te), je te recommande à Dieu. C'étoit l'ancienne manière de dire *adieu*, répondant au *vale* des Latins. Les gens du peuple et les paysans s'en servent encore dans quelques provinces. Le salut, l'*ave* ou *salve* des Latins, s'exprimoit par *Dieu te gard, Dieu vous gard. Gard* est un ancien mot, ou l'abrégé de *garde*, comme *command'* est pour *commande*, commendo. Je transcrirai ici une note assez curieuse

de M. Courier au sujet de la seconde de ces expressions: « *Dieu*
« *te gard.* — Ancien souhait ou salut. Molière: *Dieu te gard,*
« *Cléanthis.* Cette locution a été souvent méconnue par les
« éditeurs de nos poètes. Dans un quatrain à la louange du
« prince de Condé, chef des Huguenots, sous Henri III:

> « Ce petit homme tant joli,
> « Qui toujours cause et toujours rit,
> « Et toujours baise sa mignonne.
> « Dieu gard de mal le petit homme.

« Voltaire lui-même a cité *Dieu garde mal le petit homme,*
« croyant que c'étoit une allusion à la mort de ce prince, qui
« fut tué à Montcontour. Mais c'est une faute d'imprimeur. La
« Fontaine, à la fin du conte des Troqueurs:

> « Or n'est l'affaire allée en cour de Rome,
> « Trop bien est-elle au sénat de Rouen.
> « Là le notaire aura du moins sa gamme
> « En plein bureau. *Dieu garde sire Oudinet*
> « D'un conseiller barbon et bien en femme,
> « Qui fasse aller la chose du bonnet.

« Ces vers sont ainsi rapportés dans la nouvelle Vie de La Fon-
« taine. Lisez, pour le sens et la mesure, *Dieu gard sire Ou-*
« *dinet,* comme La Fontaine lui-même a dit: *Dieu nous gard*
« *de plus grand'fortune.* Faut-il s'étonner que les textes grecs
« et latins soient altérés, quand nous voyons nos auteurs même
« estropiés de cette façon!»(Pastorales de Longus, ou Daphnis
et Chloé, traduction de Messire Jacques Amyot, 5.ᵉ édit.,
Paris, in-8.º, *notes,* pag. 275.)

Comme, que. *Aussi bien comme moy,* aussi bien que moi.
Aussi loin comme, aussi loin que. *Autant de bien, comme me-*
rite, etc., autant de bien qu'en mérite, etc. *Ainsi comme,* ainsi
que. Voy. le chap. CCXXXV des Observ. de Ménage, sur la lang.
franç., intitulé: « *Si* et *aussi* comparatifs, suivis de *comme,* »
où sont cités des auteurs qui se sont servis de la même locution
beaucoup plus récemment que Louise Labé.

COMMVN, peuple, vulgaire, public. *Le commun populaire*, le vulgaire, le peuple, la populace. Nous disons encore *le commun des hommes*, et *un homme du commun*.

CONFORT, aide, encouragement, consolation, soulagement. Il existoit à Lyon une chapelle dédiée à *Notre Dame de Confort* (*Nostra Domina Confortatrix*), qui étoit à l'entrée de la rue St-Dominique, et qui fut démolie à l'époque de l'ouverture de cette rue, en 1562. C'est de là que la place *des Jacobins* s'appeloit place *Confort*, et qu'une rue aboutissant sur cette place conserve le nom de rue *Confort*. On trouve ce mot dans le Dictionnaire de l'Académie, ainsi que les verbes *conforter*, *déconforter* et *réconforter*, et les substantifs *déconfort* et *réconfort*.

CONGNOY (IE), du verbe *congnoitre*, je connois.

CONGREGACION, rassemblement, attroupement. Il ne se dit plus que dans le sens d'assemblée ecclésiastique ou religieuse.

CONQVERRE, conquérir.

CONSISTOIRE, assemblée. *Le consistoire des Dieus*, l'assemblée des Dieux, devant laquelle a lieu le *Debat de Folie et d'Amour*. La Fontaine (Belphégor, conte) appelle *consistoire* l'assemblée des démons. Ce nom ne se donne plus qu'à certaines réunions ecclésiastiques, c'est-à-dire, à celles du pape et des cardinaux pour les affaires de l'église, et à celles des ministres protestants pour les affaires de leur religion.

CONSOMMER, consumer, anéantir, détruire. Il ne signifie plus aujourd'hui que *perfectionner, achever, terminer*, excepté lorsqu'on l'applique aux denrées qui se détruisent par l'usage. Long-temps après Louise Labé, on s'en servoit encore dans le sens de *consumer*, au physique comme au moral. Ménage en cite plusieurs exemples (Observ. sur la lang. franç., chap. CCX). J'y ajouterai le suivant : « Excepté la sagesse qui seule leur ou-« uriroit les yeux pour s'empescher de nourrir ce qui les *con-« somme* (comme le bois fait le feu). » (Printemps d'Yver, fol. 220 recto.)

CONTE, *s. m.*, compte. *Faire conte de quelcun*, compter sur quelqu'un.

CONTÉ, comté, terre dont le seigneur porte le titre de *Comte*.

CONTENANCES, *plur.*, gestes, postures, dispositions du corps. Il n'est plus usité qu'au singulier.

CONTER, *v. a.*, compter. Le *p* que nous mettons actuellement dans ce mot et dans ses dérivés, ne se prononce pas; mais il sert à faire distinguer *compter*, nombrer, de *conter*, raconter. Ces deux verbes, dont le sens est si différent, ayant une origine commune, on ne doit pas s'étonner qu'on les ait confondus : ils viennent l'un et l'autre du latin *computare*, dont nous avons tiré aussi, mais plus directement, *computer*.

CONTOVRNEMENT, contour, action de contourner.

Du vif mourant *contournement* des yeus, page 107.

CONTREFOVDRE, seconde foudre, second tonnerre émule ou rival du premier. *Contresenteur* se lit dans un écrivain du même temps pour signifier une odeur destinée à neutraliser l'effet d'une autre.

CONTEGARDER, défendre, garder.

CONTREINDRE, contraindre. *Ie contrein, ie contreingnoy, contreingnant.*

CONVERSER, *v. a.*, fréquenter, vivre avec, du latin *conversari*. *Conuerser priuément et domestiquement les personnes qu'il aymera*, page 43.

COQVILLES. *Ce n'est à moi à qui tu dois vendre tes coquilles*, page 8, ce n'est pas moi que tu tromperas. On ne trouve l'origine de cette expression proverbiale encore usitée, ni dans les excellentes Matinées Sénonoises de l'abbé Tuet, ni dans le Dictionnaire des Proverbes, publié en 1821.

CORAL, corail. Ronsard dans une de ses chansons :

> Douce Maistresse, touche,
> Pour soulager mon mal,
> Ma bouche de ta bouche,
> Plus rouge que *coral*.

CORALLIN, de corail. *Ta bouche coralline*, ta bouche vermeille comme le corail.

CORDELLE, diminutif de *corde*.

CORNET, cor, cor de chasse, du latin *cornu*.

COVLOMNE, colonne, du latin *columna*.

COVLPABLE, coupable, de *coulpe*, du latin *culpa*.

COVP. *A ce coup*, cette fois. *Tout à un coup*, tout-à-coup, tout à la fois.

COVPLE, *s. f.* Ce mot est actuellement masculin. Voy. Ménage (Observ. sur la lang. franc., chap. LXXIV).

COVRAGE, courage, cœur, du latin *cor*, auquel on ajouta dans la basse latinité la terminaison *agium*, ou de *cordis actio*, ou de l'italien *coraggio*. M. de Maistre (Soirées de St-Pétersbourg, 1821, in-8.°, tom. 1, pag. 123 et 189) paroît avoir trouvé ces étymologies trop vulgaires, et en donne une autre que je crois plus ingénieuse que solide : « Êtes-vous curieux, « dit-il, de savoir comment *nos ancêtres* unissoient les mots à « la manière des Grecs ! je vous citerai celui de *courage*, formé « de *cor* et de *rage*, c'est-à-dire, *rage du cœur*, ou, pour mieux « dire, *exaltation, enthousiasme du cœur* (dans le sens anglais « de *rage*). Ce mot fut, dans son principe, une traduction très « heureuse du *thymos* grec qui n'a plus aujourd'hui de syno- « nyme en françois. — *Je disois en mon courage : Si le Roy s'en « alloit*, etc. (Joinville, dans la collection des Mémoires, etc., « tom. I.) Cette phrase est tout-à-fait grecque, *Egó de en tó « thymó mou elegon*, etc. — Au milieu du XVI.ᵉ siècle, ce mot « de *courage* retenoit encore sa signification primitive. *Le vouloir « du Dieu tout-puissant lui changea le* courage (voy. le Sauf- « conduit donné par le Souldan au sujet du Roi tres-chrestien, « à la fin du livre intitulé : Promptuaire des conciles, etc., « Lyon, de Tournes, 1546, in-16, pag. 208). *Cor*, au reste, a « fait *cœur*, en vertu de la même analogie qui de *bos* a fait *bœuf*; « de *flos*, fleur; de *cos*, queux; de *votum*, vœu; de *ovum*, œuf; « de *nodus*, nœud, etc. » Toutes ces remarques sont justes, excepté la première; car je ne pense pas qu'on accorde facilement à leur auteur que le mot de *rage* soit pour quelque chose dans la composition de celui de *courage*. *Courage* se trouve dans les œuvres de Louise Labé avec le sens qu'il a dans les passages des Mémoires de Joinville et du Promptuaire des conciles, cités par M. de Maistre.

COVRT, cour. *Faire la court*, faire la cour.

COVRTINE, rideau de lit, du latin *cortina*.

COVSTVMIER, ERE, habitué, qui a l'habitude, la coutume.

COY, COYE, *quoy*, *quoye*, *adj.*, tranquille, paisible, en repos, du latin *quietus*.

CREINDRE, craindre. *Ie crein, ie creingnoy, creingnant*.

CRESPES, bouclés, crêpés, du latin *crispus*.

CRESPILLON, boucle de cheveux, frison.

CROIRE (FAIRE A), faire accroire. Ailleurs on trouve *faire acroire*.

CROITRE (avec le sens actif), augmenter, faire croître, accroître. On en trouve des exemples dans des auteurs beaucoup plus récents que Louise Labé:

> Qu'à des cœurs bien touchez tarder la jouissance,
> C'est infailliblement leur *croistre* le desir.
> (MALHERBE.)

> Mais la plus belle mort souille notre mémoire,
> Quand nous avons pu vivre et *croître* notre gloire.
> (P. CORNEILLE.)

CVIDER, penser, croire. *Il cuida tomber*, il faillit tomber. *Le ciel et la terre cuiderent bruler*, le ciel et la terre faillirent brûler.

CYDIPEE, Cydippe. Voy. note 84.

CYNE, *cigne*, cygne. Voy. Introduction, page 241.

CYPARISSIEN, de Cyparissus. Voy. note 229.

D.

DAMAS, sorte de fleurs. Voy. note 233.

DAMOISELLE, demoiselle. *Ma damoiselle*, mademoiselle.

DAVANTAGE (au commencement d'une période), de plus, en outre. On disoit aussi dans le même sens, *d'abondant*. (Voy. du Verdier, Bibl. franç., art. *Philippe des Portes* et *passim*.)

DECLAIRER, déclarer.

DEFAILLIR, manquer. *S'il defaut*, s'il manque ; *il defaudra*, il manquera.

DEFENSABLE, qui peut être défendu, facile à défendre. On trouve aussi dans nos vieux auteurs *defendable* et *defensible*, *indefensible*, *indefendable* et *indefensable*. M. Pougens (Archéol. franç., tom. I, pag. 119 et 280-1) regrette le premier de ces mots.

DEFORMITÉ, difformité.

DELIVRE, débarrassé, affranchi, libre, délivré, dégagé.

DEMEVRANT, reste. *Au demeurant de la face*, au reste du visage. *Le demeurant de mes cours iours*, le reste du peu de jours que j'ai à vivre.

> Mainte veuve pourtant fait la déchevelée,
> Qui n'abandonne pas le soin du *demeurant*,
> Et du bien qu'elle aura fait le compte en pleurant.
> (LA FONTAINE, la Matrone d'Éphèse.)

Au demeurant, adv., au reste. J. J. Rousseau a réhabilité cette ancienne expression, ainsi que quelques autres qu'il avoit lues dans Amyot et dans Montaigne, auteurs favoris de sa jeunesse. Avant lui, on retrouveroit peut-être difficilement *au demeurant* dans un auteur moins ancien que Costar, qui s'en est servi dans sa Défense de Voiture, imprimée en 1664.

DEMONSTRANCE, démonstration.

DEMOVREE, demeure.

DESARÇONNER EN BAS, désarçonner, mettre hors des arçons, jeter un cavalier par terre.

DESATELER, dételer. *Atteler* et *dételer* viennent, suivant quelques auteurs, du grec *telos*, fin, but.

DESCLOS, SE, ouvert. Voy. note 243.

DESCŒVVRE, découvre.

DESCONFORT, affliction, tristesse, abattement d'esprit. Voy. CONFORT.

DESEMPLVMER, plumer, dégarnir de plumes. On disoit aussi *desempenner*.

DESFACHER, *desfascher*, appaiser, calmer une personne irritée. Ce mot est un de ceux qui mériteroient d'êtres restitués à notre langage moderne.

DESIA, déjà. Voy. IA.

DESIOINDRE, désunir, disjoindre.

DESPENDRE, dépenser. *Ie despen*, je dépense; *despendu*, dépensé.

> L'auoir n'est fait que pour *despendre*.
> (Le Roman de la Rose.)

DESPITÉ (LE FRONT), le front marquant la colère, le dépit.

DESSERRER, détendre. — Lancer, envoyer, décocher.

> Dont Amour ses trets nous *desserre*, page 124,

c'est-à-dire, d'où l'Amour nous lance ses traits.

DESSVS, *prép.*, sur. *Dessus lui*, sur lui.

DESTRE, *dextre*, main droite, du latin *dextra*. Boileau a employé ce vieux mot avec bonheur dans le vers suivant du Lutrin:

> Il tire du manteau sa *dextre* vengeresse.

DESTREMENT, *dextrement*, avec adresse, d'une manière adroite. Voy. ADESTRER (S').

DESTRIER, *dextrier*, cheval de main, de bataille. Il est opposé à *palefroi*, cheval de parade, de cérémonie, et qui servoit principalement de monture aux dames. Le chap. 48 du liv. I des Essais de Montaigne est intitulé, *des Destriers;* on y lit ce qui suit : « Il me semble auoir ouï dire que les Romains auoient

« des cheuaux qu'ils appelloient *funales* ou *dextrarios*, qui se
« menoient à dextre, ou à relais, pour les prendre touts frais
« au besoing : et de là vient que nous appellons *destriers* les
« cheuaux de service : et nos romans disent ordinairement *ades-*
« *trer*, pour *accompaigner*. »

DESTROVSSER, dépouiller, voler, désarmer, vaincre, du latin *destruere*, ou de l'allemand *tross*, bagage d'une armée, dont on auroit d'abord tiré *trousse*, *troussel*, *trousseau*.

DEVIS, conversation, entretien.

DEVISE.

> Ioutes et ieus, maintes belles *deuises*
> En ma faueur sont par eus entreprises.
>
> (Élégie II.)

Deuise signifie proprement une courte pensée, ou une figure allégorique accompagnée d'une pensée, qu'un chevalier faisoit graver sur son bouclier en l'honneur de sa dame. Dans les deux vers que nous venons de citer, il est pris par métonymie pour les faits d'armes des chevaliers porteurs de *deuises*.

DEVISER, causer, converser, s'entretenir.

DIDO, Didou. « ... De *Iuno*, *Iunonis*, *Iunone*, *Dido*, *Dido-*
« *nis*, *Didone*, nous disons *Iunon*, *Didon*. Et quand nous avons
« dit *Dido*, ç'a esté de *Dido*, *Didûs*, et non pas de *Dido*, *Di-*
« *donis*. » (MÉNAGE, Observ. sur la langue franç., chap. CLV.)
Voy. SAPHON.

DIE (QV'IL), QV'ILS DIENT, qu'il dise, qu'ils disent, troisièmes personnes du présent du subjonctif du verbe *dire*. On se rappelle le fameux *quoiqu'on die* des Femmes savantes de Molière (act. III, sc. 2). *Ils dient*, troisième personne plurielle du présent de l'indicatif du même verbe.

DINE, digne. Voy. Introduction, page 241.

DISCIPLINES, instructions, études, sciences, du latin *disco*, j'apprends. *S'apliquer aus sciences et disciplines*, page 1. Les auteurs latins ont dit *disciplinæ*, au pluriel, dans le même sens.

Nous n'employons plus ce mot qu'au singulier, et nous lui donnons d'autres significations.

DISCORD, *s. m.*, brouillerie, désaccord, discorde.

<blockquote>Onq ne mis noise ou discord entre amis.
(Élégie III.)</blockquote>

« *Discord*, dans ses trois sens, ne devoit-il pas être inséparable de *discorde*; et ne devroit-on pas dire encore *un caractère inégal et discord, des esprits divers et discords, les discords qui troublent le monde!* » (MARMONTEL, Élém. de littér., art. *Usage.*) « Si l'on disoit :

<blockquote>« Ils ont de leurs discords fatigué l'univers,</blockquote>

« parleroit-on une langue étrangère? » (LE MÊME, *ibid.*)

DISCOVRIR, *v. a.*, raconter, narrer, exprimer par le discours.

<blockquote>Et la sienne destinee
En songe il lui <i>discourut</i>, page 154.</blockquote>

DISCOVRS, narré, récit, scène. Le *Debat de Folie et d'Amour* est divisé en cinq *discours*.

DISCRECION, distinction, différence, du latin *discretio*.

DONQ, *donques, doncques*, donc.

DONT, d'où. *Dont est-il venu, que de Folie!* page 54, d'où cela est-il venu, sinon de la Folie?

DOVCELET, diminutif de *doux*.

DOVCEREVS, doux. Cet adjectif ne désignoit point, comme à présent, une douceur fade.

DOVCINE, flûte douce, du latin *dulcisonus*.

DOVS, doucement. *Tout dous*, tout doucement. *En dous coulant*, en coulant doucement. On avoit fait de ces deux mots l'adjectif verbal *doux-coulant:* « La Poësie de Philippe des Portes « est *doux-coulante.* » (PASQUIER, Rech. de la France, liv. VII, chap. 6); et le verbe *doux-couler* : « Il me semble que quand « Ronsard a voulu *doux-couler*, comme vous voyez dans ses « Elegies, vous n'y trouuerez rien de tel en l'autre. » (LE MÊME, *ibid.*)

Dovsondoyant, *douxondoyant*, mot composé de *dous* (doux) et *ondoyant*. Notre langue se ploie difficilement à ces compositions de mots, si communes dans la langue grecque, dont elles augmentoient la richesse; elle n'en admet qu'un très petit nombre. Ronsard, contemporain de Louise Labé, puisqu'il naquit un an plus tôt ou la même année qu'elle, a créé beaucoup d'expressions semblables qui n'ont pas fait fortune, et qui même nous paroissent barbares. Je citerai, pour ne pas sortir des mots auxquels l'adjectif *doux* sert d'élément, *douxamer* (voy. ses Amours, liv. I, sonn. LXVII), et *douxinhumain*, dont il s'est servi plusieurs fois. Estienne Pasquier a créé *douxâpre*, dans le second livre de son Monophile. Lazare de Baïf a été plus heureux en formant le composé *aigredoux*, qui lui survit encore, et que l'usage a définitivement sanctionné.

Dovter, craindre, redouter.

Dveil, deuil.

Dvire, convenir, être au gré, plaire, instruire, conduire. *Duit*, dressé, instruit, du latin *ducere*, venu lui-même du grec *dokein*. M. de Maistre (Soirées de St-Pétersbourg, tom. I, pag. 123 et 188) découvre plus de finesse dans la création de ce mot : « Voyez, s'écrie-t-il, comment *nos ancêtres* opérèrent
« jadis sur les deux mots latins *duo* et *ire*, dont ils firent *duire*,
« *aller deux ensemble*, et, par une extension très naturelle,
« *mener, conduire*... Charron a dit... : « Celui que je veux *duire*
« et instruire à la sagesse (De la Sagesse, l. II, c. V, n. 13). »
« Ce mot naquit à une époque de notre langue où le sens de
« ces deux mots *duo* et *ire* étoit généralement connu. Lorsque
« l'idée de la simultanéité s'effaça des esprits, l'action *onoma-*
« *turge* y joignit la particule destinée en françois à exprimer
« cette idée, c'est-à-dire, le *cum* des Latins, et l'on dit *con-*
« *duire*. Quand nous disons aujourd'hui en style familier : *Cela*
« *ne me duit pas*, le sens primitif subsiste toujours ; car c'est
« comme si nous disions : *Cela ne peut aller avec moi, m'ac-*
« *compagner, subsister à côté de moi*; et c'est encore dans un

« sens tout semblable que nous disons : *Cela ne me va pas.* »
Se non è vero, è ben trovato.

E.

EBANOYER (S'), *s'esbanoyer*, s'égayer, se divertir. Voy. La Monnoye (Glossaire bourguignon, v.° *Ebanée*). On lit dans un vieux roman cité par Pasquier (Recherch. de la France, liv VII, chap 3) :

Quand li Roy ot mangié, s'appella Helinand,
Pour ly *esbanoyer* commanda que il chant...,

c'est-à-dire : Quand le Roi eut mangé, il fit appeler Hélinand, et pour se divertir lui commanda de chanter.

ELL', elle. Cette apocope n'étoit permise que pour le besoin de la mesure.

Ell' sembloit parmi l'armee
Vn Achile, ou un Hector, pages 136 et 137.

On trouvera cependant *ell' ut*, page 109, où l'*e* muet s'élidant de lui-même, la suppression en devenoit inutile. Voy. la XXXIII.ᵉ et la LXV.ᵉ remarques sur le Chef-d'œuvre d'un inconnu.

EMMANTELÉ, couvert, enveloppé d'un manteau, ou comme d'un manteau. Voy. M. Pougens (Archéolog. franç., tom I, pag. 192). L'opposé de ce mot est *démanteler*, que nous avons conservé, et qui signifie *abattre les murailles d'une ville ou d'une forteresse*. L'un et l'autre viennent de *manteau*, autrefois *mantel*, les murs d'une ville lui servant comme de *manteau*.

EMMIELEVR, qui emmielle, qui amadoue, doux, doucereux, flatteur.

EMMVRÉ, entouré de murs. Peletier écrivoit *ammuré*.

EMPENNÉ, garni de plumes, du latin *penna*. Peletier écrivoit *ampanné* : ce qui fait connoître la manière dont il prononçoit ce mot. *Empenné* se trouve dans Rabelais (Pantagruel, liv. II, chap. 16), et dans ce vers de Garnier (tragédie d'Hippolyte, 1573), où il parle de l'Amour :

Il porte comme oiseau le dos *empenné* d'aisles.

C'est d'après ces auteurs que La Fontaine a dit :

Mortellement atteint d'une flèche *empennée*.
(Liv. II, fabl. 6.)

EMPESCHÉ, embarrassé, ne sachant quel parti prendre. *Vn seul... est bien empesché alencontre de deus*, page 9.

EMPLOYER (s'), faire son emploi, son occupation, s'occuper.

EN. *S'il en y ha*, s'il y en a. — A. *Paruient en tel degré*, parvient à tel degré. *Se fiant en toy*, se fiant à toi. Peletier et Meigret écrivoient *an*.

ENAMOVRÉ, rendu amoureux. Voy. M. Pougens (Archéol. franç., v.º *Enamourer* et *s'enamourer*, tom. I, pag. 164 et 165). Ronsard (liv. II, od. 16) a dit *amourée* pour *amante*:

Comme un taureau par la prée
Court apres son *amourée*.

S'amouracher, usité aujourd'hui, n'a ni la même noblesse, ni la même harmonie, ni tout-à-fait le même sens que *s'enamourer*. Molière a créé le composé *désenamouré*.

Mais est-ce un coup bien sûr que votre seigneurie
Soit *désenamourée*, ou si c'est raillerie!
(Le Dépit amoureux, act. I, sc. 4.)

ENCERCELÉ, entouré d'un cercle, ou comme d'un cercle.

ENCHARGÉ, confié, mis à la charge de quelqu'un.

ENCLINER (s'), s'incliner.

ENCORES, encore. « Comme les poëtes ont souvent besoin « d'accourcir ou d'allonger les mots, ils ont dit *encor* et *encores*; « les prosateurs, à leur imitation, se sont servis des mesmes « mots. *Encores* n'est plus en usage ny en prose ny en vers : « pour *encor*, il est toujours usité en vers. » (MÉNAGE, Observ. sur la langue franç., chap. XXXVII.)

ENDROIT, égard, point. *En cet endroit*, à cet égard, sur ce point. *A l'endroit de*, à l'égard de.

> Je suis ton Quinzica,
> Toujours le même *à l'endroit* de sa femme.
>
> (LA FONTAINE, le Calendrier des vieillards.)

> Et le peuple inégal *à l'endroit* des tyrans,
> S'il les déteste morts, les adore vivants.
>
> (P. CORNEILLE, Cinna, act. I, sc. 3.)

Cette expression se trouve aussi plusieurs fois dans Molière.

ENGRAVÉ, inscrit, gravé.

ENROVILLÉ, rouillé, dévoré par la rouille.

ENSEIGNE, signe, souvenir. — Marque d'amitié, chose qui rappelle l'objet aimé, du latin *insignis*.

ENSEMBLEMENT, ensemble.

ENSERPENTÉ, garni de serpents.

ENSVIVRE (S'EN), s'ensuivre.

ENTORTILLONNÉ, tressé, entortillé. *Le vert entortillonné*, page 130, la couronne de verdure.

ENTREPRIS, entreprise.

> O féminin *entrepris*
> De l'immortalité gage, page 129.

EPANIR, *espanir*, épanouir, sans doute du latin *expandere*.

EREIN, airain.

ERRE, route, chemin, hâte, promptitude. *Grand'erre*, *à grand'erre*, à grande hâte.

> .... Aucuns à coups de pierre
> Poursuivirent le Dieu qui s'enfuit *à grand'erre*.
>
> (LA FONTAINE, le Fleuve Scamandre, conte.)

ES, dans, en. *Es viles*, dans les villes. *Esquels*, dans lesquels. Il est encore usité au palais. On l'a conservé aussi dans quelques locutions, comme dans *maître ès arts*. *Es* s'est dit par syncope, au lieu d'*en les*, comme *des* pour *de les*.

ESCHANGE, changement, métamorphose.

ESCLAVER, rendre esclave. Ronsard a dit : *Esclauer ma liberté*. *Esclauer* se trouve aussi dans Montaigne (Essais, I, 29), et dans les poésies de Desportes.

Escriz, écrits. *Escriz de diuers poëtes à la louenge de Louïze Labé.* On trouve ailleurs le même mot ainsi orthographié, *escrits.* Voy. notamment page 3, ligne 21, et page 81, ligne 3.

Esle, aile. On a écrit *aesle*, *aele*, *aisle*.

Eslongner, éloigner.

Esmoy, chagrin, peine, affliction. « Ne falloit-il pas laisser « à *émouvoir*, *émoi!* » (Marmontel, Élémens de littér., art. *Usage.*)

Espandre, répandre. *Espandre larmes*, verser des larmes. *Larmes espandues*, larmes versées. *Espandre son regard*, regarder, regarder au loin, autour de soi.

   Je ne sais d'homme nécessaire
  Que celui dont le luxe *épand* beaucoup de bien.
      (La Fontaine, liv. VIII, fabl 19.)

Voy. la note 4 de M. N. S. Guillon sur cette fable dans son La Fontaine et tous les fabulistes, Paris, 1803, 2 vol., in-8.°, tom. II, pag. 147.

Espessevr, épaisseur. On trouve *espoisseur* dans d'autres auteurs du XVI.e siècle.

Esplingve, *espingle*, épingle, du latin *spinula*: « Il faut dire « *épingle*. C'est comme on parle à Paris. *Eplingue* est de pro- « vince. » (Ménage, Observ. sur la langue franç., chap. CXL.)

Espoventé, *espouuenté*, épouvanté.

Espovventable, épouvantable.

Estime, *s. m.*, estime. *En tel estime*, page 32, en telle estime.

Estovr, choc, mêlée, combat, assaut, du latin *exturbatio*; d'où vient, dit Borel, le mot *estourdir*, étourdir.

Estrange, adj. des deux g., étranger, d'où le substantif *estrangeté*, qui a grande envie d'être réhabilité, et sur lequel on peut consulter M. Pougens (Archéolog. françoise, tom. I, pag. 184).

Estranger, rendre étranger, aliéner, changer.

Estreindre, saisir, serrer fortement en liant. Nous disons encore *étreindre*, *étreinte;* mais ces mots ne sont pas des plus usités, quoique nous ayons conservé l'ancien proverbe : *Qui trop embrasse, mal estreint.*

ESTVDE, soin, application, dans le même sens que le *studium* des latins.

EVVRE, œuvre. Ce substantif est tantôt masculin, tantôt féminin, dans Louise Labé. Il paroît qu'il avoit le premier de ces genres au singulier, et le second au pluriel. L'édition de 1556, in-8.°, est intitulée : *Euures de Louïze Labé Lionnoize, reuues et corrigees par ladite Dame;* et on lit dans l'épître dédicatoire à *Madamoiselle Clemence de Bourges; Ce mien euure rude et mal bati;* et dans le *Debat de Folie et d'Amour* : *L'euure fait par Praxitelle.* Quant à la manière d'écrire ce mot, La Monnoye (Glossaire bourguignon, v.° *Euvre*) remarque que « tous « nos livres, excepté ceux de quelques anciens et modernes ré- « formateurs de notre orthographe, ont toujours *œuvre.* Je ne « sache, ajoute-t-il, qu'un petit in-8.°, imprimé à Lyon chez « Jean de Tournes, 1555, où il y ait *euvre*, tout le reste de « l'impression y étant *presque* conforme à l'orthographe com- « mune. Le livre a pour titre : *Euvres de Louise Labé.* »

F.

FAILLIR et FALLOIR. Ces deux verbes dont le sens est bien différent, ont, dans Louise Labé, quelques temps qui leur sont communs. *Il failloit* s'y trouve pour *il falloit. Il faudroit* signifie également *il manqueroit*, et dans ce sens appartient au verbe *faillir*, et *il seroit nécessaire*, et alors il vient de *falloir.* — *Qu'ils faillent*, qu'ils manquent, ou qu'ils tombent en défaillance. *On ha failli*, on a fait une faute. *Il falut*, il fallut. *Qu'il fallust*, qu'il fallût.

FAME, renommée, réputation, du latin *fama.* Il existe encore des enseignes de marchands ou d'hôteliers, où on lit : *A la bonne fame.* Nous avons plusieurs dérivés de ce mot, *diffamer, diffamation, infame, infamie, fameux.* Ce sont, comme

Voltaire le dit quelque part, des enfants qui ont perdu leur père.

FANTASIE, fantaisie, imagination, du grec *phantasia*, dont la racine est *phainó*, je paroîs.

FARSEUR, farceur, comédien qui jouoit des pièces bouffonnes appelées *farces*, telles qu'étoit, par exemple, l'ancienne Farce de Maistre Pierre Patelin, faite, à ce qu'il paroît, du temps de Louis XI.

FEINGNANT, *partic. présent* du verbe *feindre*.

FELON, traître, rebelle, cruel, inhumain. « Pourquoi *félon* « et *félonie* ne se trouvent-ils plus que dans le Code crimi- « nel! » (MARMONTEL, Élém. de littér., v.° *Usage*.)

FEMMELLE, femelle, petite femme. Il paroit que ce mot n'avoit rien d'ignoble, et pouvoit se placer même dans la haute poésie.

<blockquote>Tant de flambeaus pour ardre une *femmelle*.
(Sonnet II, v. 11.)</blockquote>

FIANCE, foi, confiance.

FIANCER, confier, promettre, donner sa foi. *Se fiancer*, croire, s'assurer, se confirmer, se fier.

FILOZOFE, philosophe. Voy. Introduction, page 244.

FINER, finir. *Fineroit*, finiroit.

FLEVRER, flairer, sentir. Il signifioit aussi *exhaler une odeur*, témoin ce vers de Régnier (Sat. X):

<blockquote>Qu'il *fleuroit* bien plus fort, mais non pas mieux que roses.</blockquote>

FLOFLOTER, flotter tumultueusement, agiter ses flots. Pasquier (Recherch. de la France, liv. VIII, c. VI) n'oublie pas de citer au nombre « des mots qui par leur prononciation represen- « tent le son de la chose signifiée, que les Grecs appellent *ono-* « *matopeies* (onomatopées), » le *floflotter*, « mis, dit-il, en usage « par les Poëtes de nostre temps, pour representer le heurt tu- « multuaire des flots d'une mer, ou grande riviere courroucée. »

FLOVET, fluet, mince, grêle, délicat, diminutif du vieux mot *flou*, encore usité en peinture, *peindre flou*, peindre d'une manière légère, délicate, tendre, mot qui peut avoir été formé du latin *fluere*, couler, s'amollir, se liquéfier.

Fois (A), parfois, quelquefois. *Plus de fois*, plus souvent.

Fol, fou. *Le plus presomptueus fol du monde*, page 10. *Fol* ne se dit plus que lorsque le substantif qui le suit commence par une voyelle, *un fol amour, un fol espoir :* il en est de ce mot comme il en a été de celui de *vieil*. Voy. Vieil. Il paroît, d'après un passage du livre de Théodore de Beze, De Francicæ linguæ recta pronuntiatione (1584), rapporté par Ménage (Observ. sur la lang. franç., chap. cxi), que, quoiqu'on écrivît *fol* et *col*, on prononçoit *fou* et *cou*, comme nous le faisons maintenant, sauf quelques cas exceptés. Cependant Henri Etienne, dans ses Hypomneses de Gall. lingua (1582), citées au même endroit, regardoit cette prononciation comme vicieuse.

Font, fontaine.

Pres *la font* se vint assoir, page 142,

c'est-à-dire, se vint asseoir près de la fontaine.

Forcener, devenir furieux, forcené, perdre la raison, de *for*, hors, dehors, et de *sens*. Ce mot a été employé par P. Corneille :

Je *forcène* de voir que sur votre retour
Ce traître assure ainsi ma perte et son amour.
(La Veuve, comédie, act. v, sc. 9);

et, avec plus de bonheur, par Fénélon : « L'autorité du peuple
« est une puissance foible et aveugle qui se *forcène* contre elle-
« même, qui ne se rend absolue et ne se met au-dessus des
« loix, que pour achever de se détruire. » Voy. M. Pougens
(Archéol. franç., t. I, p. 207 et 208). Ce savant paroît n'avoir
pas connu le beau passage de Fénélon que je viens de citer.

Fors, hors, hormis, excepté, si ce n'est. Le fameux mot de François I.er : *Tout est perdu, fors l'honneur*, sera cause que de long-temps on n'oubliera le sens de cet adverbe. Tout le monde sait que François Ier, après la bataille de Pavie, envoya à la duchesse d'Angoulême sa mère, régente, une lettre qui ne contenoit que ces paroles si éminemment françoises. La princesse étoit alors à Lyon, dans le cloître de St-Just. (Voy. Colonia, Hist. littér. de Lyon, t. II, p. 506.)

FORSAIRE, forçat.

FORT, fortement.

FORVIERE, Fourvière. On trouve tantôt *Foruiere*, tantôt *Fouruiere*, dans Louise Labé et dans les auteurs de son temps. C'est une corruption de *For vieil*, *Forum vetus*. Voy. notes 195 et 249.

FRANCHISE, liberté. *Oter la franchise*, enlever la liberté. — Droit d'asyle, asyle. *Polluer la franchise*, violer un asyle, un lieu de franchise.

FRESCHE, fraîche, féminin de *frais*.

FRESCHEMENT, fraîchement.

FROISSER. Un des poètes qui ont écrit à la louange de Louise Labé, donne à ce mot plus d'énergie que nous ne lui en donnons maintenant, puisqu'il dit:

Froisser tout le labourage, page 135.

Froisser a été créé par onomatopée, à moins qu'il ne soit dérivé de *fressus* ou *fresus*, participe passé du verbe latin *frendeo*. Il est très ancien dans la langue. Il paroît que c'est récemment que sa signification primitive s'est un peu affoiblie. On lit dans le traité de la Critique, par l'abbé de St-Réal (tom. IV de ses Œuvres, pag. 235): « Je ne crois pas non plus que la faute « que font les Lyonnois en disant *froisser*, pour *chiffonner un* « *rabat*, mérite qu'on y prenne garde. »

FVIR. Louise Labé fait ce mot de deux syllabes:

Ou *fuiz* tes coursiers furieus, page 75,

c'est-à-dire, où se sont enfuis tes coursiers, etc.

Pouuoir *fuir* par ce moyen ma flame, page 82.

Cependant Sibilet (Art poëtique franç., chap. VIII) vouloit que dans ce mot *ui* fût une *diphtonge* (diphtongue). Malherbe a fait comme Louise Labé :

> Ou *fuir* ou mourir.

Mais les grands poètes modernes, nos maîtres actuels, ne comptent dans *fuir* qu'une syllabe :

> Et mes derniers regards ont vu *fuir* les Romains.
> (RACINE, Mithridate, act. V, sc. 5.)

> Je trouve au coin d'un bois le mot qui m'avoit *fui*.
> (BOILEAU, Epit. VI.)

G.

GAIGNER, gagner. *La place qui parlemente, est demi gaignee*, pages 60 et 61. Comme on le voit, ce proverbe est ancien. (Voy. l'abbé Tuet, dans son curieux ouvrage des Matinées Sénonoises, pag. 277.) L'*i* que nous avons retranché de *gaigner* est resté dans *gain*, qui en est la racine. Dès le temps où Théodore de Beze publia son traité De Gallicæ linguæ recta pronuntiatione (1584), on prononçoit *gagner;* il n'y avoit que les Picards qui continuassent de dire *gaigner*.

GAILLARDE, *s. f.*, terme de musique et de danse. Espèce de danse ancienne qu'on dansoit tantôt à terre, et tantôt en cabriolant, tantôt allant le long de la salle, et tantôt à travers. On l'appeloit aussi *Romanesque*, à cause qu'elle venoit de Rome. Thoinot Arbeau, dans son Orchésographie (Langres, 1596, in-4.°), dit que c'étoit une danse composée de cinq pas et de cinq assiettes de pieds que faisoient les danseurs l'un devant l'autre, avec plusieurs passages dont il donne la tablature, qui est de six minimes blanches et de deux mesures ternaires. (Dictionnaire de Trévoux, art. *Gaillarde*.) Voy. PAVANE.

GARCE, jeune fille. Du temps de Louise Labé, ce mot (anagramme de *grâce*) ne signifioit pas une femme de mauvaise vie, et n'avoit rien de déshonnête. *Quantum mutatus ab illo!*

GARGOVILLANT, murmurant. *Le gargouillant ruisselet*, page 116, le petit ruisseau murmurant. *Gargouiller* est actuellement un des mots les plus ignobles de la langue.

GARNIMENT, garnement. Ce mot ne s'emploie que précédé du mot *mauvais*. Du temps de Ménage (voy. ses Observ. sur la langue franç., chap. CCCLIII), on disoit encore *garniment* dans les provinces.

GARSONNEAV, diminutif de *garçon*, qui lui-même est un diminutif de *gars*, petit garçon. On a dit aussi *garsonnet* ou *garçonnet*. (Voy. M. Pougens, Archéol. franç., tom. 1, pag. 224.)

GENIAL, ALE, agréable, joyeux, divertissant, fait pour le plaisir, du latin *genialis*, dont la racine est *Genius*, divinité tutélaire, génie qui présidoit à la naissance. Chacun avoit le sien qu'il fêtoit le jour anniversaire de sa naissance. Ce jour-là on recevoit des cadeaux, et on régaloit ses amis. On lit dans Perse (Sat. v, v. 151) : *Indulge Genio*, donnez-vous du bon temps, divertissez-vous. Voy. note 102. M. Pougens a trouvé *génial* digne d'être réintégré dans le langage moderne, et l'a employé dans cette phrase de ses Contes du vieil hermite de la vallée de Vauxbuin, Paris, 1821, 3 vol. in-12, tom. II, pag. 110, lign. 13: « Que d'esprit! que d'idées pures et *génia-* « *les!* s'écria Alfred. »

GENIE, le dieu *Genius*. Voy. le mot précédent.

GENNÉ, tourmenté, mis à la gêne, à la torture. On disoit primitivement *gehenné*, du mot *gehenna*, la gêne, l'enfer, employé dans la Bible, et venu de *Gehennon* (vallée d'*Enna*), vallée près de Jérusalem, où l'on avoit brûlé des victimes humaines, et qui devint ensuite une voirie. (Voy. Pasquier, Recherch. de la France, liv. VIII, chap. 31.)

GENT, TE, aimable, agréable, joli, mignon, gentil. Les poètes marotiques en font souvent usage.

GENTILE, féminin de *gentil*, gentille. Le mot *gentil*, employé dans le sens de *laborieux, actif, diligent*, est un *lugdunisme*.

GENTILESSE, gentillesse.

GERION, Géryon, géant fabuleux. Voy. note 100.

GETTER, *ietter, iecter,* jeter. — Calculer, compter, d'où le mot *gecton, iecton, jeton.* « Les anciens se servoient pour comp-
« ter de petites pierres qu'on appeloit *calculi* (de là nos mots
« *calcul, calculer*); elles furent remplacées à Rome par des
« jetons d'ivoire. Le mot *jeton* vient, à ce que dit Ménage, du
« mot *jactus,* action de les jeter, ce qui avoit lieu en faisant les
« comptes *. Saumaise les appelle *jactones.* — Sous Louis XII,
« les jetons servoient encore à compter, ce que prouve un jeton
« de Louis XII, dont la devise est : *Qui bien iettera, son conte*
« *trouuera.* — Les rois, les princes, les seigneurs, les diffé-
« rentes corporations firent frapper des jetons pour cet usage ;
« mais l'art de compter s'étant perfectionné, les jetons n'ont
« plus servi qu'à payer honorablement le droit de présence dans
« les réunions de diverses sociétés. Les académies ont eu aussi
« leurs jetons, et les tables de jeu ont réuni tous ces jetons de
« différentes dénominations. » Cette note est extraite du journal de Dijon et de la Côte-d'Or (n.° du 23 octobre 1822), journal rédigé avec soin, dans lequel M. C. N. Amanton insère de temps en temps d'excellentes recherches philologiques et biographiques, sous le titre de Lettres bourguigonnes.

GETTEVRS DE POINTS, faiseurs de calculs magiques et astrologiques.

GLASSER, glisser ; *se glasser,* se glisser.

.... Mercure auentureus
De ciel en ciel, de lieu en lieu *se glasse.*
(Sonnet XXII.)

« Tout ainsi que Sannazar Italien en son Arcadie, fait parler

---

* « JET, suivant le Dictionnaire de l'Académie, se dit du calcul qui se fait
« par les jetons (Calculer au jet...)
« JETER, calculer avec des jetons. (Jetez ces sommes-là.... Je les ai je-
« tées, et j'ai trouvé qu'elles montent à... Apprendre à jeter.) »
(Note de M. C. N AMANTON.)

« des pasteurs en prose, dedans laquelle il *a glassé* toute sa
« Poësie Toscane : Aussi a fait le semblable nostre Belleau dans
« sa Bergerie. » (PASQUIER, Recherch. de la France, l. VII, c. 6.)
Glasser, dans ce sens, vient de *glace*, parce qu'on *glisse* sur
la glace, ou bien ce verbe, de même que celui de *glisser*, qui
le remplace aujourd'hui, n'est qu'une simple onomatopée.

GNIDIEN, Cnidien, de Cnide. Voy. note 86.

GRADIVE, Gradivus, surnom de Mars. Voy. note 248.

GRASSELET, diminutif de *gras*, grasset, un peu gras.

GRIEF, grave, sévère, rigoureux, du latin *gravis*.

GVERROYEVR, guerrier.

GVIDE, *s. f.*, ce qui sert à guider, à conduire, bride, gouvernement. Selon quelques étymologistes, *guider* viendroit du
latin *videre*, voir.

..... Print la *guide*
Du Royaume trionfant, page 134,

c'est-à-dire, prit le gouvernement du royaume, etc.

Il existe un ancien ouvrage ascétique, intitulé, *la Guide des
pécheurs*.

La *Guide des pécheurs* est encore un bon livre.
(MOLIÈRE.)

GVINDER, exhausser. On trouve *reguinder* dans La Fontaine;

Il descend, et son poids emportant l'autre part,
Reguinde en haut maître Renard.
(Liv. XI, fabl. 6.)

H.

HA (IL), il a. Quelques auteurs du temps de Louise Labé,
et Louise Labé elle-même, écrivoient ainsi la troisième personne du présent de l'indicatif du verbe *avoir*, pour la distinguer de l'article *à*. *Long tems ha*, il y a long-temps.

HAIM, hameçon, du latin *hamus*.

HALEINER. Voy. ALENER.

HARQVEBVSADE, arquebusade, coup d'arquebuse, blessure faite par une arquebuse, combat à l'arquebuse.

HAVT TONNANT (LE DIEV), Jupiter, surnommé par les poëtes latins *Altitonans*.

HAVTEIN, haut, élevé.

Des Dieux *hauteins* tous puissans, page 133.

Hautain ne se dit plus maintenant que pour exprimer une hauteur, une fierté insolente.

HAVTESSE, hauteur, fierté, grandeur. Il n'est plus usité que comme un titre d'honneur qu'on donne à l'empereur turc.

HE, hélas. *He moy miserable!* hélas! malheureux que je suis.

HEBENIN, d'ébène, de couleur d'ébène.

HEBRIEV, hébreu.

HELICONIEN, du mont Hélicon. *L'Heliconien sommet*, le sommet de l'Hélicon. M. de Gérando, de Lyon (Hist. comparée des systèmes de philosophie, 1822, 4 vol. in-8.°, tom. I, pag. 221, lign. 14), a pris cette montagne pour un fleuve : « C'est, dit-il, « des montagnes de la Thessalie que les arts descendirent dans « la Grèce. Là étoit le vallon de Tempé ; là *couloit l'Héli-* « *con*, etc. : » ce qui rappelle la bévue du poète moderne qui a parlé des *sentiers du Permesse*, et ce qui n'empêche pas que le livre de M. de Gérando ne soit un ouvrage du plus haut mérite.

HERME, Hermès, Mercure.

HERSOIR, hier au soir. Ronsard a dit dans le même sens *harsoir* (Amours, liv. II, chanson qui suit le Sonnet LXII), et Cl. Marot, *arsoir* (Élégie XII).

HEVR, bonheur, félicité, du latin *hora*, d'où sont venus *heureux, bonheur, malheur, malheureux, bienheureux*. « *Heur* se « plaçoit où *bonheur* ne sauroit rentrer ; il a fait *heureux* qui « est si françois, et il a cessé de l'être : si quelques poëtes s'en « sont servis, c'est moins par choix que par la contrainte de la « mesure. » (LA BRUYÈRE, Caractères, chap. XIV, *De quelques usages*.) Du temps de Louise Labé, on écrivoit *bon heur* en deux mots, et au pluriel *bons heurs: mile bons heurs*, page 60. Nous nous servons encore du mot *heur* dans ce vieux proverbe : « Il « n'y a qu'*heur* et malheur en ce monde. »

HEVRE (EN PEV D'), en peu de temps. Pibrac s'est servi de cette expression dans un quatrain que nous avons cité, note 95.

HIACINTE, Hyacinthe. Souvent, dans le recueil de Louise Labé, les mots dérivés du grec qui ont un *y*, sont écrits par un *i:* c'est ainsi qu'on y trouve *cigne*, *Ciprien*, *martire*, *mirte*, *Satire*, *Zopire*, etc. (Voy. Introduction, page 244). C'est aujourd'hui une faute, de même que d'écrire par un *y* les mots qui en grec s'écrivoient par un *i*. On y tombe le plus communément dans les mots qui commencent par *hip* ou *hyp*. M. Boissonade donne sur ce point la règle suivante à ceux qui ne savent pas le grec : employez un *i* toutes les fois que l'*i* est suivi de deux *p*, et un *y*, quand il n'y a qu'un *p;* dès-lors écrivez *Hippolyte*, et non *Hyppolyte ; hippodrome*, *Hippocrate*, *Hipparque*, *Hippias*, etc. ; et *hypothèse*, *hyperbole*, *hypothénuse*, *hypothèque*, *hypocrite*, *hypocondre*, etc. Pour revenir au mot *Hyacinthe*, « Du Bellay, dans sa description de la Corne d'a- « bondance, a dit *Hyacinth ;* mais ç'a esté par une licence poë- « tique, qui ne nous seroit pas aujourd'hui permise. » (MÉNAGE, Observ. sur la langue franç., chap. CLV.)

HOSTIE, victime. Ce mot, qui a conservé long-temps son ancienne acception que les poètes doivent regretter, ne signifie plus aujourd'hui que la *victime* par excellence, le pain consacré dans le saint sacrifice de la messe.

HYBERNAL, ALLE, d'hiver. M. Guéroult (Morceaux extr. de Pline) a rajeuni le vieux mot *estival* (d'été), qui se trouve dans nos anciens auteurs, et par exemple dans la Porcie de Robert Garnier (1582). *Automnal*, qui est dans nos dictionnaires, est pareillement ancien. Estienne Pasquier s'en est servi en 1583, liv. VIII, lett. 3, où il compare ses productions *aux fleurs automnales fennées* (fanées).

I.

Ia, *ià desià*, déjà.

Iambette, croc en jambe.

Ian, Jean. *Ian de Tournes*. On écrivoit plus anciennement *Iehan*, comme en latin on a souvent écrit *Iohannes* pour *Ioannes*.

Icelle, féminin d'*iceluy*, elle, la. **Icevx**, eux, ils.

Ievnesses, ouvrages de jeunesse, ce qu'on appelle en latin *juvenilia*. — Actes de jeunesse, actions qui conviennent à la jeunesse. « Pourquoi a-t-on perdu le pluriel de *jeunesse*, qui « exprimoit si bien d'un seul mot les illusions, les erreurs, les « folies de ce bel âge! » (Marmontel, Élém. de littér., art. *Usage*.)

Image, *s. m.*, image, *s. f.*

> Contemploit encor l'*image*
> Qui trop et trop lui fut beau, page 140.

Ailleurs on trouve *image* au féminin. Ce mot avoit quelques dérivés auxquels il a survécu : *Imager*, peindre; *imageur*, peintre; *imagerie*, peinture.

Immver, changer, du latin *immutare*.

Immvnde, immonde.

Impvissanter, rendre impuissant.

Indinacion, indignation. **Indine**, indigne. Voy. **Dine**.

Individv, ve, qui ne peut se diviser.

Inflamer, enflammer.

Inflvxion, influence, du latin *influxio*, racine *influo*, je coule dans.

Inflvz, influences.

Interrogver, interroger. Voltaire (l'Ingénu, chap. 1) a dit *interrogant* pour *interrogeant*, qui a la manie d'*interroger : l'interrogant bailli*. On appelle aussi *point interrogant* (mais plus souvent *point interrogatif* ou *d'interrogation*), le point grammatical qui sert à marquer l'interrogation.

IOINGNANT, joignant, *partic. prés.* du verbe *joindre. Ie ioin, ie ioingnoy.* Les conjugaisons étoient en général plus régulières qu'elles ne le sont aujourd'hui. Voy. CREINDRE, PLEINDRE, etc.

IRE, colère. « Barbazan et La Monnoye s'étonnent beaucoup
« de ce qu'on a banni le mot *ire* de notre langue, pour y sub-
« stituer celui de *colère*, qui à peine y est analogue; *cholera*
« signifie *bile, débordement de bile, colique bilieuse;* quel rap-
« port a-t-il avec *ire*, mouvement violent de l'esprit, passion
« violente ! » (J. B. B. ROQUEFORT, Glossaire de la langue romane, v.° *Ire.*) Le même auteur reconnoît ailleurs que le mot *ire*, que Malherbe s'est efforcé de conserver à notre langue, est lui-même trop court et trop foible pour exprimer ce mouvement énergique de l'âme, qui se livre à une indignation voisine de la fureur.

IRÉ, EE, irrité, en colère, *iratus*. On disoit aussi *ireux*, sujet à s'emporter, furieux.

ISSANT, sortant, du vieux verbe *issir*, dont nous avons conservé le participe passé *issu*.

ITERÉ, répété, réitéré.

IVRONGNERIE, ivrognerie.

IVS, à bas, à terre, du latin *jusum*.

Tu rueras *ius* les armes, page 150,

c'est-à-dire, tu mettras bas les armes, tu les jeteras par terre.

IVVENIL, ILE, de jeunesse, qui appartient à la jeunesse.

L.

LABERYNTER (SE), s'égarer, se perdre dans un labyrinthe. On trouve dans le Grand dictionnaire des précieuses, de Somaize, *Délabyrinther des cheveux*, pour *démêler des cheveux*.

LAIDERON, *s. m. Quelque petit laideron à la bouche torse*, page 16. Ce mot est actuellement féminin, en dépit de sa terminaison : d'où vient qu'il n'est plus masculin, lorsque nous avons conservé ce genre au mot *tendron*, qui ne s'applique aussi qu'à une femme? Du reste, il étoit déjà féminin peu de temps après Louise Labé : « La *bonne laideron* ressemble à la poulle de qui « la plume est mesprisee, et la chair estimee ; mais la belle « femme ressemble à l'hermine, de qui on estime tant la peau, « et le corps n'en vaut rien. » (Printemps d'Yver, 1572, fol. 94 verso.)

LAIRROIT, laisseroit.

LAMENTER, *v. act.*, déplorer.

De *lamenter* ma peine et ma soufrance, page 73.

LAMPEGER, briller, du grec *lampó*, auquel nous devons *lampe* et *lampion*.

LASSETÉ, lassitude.

LEDE, Léda. *Lede fille de Theste*, page 146, Léda, fille de Thestius. Thestius (ou Thespius) étoit aussi le nom du père des cinquante filles qu'Hercule en une seule nuit changea en femmes (ce fut, selon quelques auteurs, le treizième de ses *travaux*).

LEVER, enlever, arracher. *Lui leue les yeus de la teste*, page 28, lui arrache les yeux de la tête, lui tire les yeux.

LEZARD, qui blesse, du latin *lœdo, lœsum. Ta langue lezarde.*

Satyriques trop enuieux,
Escriuains de plume *lezarde*, etc.
(Cl. MAROT, Épit. XII.)

Lézard (animal) vient-il de ce mot ou de *lacerta?* Jean Marot, père de Clément, a dit :

Faux detracteurs à langues de *lezars*,
Qui de mesdire sçavez trop bien les ars...

LINE, Linus.

LION, Lyon, la ville de Lyon. On lit ce qui suit dans les Observ. de Ménage sur la langue franç. (chap. CCCXI) : «*Lion*, « dans la signification de *Lugdunum*, se doit écrire avec un *y*, « comme nos anciens l'ont toujours écrit. Cujas (liv. 27, chap. 33 « de ses Observations) : In archetypo Pandectarum Florentina- « rum scriptum est *Lyndonenses* libro ultimo de Censibus. Ut non « abs re majores nostri scripserint *Lyon* et *Lyonnois*. » Il est vrai qu'on a toujours écrit *Lyon* avec un *y*, et que ce n'est que par une innovation des réformateurs de l'orthographe, que, du temps de Louise Labé, on remplaça dans ce nom l'*y* par un *i;* mais c'est mal à propos que Cujas s'est appuyé sur la leçon *Lyndonenses* qu'il avoit trouvée dans le manuscrit des Pandectes de Florence : cette leçon est évidemment une faute de copiste, et on doit lire à l'endroit cité (c'est-à-dire, lib. L, tit. xv, leg. 8, § 1), *Lugdunenses*, comme portent toutes les éditions. La véritable étymologie de *Lyon* est inconnue, ou du moins très incertaine. Les savants, qui veulent y voir une contraction du nom latin *Lugdunum* (*Luun*), ne sont pas d'accord entre eux sur le sens de ce nom lui-même, tiré, à ce qu'il paroît, de la langue celtique. M. Cochard (Description historique de Lyon, 1817, in-12, pag. 2 et 3) indique rapidement plusieurs des nombreuses conjectures qui ont été faites sur ce sujet ; mais il ne pense pas que le mot françois *Lyon* dérive du latin *Lugdunum*. « On croit généralement, dit-il, que ce changement s'est moins « opéré par l'effet de la corruption des langues, qu'à cause du « lion que cette ville a constamment porté dans ses monnoies, « dans ses enseignes, et qu'elle adopta enfin, au temps des « Croisades, dans ses armoiries, comme une marque de sa re- « connoissance envers Marc-Antoine qui l'avoit comblée de « bienfaits, et dont le lion étoit le symbole. Colonia assure « que cette ville s'appeloit déjà *Léona*, au xii.ᵉ siècle. C'est « sans doute de ce nom que les Vaudois ou Pauvres de Lyon « retinrent celui de *Léonistes* qu'ils ont porté. »

Lon (sans apostrophe après l'*l*), l'on, on. *Et lui ha lon oté le pouuoir et moyen de guerir*, page 28, et on lui a ôté le pouvoir, etc. M. de Maistre (Soirées de St-Pétersbourg, tom. 1, pag. 124 et 191) dérive *on* de *un*, unus ; mais l'opinion la plus généralement reçue et la plus vraisemblable est celle qui le fait venir du vieux mot *hom*, homme, *homo*.

Loup-garov. Il est employé au figuré par Louise Labé, page 34. La phrase qui le précède, explique le sens dans lequel

il est pris. « On dispute sur l'origine du mot *loup-garou*. On l'a
« tiré de *lupus varius* (loup bigarré, marqueté); de *varosus*
« (*varare*, *fugere*, d'où nous avons fait *gare*, *garouage*, *égaré*,
« *evaratus*); de l'oriental *haraboth* (*noctivagus*); du celtique
« *gur* ou *ur* (*vir*). Il est fort aisé de voir que cette dernière
« interprétation, fondée sur le préjugé du petit peuple, que les
« méchants sorciers se transforment en loups, pour dévorer les
« passants, est la véritable, et que le mot signifie *loup-homme*.
« Il n'y a qu'à comparer la langue grecque, en laquelle *loup-*
« *garou* se dit *lucanthrópos* (*lupus homo*), ou l'allemande en la
« quelle il se dit *werwolf* (*vir lupus*). La crédulité, à cet égard,
« que Pline, dès son temps, appeloit *fabulosa tot sæculis*, est
« très ancienne chez les peuples Scythes, Celtes, Grecs, etc.
« Wachter rapporte là-dessus des choses fort curieuses. » Le
président de Brosses (Traité de la formation des langues, édit.
de l'an IX, tom. II, pag. 442-3). Voy. aussi l'abbé Tuet (Matinées Sénonoises, pag. 201).

Loz, *los*, éloge, louange, du latin *laus*.

> Tous renonçoient au *los* des belles actions.
> (LA FONTAINE, liv. XII, fabl. I.)

> Et s'avez *los* de bon poëtiqueur,
> Aussi l'avez de bon harmoniqueur.
> (J. B. ROUSSEAU, Épitre à M. le comte D.* C.*)

LVCVLLE, Lucullus.

LVITTEVR, *luicteur*, lutteur. *Luicte*, *luite*, lutte, du latin *lucta*. N'est-ce point de ce mot que viendroit celui de *lutin*, esprit follet, qui tourmente les hommes et *lutte*, pour ainsi dire, avec eux? On disoit anciennement *luiton* et *luicton*. Voy. Rabelais, *passim*, et La Fontaine (la Chose impossible, conte). Cette opinion ne seroit pas conforme à celle du savant évêque d'Avranches, Huet, suivant lequel *luiton* se seroit formé par corruption de *nuiton*, parce que ceux qui croient aux lutins les font apparoître ordinairement la *nuit*.

M.

MADRIGALLE, madrigal.

MAINT, TE. Voy. MEINT.

MALHEVRE (A LA), malheureusement, par malheur, de *mala hora*.

MALPLAISANT, déplaisant, désagréable.

MALVEVILLANT, *malueuillant*, malveillant, ennemi.

MARBRIN, de marbre.

MARTEL, marteau. *Donner martel en teste*, page 65, expression proverbiale que nous avons conservée, et qui signifie, donner de l'inquiétude, du souci, de la jalousie.

MASTIS, sorte de fleurs. Voy. note 233.

MAVGRÉ, malgré. Ce mot « s'est conservé dans *maugrébieu*, « jurement que le timoré Pellisson déguise en *magrebi* dans « l'impromptu qu'il rapporte fait par Blot contre Voiture. On « dit encore *maugréer*, pour *jurer, blasphémer*. »(LA MONNOYE, Glossaire bourguignon, v.° *Maugrai*.)

MEILLEVR. *Tu n'auras du meilleur*, page 8, tu seras mal traité, tu auras lieu de te repentir, tu ne triompheras pas. « Amour, « apres maintes reprises, sonna la retraite, sans sçauoir qui « *auoit du meilleur*, et donnant à chascun sa moitié du triom- « phe. » (Printemps d'Yver, 1572, fol. 266 et 267.)

MEINT, TE, adject. collectif, maint, te, plusieurs. On s'en sert dans le langage familier et dans la poésie fugitive. « *Maint* « est un mot qu'on ne devoit jamais abandonner, et par la fa- « cilité qu'il y avoit de le couler dans le style, et par son ori- « gine qui est françoise. » (LA BRUYÈRE, Caract., chap. XIV, « *De quelques usages*.) « Ménage fait venir *maint* de bien loin , « de *multùm*. Je ne lui sais actuellement point d'autre origine. » (BARBAZAN, Glossaire, page 228.)

M'ENCOR, moi encore. *Baise m'encor* (sonnet XVIII), baise-moi encore.

MENESTRIER, ménétrier, joueur d'instrument. « Quelques

« étymologistes dérivent le mot *menestrier* de *mnéstéres*, parce
« qu'ils alloient aux noces; mais le mot grec *mnéstér* signifie
« celui qui recherche une fille en mariage, et non pas celui qui
« joue à sa noce. Bourdelot donne une autre étymologie; il
« prétend que ce mot vient d'un célèbre pantomime, appelé
« *Mnester*. Charles Bouvelle dit que ce mot a été composé de
« *mimus* et d'*hist io*. L'opinion la plus accréditée et la plus re-
« cevable (c'est celle de Ménage) est que ce mot vient de *mi-
« nisterialis*, artisan, de *ministerium*, métier. On trouve souvent
« dans les anciens écrits *menestrier* pour artisan; ce mot a été
« ensuite appliqué exclusivement aux artisans en musique, aux
« joueurs de flûte et de violon; *menestrier* fut composé de *mi-
« nisteriarius*, et *ménestrel* de *ministerialis;* les Anglois disent
« *minstre*. Il n'est pas étonnant que le mot qui signifioit un
« artisan ait été appliqué aux joueurs d'instruments; les Grecs
« les appeloient de même *technitas*, et les latins *artifices: qualis
« artifex pereo*, dit Néron en mourant, c'est-à-dire, quelle
« mort pour un si grand musicien! » (A. L. MILLIN.)

MERCI, *s. f.*, miséricorde, pitié, grâce, discrétion. *Il sembleroit... que chacun tienne sa vie de ta merci*, page 10, c'est-à-
dire, de ta grâce, de ta compassion.

MESMEMENT, MESMES, *adv.*, même.

MIEN, MIENNE. *Cestuy mien estreme besoin*, cet extrême besoin que j'ai. *La naissance sienne*, sa naissance. « De ces mots
« *moy*, *toy*, *soy*, nos anciens firent uns *moyen*, *toyen*, *soyen*,
« *moye*, *toye* et *soye* (comme nous voyons dans le Roman de
« la Rose et autres vieux livres), que nous avons depuis eschan-
« gez en *mien*, *tien*, *sien*, *mienne*, *tienne*, *sienne*. Ne nous es-
« tant resté de cette antiquité que le mot de *moitoyen* que nous
« approprions aux mœurs (lisez : *au mur*), comme si nous
« voulions dire qu'il fust *mien* et *tien*. » (Œuvres d'Estienne
PASQUIER, Amsterdam, 1723, in-fol., tom. II, pag. 59, *Lettre
à Ramus.*)

MONTRE, pompe, représentation théâtrale.

Moresqve, danse à la manière des Maures, avec des castagnettes, ou des tambours de basque.

Moyen (tenir), modérer, se modérer, tenir un milieu. Voy. Pratiqver le moyen.

Moyennement, médiocrement, d'une façon moyenne.

Moyenner desplaisir, faire de la peine, affliger.

Mver, *v. a.*, changer. Ce verbe est encore dans nos dictionnaires; mais il n'y est que comme verbe neutre, et avec des significations moins générales.

Mvliebre, de femme, qui appartient aux femmes, du latin *muliebris*.

N.

Navrer, blesser, faire une plaie. Ce mot ne s'emploie plus qu'au figuré : *Un cœur navré, navré de douleur*.

Ne, ni. *Ne plus ne moins*, ni plus ni moins. *N'embrasser*, ni embrasser.

Necessitante, *fém.* de *nécessitant*, qui nécessite.

Nevf, nevve, nouveau.

> Le croissant *neuue* acroissance
> De iour en iour reprendra, page 138.

Ninfe, nymphe. Voy. Introduction, pages 244 et 245.

Noise, querelle, dispute.

> Onq me mis *noise* ou discord entre amis.
> (Élégie iii.)

> Parmi de certains coqs incivils, peu galants,
> Toujours en *noise* et turbulents.
> (La Fontaine, liv. x, fabl. 8.)

> Les si, les car, les contrats sont la porte
> Par où la *noise* entra dans l'univers.
> (Le même, Belphégor, conte.)

On s'en sert encore aujourd'hui dans le style familier.

Nonchaillance, négligence.

NONCHALOIR, avoir peu de soin d'une chose, la négliger, ne la croire pas importante, la mépriser.

<small>Ains les ont à *nonchaloir*, page 145,</small>

c'est-à-dire, mais les négligent, en font peu de cas. « Il n'y a « point de plus certain signe d'un atheiste, que de mettre à « *nonchaloir*, ou commettre quelque faute à l'encontre de son « pere ou de sa mere. » (AMYOT, trad. de Plutarque, traité de l'Amitié fraternelle.) « Encore que le style de Ronsard soit « beaucoup plus relevé que celui de Marot, si trouvera il (le « lecteur) subiect, loüant l'un, de ne mettre en *nonchaloir* « l'autre. » (PASQUIER, Recherch. de la France, l. VIII, c. 7, *ad fin.*) Le participe présent de ce verbe, *nonchalant*, nous est resté, et nous en avons fait un adjectif qui signifie *paresseux, négligent*. Voltaire regrette quelque part que, d'une infinité de mots composés que nous possédons encore, les simples ne subsistent plus. « Ce sont, dit-il, des enfans qui ont perdu leurs « pères. Nous avons des *nonchalands* (paresseux), et nous n'a- « vons point de *chalands* autres que ceux qui achètent. »

NOVVEL (DE), de nouveau. La plupart des mots terminés actuellement en *eau* l'ont été primitivement en *el : chappel, chastel, mantel, martel, damoisel, bel*, etc. De là vient la terminaison *elle* au féminin des adjectifs en *eau*. On dit encore au barreau *titre nouvel*.

NOVVELET, diminutif de *nouveau*.

NVBILEVS, EVSE, nébuleux, couvert de nuages, du latin *nubilus*.

NVITEE, *nuictee*, nuit, l'espace d'une nuit.

NYNFE. Voy. NINFE.

O.

OBOMBRER, cacher, couvrir de son ombre, du latin *obumbrare*, racine *umbra*. Brantôme s'est servi d'*adombrer*, en parlant d'Élisabeth de France, reine d'Espagne (tom. 1, pag. 193) :

« Son visage estoit beau, et ses cheueux noirs qui *adombroient*
« son teint et le rendoient si attirant que j'ay ouy dire en Es-
« pagne, que les seigneurs ne la pouuoient regarder de peur
« d'en estre espris... »

OCCIRE, tuer, du latin *occidere*. On employe encore le participe *occis* dans le style marotique et dans le langage familier.

OMBREVS, |EVSE, ombragé, couvert d'ombre. M. Delille a cherché à restituer ce mot au langage moderne :

>..................... Dans la nuit ténébreuse
> Dont un bois vaste entoure une vallée *ombreuse*,
> D'un rameau précieux se cache le trésor.
>
> (L'Énéide, trad. en vers., liv. VI.)

M. Firmin Didot s'en est aussi servi dans sa traduction de la seconde Églogue de Virgile :

> Le berger Corydon, dès l'aube jusqu'au soir,
> Cherchoit des bois *ombreux* la vaste solitude.

« *Ombreux* n'avoit-il pas sa nuance à côté de *sombre!* » (MARMONTEL, Élém. de littér., art. *Usage*.) « Si l'on disoit,

> « Respirer la fraîcheur des *ombreuses* vallées,

« parleroit-on une langue étrangère! » (LE MÊME, *ibid.*)

ONQ, onc, oncques, onques, jamais, du latin *unquam*.
ORAISON, discours. Voy. ORER.
ORDONNER, arranger, mettre en ordre.

> Et du fier Dieu qui *ordonne*
> Les puissans soudars en rang, page 147.

ORDRE, état. *Me trouueráy ie..... en tel ordre!* page 13, me trouverai-je en tel état!

ORENAVANT (D'), dorénavant, adverbe composé d'*ore*, en et *avant*. Voy. Introduction, page 247.

ORER, faire un discours, une harangue, du latin *orare*. Nous avons conservé les substantifs *orateur* et *oraison* (même dans le sens de *harangue*, puisque nous disons les *oraisons* de Cicéron); et, ce qui est plus étrange, le verbe composé *pérorer* survit aussi à *orer*, son principal élément.

Ores, *ore*, *or'*, maintenant. Répété, il signifie *tantôt* : *ores en guerre*, *ores en treues*, tantôt en guerre, tantôt en trève.

> .... Faisant *ore* un tendron,
> *Ore* un repli, puis quelque cartilage.
> (La Fontaine, le Faiseur d'oreilles, conte.)

Orgvillevs, evse, orgueilleux.

Otroy, *octroy*, don, présent, concession. Octroi désigne aujourd'hui une sorte d'impôt mis sur certaines marchandises à l'entrée des villes, et qui appartient à ces villes en vertu d'une *concession* du prince ou du gouvernement.

Otroyer, octroyer, donner, concéder, accorder. *Vous otroiriez*, vous donneriez. Voy. Introduction, page 241.

Ov, tandis que. *Ou, quand on sort de ces sages assemblees, la teste fait mal*, page 55, c'est-à-dire, tandis que, quand on sort, etc.

Ovir, plus anciennement oïr, ouïr, entendre. *J'ois* ou *j'oy, il oit, ils oyent, j'oyoy* ou *j'oyois, j'orray*. C'est aujourd'hui un verbe défectueux : il n'a ni présent, ni imparfait, ni futur. On ne s'en sert qu'au prétérit défini de l'indicatif *j'ouïs, tu ouïs, il ouït*, à l'imparfait du subjonctif *que j'ouïsse, qu'il ouït*, à l'infinitif *ouïr*, et dans les temps composés, on se sert du participe *ouï, ouïe*, et de l'auxiliaire *avoir*. Théophile a dit :

> Il ne voit que la nuit, il n'*oit* que le silence.
> (Pyrame et Thisbé, tragédie.)

M. Delille s'est emparé de ce vers dans son poème de l'Imagination, en remplaçant seulement le vieux mot *oit* ; il parle du jeune Robert égaré dans les catacombes de Rome :

> Il ne voit que la nuit, n'*entend* que le silence.

La Fontaine a fait usage de l'impératif *oyez* :

> Il ne faut jamais dire aux gens :
> Écoutez un bon mot, *oyez* une merveille.
> (Liv. iv, fab. 9.)

A l'exemple de La Fontaine, M. Viennet a dit tout récemment dans son Épître à mes amis sur le premier jour de l'an (1824) :

Oyez ce jacobin, fraîchement converti,
Qui, pour garder sa place, écrase son parti.

OVTRECVIDER, *oultrecuider*, avoir de l'insolence, de la présomption, de la témérité, verbe composé des mots *outre* et *cuider*, croire. *Si cette outrecuidee ha fait quelque desordre*, page 20, c'est-à-dire, si cette téméraire, si cette insolente, etc.

OVTRER, *oultrer*, outrager, maltraiter.

P.

PAPHE, Paphos.

PAR (A). Voy. APARSOT.

PAR, parmi, au milieu de. *Par tout*, partout. *Par ci apres*, dorénavant, à l'avenir.

PARANGONNER, égaler, comparer, du grec *paragkónizomai*, j'égale, je compare. *Parangon*, modèle, patron, comparaison.

PARANNER, perpétuer, rendre éternel, du latin *perennis*. Ronsard a dit *paranniser*. On trouve *louange perennelle* dans la Bibliothèque françoise de du Verdier (art. *Gabriel Chapuis, ad fin.*)

PAREILLE. *Receuoir pareille pour pareille*, proverbe. Nous disons encore : *Rendre la pareille*, à l'exemple des latins : *Par pari referre*. Le chapitre XIX du livre V des Méditations historiques de M. Philippe Camerarius, trad. en françois par S. G. S. (Simon Goulard, Senlisien), Lyon, 1610, in-4.°, est intitulé : *De la pareille ou peine du talion.*

PARMI, au milieu de.

Ell' sembloit parmi l'armee, etc., page 156,

c'est-à-dire, elle ressembloit, au milieu de l'armée, etc.

PAROLER, parler, du latin *parabolari*.

PARPIGNAN, Perpignan, ville de France, anciennement capitale du Roussillon, aujourd'hui chef-lieu du département des Pyrénées orientales. Quelques écrivains espagnols l'ont appelée *Parpinano*. On a supposé qu'elle avoit été fondée par *Perpenna*, et que ce capitaine lui avoit transmis son nom. Une autre tradition veut qu'elle l'ait reçu d'un nommé *Pierre Pigna* (en catalan *Pere Pinya*) qui en auroit bâti la première maison. M. A. J. Carbonell, auteur d'un poème inédit sur les Pyrénées, homme de lettres distingué, qui m'a communiqué des renseignements extrêmement curieux sur cette ville, au collège de laquelle il exerce les fonctions de professeur, regarde la dernière des étymologies que je viens d'indiquer, comme celle qui offre le plus de vraisemblance.

PASSEMESE, chant à l'italienne, propre à une danse du même nom. La *passemese* servoit autrefois d'entrée aux basses danses, et consistoit à faire quelques tours par la salle, et à la traverser par le milieu; c'est de là qu'est venu son nom. (Dictionnaire de Trévoux.)

PASSIONNER, *v. act. Passionner* une personne, lui inspirer de la passion.

PAV (LE), le Pô, fleuve d'Italie. *Pau* se rapproche davantage de son nom latin, *Padus*. Louise Labé lui donne l'épithète de *cornu*, parce qu'arrivé dans l'état de l'église, il s'y divise en deux branches.

PAVANE, *s. f.* Danse grave venue d'Espagne, où les danseurs font la roue l'un devant l'autre, comme les paons font avec leur queue, d'où lui est venu ce nom... C'étoit autrefois une danse sérieuse que les gentilshommes dansoient avec la cape et l'épée, les gens de justice avec leurs longues robes, les princes avec leurs grands manteaux, et les dames avec les queues de leurs robes abaissées et traînantes. On l'appeloit le *grand bal*, parce que c'étoit une danse majestueuse et modeste. Il s'y faisoit plusieurs assiettes de pieds, passades et fleurets, et des découpements de pieds, pour en modérer la gravité, dont la tablature est décrite dans Thoinot Arbeau, en son Orchésographie. Elle est suivie ordinairement de la gaillarde. Ce mot est commun aux langues italienne, espagnole et françoise. La *pavane*, en musique, est une pièce grave et sérieuse, qu'on bat ordinairement en deux temps. Elle est du genre des sonates, et comprise dans la seconde espèce de sonates que les Italiens appellent *sonate da camera* (Dictionnaire de Trévoux). Quelques auteurs font dériver *pavane* de *padovana*, et prétendent que ce nom lui a été donné parce qu'elle étoit originaire de la ville de Padoue, en Italie. Voy. GAILLARDE.

PEGASIEN, de Pégase, qui appartient à Pégase.

PENSER, panser. *On pense à un malade*, page 36, on panse un malade.

PENTHASILEE, Penthésilée, reine des Amazones. Voy. note 218.

PER, *s. m.*, paire, *s. f. Deus ou trois pers*, deux ou trois paires.

PERLETTE, diminutif de *perle*, petite perle.

PHEBE, Phébus. *Phebé*, Phébé.

PHEDRA, Phèdre. Voy. note 58.

PIGNÉ, peigné, du latin *pecten*, qu'on traduisoit *pigne* du temps de Louise Labé. « Le petit peuple de Paris dit *pigne ;*
« et Villon qui étoit parisien, a rimé ce mot avec celui de
« *ligne*... Ce qui fait voir que c'étoit l'ancienne prononciation
« de Paris. Aujourd'hui tous les honnestes gens de la ville et
« de la cour prononcent *peigne ;* et c'est comme il faut pro-
« noncer. » (MÉNAGE, Observations sur la langue franç., chap. CCXVIII.)

PITEVS, EVSE, triste, digne de pitié, de compassion. On se servoit aussi du négatif *impiteux*, dans le sens d'*impitoyable*.

PLAISANT, agréable, qui plait. Il ne signifioit pas encore, *qui excite le rire, l'hilarité ;* seule acception qu'il ait aujourd'hui. *Mal plaisant*, désagréable, déplaisant.

PLEINDRE, plaindre. *Ie plein, pleingnant*.

PLEINT, *s. m.*, plainte, du latin *planctus*. On a dit d'abord

plainct. Louise Labé au pluriel retranche le *t: O tristes pleins* (sonnet II).

PLEVR, larme. Il est masculin dans Louise Labé :

> Et tant *le pleur* piteus t'a molesté.
>   (Sonnet XII.)

Il l'est aussi dans ce titre d'une traduction françoise d'un poème italien d'Antonio Fileremo Fregoso, par Michel d'Amboise : le Ris de Democrite et le Pleur d'Heraclite, etc., Paris, 1547, in-8.°, et Rouen, 1550, et dans d'autres exemples rapportés par Ménage (Observ. sur la lang. franç., chap. LXXIV et CXLIV); de même que dans la Bruyère (Caractères, chap. IV, *Du cœur*, ad fin.) : *De si chers pleurs*, et dans presque tous les classiques. J. J. Rousseau (Émile) lui a cependant donné le genre féminin. Nous ne nous servons actuellement que du pluriel *pleurs*, malgré ce bel exemple de Bossuet, parlant de l'enfer : « C'est là « que règne *un pleur* éternel, » et quoique La Fontaine ait dit (liv. XII, fabl. 28) :

> *Pleur* enlaidit, douleur est folle.

Nous disons *une larme:* pourquoi ne disons-nous pas *une* ou *un pleur!* Du reste, les deux mots, *larmes* et *pleurs*, ne sont pas synonymes, et on voit aisément les nuances qui les distinguent.

PLORER, pleurer, du latin *plorare*.

PLOYER, *v. a.*, faire plier, vaincre.

> Là de sa lance elle *ploye*
> Le plus hardi assaillant, page 136.

POINGNANT, piquant, *partic. présent* de *poindre*. Voy. POINTVRE.

POINT (BIEN EN), en bon état, bien portant, bien tenu. *Mal en point*, en mauvais état. Notre mot *embonpoint* est formé de ces trois mots, *en bon point;* et c'est ainsi qu'on écrivit d'abord.

POINTVRE, *poincture*, piquure, douleur, blessure. Sa racine est le verbe *poindre*, piquer. Sur les jetons de la chambre du commerce de Lyon, est gravée cette légende :

> Suis le lion qui ne mords point,
> Sinon quand l'ennemy me *poind*,

extraite du commencement de l'Adieu de Clément Marot à la ville de Lyon (1536), ainsi conçu :

> *Adieu Lyon qui ne mords point,*
> Lyon plus doux que cent pucelles,
> Sinon quand l'ennemy te poind :
> Alors ta fureur point ne celes...

Voy. l'abbé Tuet, sur ce proverbe : *Oignez vilain, il vous poindra; poignez vilain, il vous oindra* (Matinées Sénouoises, p. 327).

POLLVER, souiller, violer. Voy. FRANCHISE.

POPVLAIRE, *s. m.*, peuple.

POSSIBLE, *adv.*, peut-être. La Fontaine, ami du style marotique, a souvent employé *possible* dans ce sens.

POVRCE QVE, parce que, attendu que. *Pour ce*, pour cela, par cette raison.

POVRTRAIT, PROTRAITVRE, POVRTRAITVRE, portrait, image. On disoit aussi *pourtraire*, faire un portrait, représenter les traits et la figure d'une personne. « Comme il est escrit par « blasme que tous les bons Roys seroient aisement *pourtraicts* « en un anneau, les mauuais Roys de France y pourroient mieux : « tant le nombre en est petit. » (DU TILLET, Recueil des Roys de France.)

POVRE, pauvre. « Meigret, en sa Grammaire Françoise, es- « crit *pouvre* et *sarions*; d'autant que vray-semblablement, sa « prononciation estoit telle, et je croy que celuy qui a la langue « françoise naïfve en main, prononcera, et par conséquent es- « crira, *pauvre* et *sçaurions*. » (Estienne PASQVIER, Lettres, liv. III, lett. 4, *à monsieur Ramus.*) On a écrit aussi, avant et depuis Louise Labé, *paoure*. — *Pourement*, pauvrement. *Pouret, ette*, pauvret. *Poureté*, pauvreté.

PRATIQVER LE MOYEN, faire en sorte, se procurer le moyen.

PREE, *s. f.*, pré. « Ce mot estoit autrefois fort en usage. « Marot, dans la 1.re églogue de Virgile :

> « Heureux vieillard, désormais en ces *prées*,
> « Entre ruisseaux et fontaines sacrées,
> « A ton plaisir tu te rafraischiras.

« Ronsard (liv. II, od. 16) :

> « Comme un taureau par la *prée*
> « Court apres son amourée.

« Nous le disons encore en Anjou où nous mettons différence « entre *pré*, *prée* et *prairie*. Nous appelons *un pré*, un petit « pré; *une prée*, un grand pré; et *une prairie*, une grande com- « mune sans clôture, et le long d'une rivière. Mais on ne dit « plus *prée* ni à la cour, ni à Paris. Il ne faut donc plus le dire. » (MÉNAGE, Observ. sur la langue franç., c. CCXXVIII.)

PRESCHEMENT, prédication, exhortation.

PRESENT (DE), à présent.

PREVDHOMMIE, honnêteté, sagesse, probité, vertu, du latin *prudens homo*, dont on fit d'abord *preudhomme*. *Se fiant sur la preudhommie de sa femme*, page 40, se fiant à la vertu de sa femme.

PREVVE, épreuve.

PRINT, prit, *troisième pers. sing. du préterit* du verbe *prendre*. *Prinrent* ou *prindrent*, au pluriel, prirent.

PRIVEMENT, en particulier.

PROCHASSER, *pourchasser*, procurer. Ce verbe signifioit en- core *poursuivre, solliciter, s'efforcer d'obtenir*.

PROTRAITVRE. Voy. POVRTRAIT.

PROVFIT, profit. *Proufiter*, profiter. *Proufiter en publiq*, pro- fiter au public.

PVCELLE, pris adjectivement. *La bande pucelle*, les Muses, les neuf sœurs. La Fontaine a dit *puceau* au masculin, dans Joconde :

> Ie la tiens pucelle sans faute,
> Et si pucelle qu'il n'est rien
> De plus *puceau* que cette belle.

Le chap. 22 du liv. VIII des Recherches de la France, d'Estienne Pasquier, porte ce titre : « De ce que par maniere de « gausserie, on appelle *puceaux* ceux qui au soufle de leur ha- « leine, rallument une chandelle estainte. » C'est à cette plaisanterie, pour le dire en passant, que Scarron fait allusion dans ces vers de son ode burlesque sur Léandre et Héro :

> Trois fois en vain elle souffla
> Pour rendre vie à sa chandelle ;
> Mais Héro n'étoit plus *pucelle :*
> Il le faut être pour cela.

Q.

QVE, ce que. *Ie dirois que c'est*, page 19, je dirois ce que c'est. *Pour te déclarer qu'il faut faire*, page 13, pour te déclarer ce qu'il faut faire.

QVEL, lequel. *Et toy, quel des Dieus choisiras tu !* page 21.

QVELCVN, VNE, quelqu'un, une. *Quelcuns*, quelques-uns.

QVELL', quelle. *Quell' amour*, page 25. L'apostrophe marque assez inutilement l'élision de l'*e* muet, qui s'opère d'elle-même. Voy. ELL'.

QVENOILLE, quenouille.

QVESTION, cause, procès. *Cette question est entre deus amis*, page 61. On donnoit le même sens au mot latin *quæstio*, dans le temps que les procédures se rédigeoient en latin. « On écri- « voit sur le sac, *est hic quæstio inter N. et N.;* et souvent, « au lieu d'écrire *quæstio* tout au long, on mettoit seulement « *quæst.:* ce qui faisoit, *est hic quæst.;* d'où les praticiens ont « fait par corruption *étiquette.* » (Voy. l'Encyclop., art. *Étiquette*, ou les Matinées Sénonoises, pag. 386, n.° 364.)

QVICONQVE SOIS, qui que tu sois.

QVITTER. *Celui qui quitta son espouse à son ami*, page 34, celui qui abandonna, qui laissa son épouse à son ami.

QVOY, YE, tranquille, en repos, du latin *quietus*. Voy. COY.

R.

RAFRESCHIR, REFRESCHIR, rafraîchir.

RAFRESCHISSEMENT, REFRESCHISSEMENT, rafraîchissement.

RAIS, rayons. Marmontel (Éléments de littér., art. *Usage*) regrette ce mot, auquel il trouve une nuance propre qui le distingue de *rayons*. « Si l'on disoit, remarque-t-il au même en-« droit,

« De ses *rais* argentés Diane se couronne,

« parleroit-on une langue étrangère! »

RAMELET, diminutif de *rameau*, petit rameau.

RAMENTEVOIR, faire ressouvenir, rappeler à la mémoire ; *se ramenteuoir*, se ressouvenir, du latin *rursus vocare* ou *revocare ad mentem*.

> Iamais ne te vueilles vanter
> D'auancement qu'Amours te face :
> Amours de son papier efface
> Ceulx qui de leurs dames se vantent,
> *Ramenteuans* l'heure et la place,
> Quand, comment, et ou ils les hantent.
> (Le Champion des Dames, par MARTIN FRANC, f. 258.)

On a dit aussi *rememorer* et *se rememorer*, vieux mot que Voltaire a employé dans son conte intitulé, Ce qui plaît aux Dames :

Berthe au conseil alors *remémora*.

RARITÉ, rareté.

REBOVCHER, émousser, s'émousser.

RECENTEMENT, récemment.

RECEPTE, recette.

RECVEIL, accueil. *Le recueil que trouuera un fol*, page 57, l'accueil que l'on fera à un fou.

Redvire en memoire, rappeler à la mémoire, se ressouvenir.

Refreschir, refreschissement. Voy. Rafreschir, rafreschissement.

Regaigner, regagner.

Regard, égard.

Remirer, itératif de *mirer*, regarder de nouveau avec admiration.

Remvneracion, récompense, action de récompenser. Nous avons conservé le mot *remunérateur*, qui a également pour racine le latin *munus*.

Renovveav, printemps, parce qu'au printemps la nature se *renouuelle*. On l'appeloit aussi *primevere*, du latin *primus* et *ver*, nom qui est resté à une fleur qui fleurit au commencement de cette saison. « Guillaume de Lorry presuppose que ce fut en « la *primevere*, saison expressement dediée à cest exercice. » (Pasqvier, Recherch. de la France, liv. vii, chap. 3.) Toutefois le mot *printemps* dont nous usons actuellement, et qui est dérivé de *primum tempus*, premier temps, première saison de l'année, est déjà ancien. Dès 1572, Jacques Yver, jouant sur son propre nom, suivant le goût d'alors, publia un recueil de nouvelles, sous ce titre : Le Printemps d'Yver ; et, 52 ans auparavant (en 1520), Pierre Sergent, imprimeur de Paris, avoit publié un volume in-16, intitulé : Le livre de Sagesse, dont le prologue, qui est *en rime*, commence ainsi :

> Ce fut d'auril le dix septieme jour,
> En ce *printemps* que la rose entre en flour,
> Gaye saison, *que tout se renouuelle*,
> Le pré verdoye, et toute fleur est belle,
> L'hyuer se passe, et la morte saison,
> Et les oiseaux commencent leur chanson...

Du Verdier (Biblioth. franç., lett. *S*., éd. de Juvigny, tom. iii, pag. 512).

Repetassé, rapetassé, raccommodé grossièrement avec des pièces mal cousues, suivant quelques étymologistes, du grec *raptein*, coudre. *Rapetassé* est un terme bas et ignoble qu'on est étonné de rencontrer dans la satire X de Boileau :

Ses souliers grimaçans vingt fois *rapetassés*.

J. B. Rousseau l'a employé au figuré dans son Épître à Clément Marot :

Contre tous ceux qui sont assez sensés
Pour mépriser leurs vers *rapetassés*.

RESCOVS, *partic. passé* de *rescourre*, recouvré, délivré, dégagé, du latin *recuperatus*. Il signifioit aussi *exempté :*

Par vous, par votre lescherie,
Suis ie mis en la confrairie
Saint Arnoul, le Seigneur des coux,
Dont nul ne peut estre *rescoux*.
(Le Roman de la Rose.)

On a dit depuis *recourre* et *recous*. Voy. Ménage (Observ. sur la langue franç., chap. CCXXII).

RESENTIR (SE), se ressentir, sentir de nouveau.

RESPECT, rapport, relation, du latin *respectus*. *Pour ce respect*, sous ce rapport. *N'auoir point respect aus noms*, page 71, n'avoir aucun égard aux noms.

RETENDRE, tendre de nouveau.

Ton dous lut tu *retendras*, page 151,

c'est-à-dire, tu tendras de nouveau les cordes de ton luth. Le vers est duriuscule.

REVOQVER, redemander, aller chercher. *Comme iadis Orphee, reuoquer leurs amours perdues*, page 66.

RIENS, rien, du latin *rem*, accusatif de *res*, chose. Voy. Pasquier (Recherches de la France, liv. VIII, c. 53, intitulé : De cette diction, *Riens*). *Riens* avoit le même sens que *chose*, et étoit primitivement féminin.

Sur toutes *riens* gardez ces poincts :
A donner ayez clos les poings,
Et à prendre les mains ouuertes.
(Le Roman de la Rose.)

Robber, dérober. *Robber l'autruy*, page 31, dérober le bien d'autrui.

Robbon, petite robe.

Rommain, Romain.

Romme, Rome. *Romme* est plus conforme à la prononciation que *Rome :* car le nom de cette ville, tel que nous le prononçons, rime parfaitement avec *homme*, et ne rime point du tout avec *tome*, par exemple. Il est cependant quelques mots, où *ome* simple se prononce *omme*.

Rone, Rhône, le Rhône, fleuve. On écrivoit aussi, et plus communément, *Rosne* et *Rhosne*. Ce fleuve s'appeloit en latin *Rhodanus*, d'où est dérivé sa dénomination actuelle. Suivant Pline (Hist. nat. III, 4), *Rhodanus* viendroit à *Rhodiis*, des Rhodiens qui lui auroient donné leur nom : ce qui s'accorde avec l'opinion de ceux qui veulent, d'après un passage du Traité des fleuves, attribué à Plutarque, que deux princes grecs, originaires de Rhodes, nommés Momorus et Atépomarus, qui avoient été chassés du Languedoc où ils s'étoient d'abord établis, aient fondé la ville de Lyon (*Lugdunum*), environ trois siècles et demi avant que Plancus y amenât une colonie romaine. Bochart (Phaleg, III, 6) donne à ce nom une autre origine tirée de l'ancienne langue celtique ou de la langue phénicienne dont elle étoit la fille. Munster, dans sa Cosmographie, le fait venir du latin *rodo*, parce que ce fleuve *ronge* ses bords. Pétrarque avoit déjà adopté cette étymologie :

> Rapido fiume, che d'alpestra vena
> *Rodendo* intorno, onde 'l tuo nome prendi, etc.
> (Part. I, son. 173) ;

de même que Maurice Sceve, dans le CCCCXVII.ᵉ dixain de sa Délie, ainsi conçu :

> Fleuve *rongeant* pour t'attiltrer le nom
> De la roydeur en ton cours dangereuse,
> Mainte riuiere augmentant ton renom,
> Te fait courir mainte riue amoureuse,

> Baingnant le pied de celle terre heureuse
> Ou ce Thuscan Apollo sa ieunesse
> Si bien forma, qu'à iamais sa vieillesse
> Verdoyera à toute éternité,
> Et ou Amour ma premiere lyesse
> A desrobee à l'immortalité.

ROVTE. *Mettre en route*, mettre en déroute.

ROYNE, reine. Voy. SVTIL.

RVER, *v. act.*, jeter. Voy. IVS.

RVISSELET, diminutif de *ruisseau*, petit ruisseau.

S.

SACRER, consacrer.

SAGETTE, flèche, du latin *sagitta*. La Fontaine employe ce vieux mot (liv. VIII, fabl. 27). Voy. la note 12 de M. N. S. Guillon sur cette fable.

SAILLIR, sauter, faire sauter. *Te saillir hors de l'arçon*, page 150, te désarçonner. *Saillir* a perdu cette signification active; il n'est plus que verbe neutre.

S'AINSI EST, s'il est ainsi. Aujourd'hui l'*i* ne s'élide plus dans la conjonction *si*, qu'avant le pronom masculin *il*, tant au singulier qu'au pluriel. Autrefois il s'élidoit devant plusieurs autres noms commençant par une voyelle; on disoit *s'elle* pour *si elle*, *s'on* pour *si on*, *s'un*, *s'une*, pour *si un*, *si une*, etc.

SALTATION, danse, pantomime. Ce mot a été employé par plusieurs écrivains de nos jours, et notamment par M. de l'Aulnaye qui a publié un ouvrage intitulé : De la *Saltation* théâtrale.

SAPHON, Sappho. Ronsard et Desportes ont également dit *Saphon*, manière de franciser ce nom qui pèche contre l'analogie, les anciens noms en *o* ne devant être terminés en *on* que lorsqu'ils prennent en latin une *n* au génitif, comme *Cicero, Ciceronis, Apollo, Apollinis, Plato, Platonis, Dido, Didonis, Varro, Varronis, Juno, Junonis*, dont nous faisons *Cicéron, Apollon, Platon, Didon, Varron, Junon*. Voy. Ménage (Observ. sur la langue franç., chap. CLV). Le génitif de *Sappho* est *Sap-*

phûs. Cependant il y a quelques auteurs chez qui ce génitif est *Sapphonis*, et qui au pluriel disent *Sapphones*. Érasme (Encom. Moriæ, page 13) : « Ego sum Venus illa cujus favore Phaon ille « repubuit, ita ut à *Sapphone* tantopere deamaretur.» (L'ablatif *Sapphone* suppose le génitif *Sapphonis*.) Vossius (De Poëtis græcis, page 17) : « Distingue vero duas *Sapphones*, unam Ere- « triam (lisez *Eresiam*), alteram à Phaone adamatam, ut est « apud Athenæum (lib. XIII). » Il est plus conforme à la manière dont les Grecs écrivoient ce nom, de l'écrire avec deux *p* (*Sappho*) qu'avec un seul, comme on le fait aujourd'hui communément. Néanmoins, comme Pontanus vouloit qu'en latin on écrivît *Sapho*, attendu que cette langue n'admettoit pas qu'un *p* ordinaire pût être suivi d'un *p* aspiré, on pourroit dire que la même règle est applicable à la langue françoise : du moins ne trouveroit-on, je crois, dans nos dictionnaires aucun mot qui offrît ces trois consonnes *pph* placées ainsi à la suite les unes des autres.

SAYE, *s. m.*, SAYON, *id.*, habit court, justaucorps, robe de dessus, capote, du latin *sagum*, habit de guerre que les Romains avoient emprunté des Gaulois. Le Paysan du Danube, dans La Fontaine (liv. XI, fabl. 7), porte *un sayon de poil de chèvre*. Voy. la note 5 de M. N. S. Guillon sur cette fable.

SCET (IL), il sait, *tu scez*, tu sais, du verbe *savoir*. Voy. SV. C'est par erreur qu'on s'est obstiné long-temps à écrire *sçavoir* par un *c :* on supposoit que ce mot venoit de *scire*, et on conservoit le *c* pour marquer cette étymologie, tandis que, dans la vérité, *savoir* dérive de *sapere*.

SEIOVR, repos.

S'ELLE, si elle. Voy. S'AINSI EST.

SELLETTE, petite chaise, petit banc, petit siége, du latin *sella*, dont la racine est *sedeo*.

SEMBLABLE. *Semblable qu'elle*, page 142, semblable à elle. *Faire le semblable*, faire la même chose, faire quelque chose de semblable.

SEMBLANCE, ressemblance.

SEMBLER, ressembler.

> Ell' *sembloit* parmi l'armee
> Vn Achile, ou un Hector, page 136,

c'est-à-dire, elle ressembloit, au milieu de l'armée, à un Achille ou à un Hector.

> *Sembloit* au plus cler cristal, page 140.

c'est-à-dire, ressembloit au plus clair crystal.

SEMIRAMIDE (ailleurs *Semiramis*), Sémiramis, reine de Babylone. Voy. notes 58 et 216.

SENESTRE, main gauche, du latin *sinistra*. M. de Roquefort, de Lyon (Glossaire de la langue romane, 1808, t. II, p. 538), trouve ce mot bien expressif, et regrette qu'on l'ait retranché de notre langue pour y substituer celui de *gauche*, qui, dit-il, n'a pas plus de *cent vingt ans*, et dont on ignore l'origine. La remarque est juste, sauf que le mot *gauche* est plus ancien que ne le fait le savant lexicographe, puisque, dans le Trésor des recherches et antiquités gauloises et françoises, imprimé en 1655, et par conséquent 153 ans avant 1808, Borel recherche déjà l'étymologie de ce mot, et le fait dériver du vieux verbe françois *guencher*, se détourner, éviter, tourner; ce qui arrive, dit-il, quand on *gauchit*, quand on tourne à *gauche*. Ce mot remonte même plus haut : car on le trouve aussi dans le Grand dictionnaire françois-latin de Nicod, dont j'ai sous les yeux une édition de 1603; et je lis, page 210 du second volume des Méditations historiques de M. Philippe Camerarius, traduites en françois par S. G. S. (Simon Goulard de Senlis), Lyon, 1610, in-4.° : « La main *gauche* est moins habile à l'œuure que la droite; » et dans la Continuation des Amours de P. de Ronsard, Paris, Jean Dallier, 1557, in-8.° (page 95) :

> Agitoit les rougnons gaillards
> De Catin à *gauche* et à dextre.

Montaigne (Essais, liv. I, chap. 25, et ailleurs) se sert de *gauchir* dans le même sens que Borel donne à *guencher*, et enfin il emploie souvent le mot *gauche*, notamment liv. II, ch. 12 : « La raison est un pot à deux anses qu'on peult saisir à *gauche* « et à dextre. »

SENTIMENS, sens, les cinq sens. *Les plaisirs des sentimens*, page 2, les plaisirs des sens.

SEP, cep, du grec *caphos*, tortu, courbé, ou du latin *caput*, tête, chef, ou du latin *cippus*, tronc. Quelle que soit celle de ces étymologies qu'on adopte, *cep* y est plus conforme que *sep*.

SERF, SERVE, esclave, du latin *servus*.

SERRER. *Serrer les fenestres*, page 35, fermer les fenêtres.

SERVAGE, esclavage.

S'ESTANT, si étant.

SEVR, sûr, certain. Un des poètes qui ont écrit à la louange de Louise Labé, fait rimer ce mot avec *grandeur* et avec *seur* (sœur). Il y en a des exemples dans beaucoup d'autres poètes du temps, et Thomas Sibilet (Art poëtique françois, chap. VIII) approuve cette rime, quoiqu'il paroisse que *seur* (sûr) se prononçât comme nous prononçons aujourd'hui *sûr* : ce qu'il y a du moins de certain, c'est qu'on faisoit rimer le féminin *seure* (sûre) avec les mots en *ure*, tels que *nature* et *dure*. Voy. la pièce de St-Gelais, citée note 146.

SEVRTÉ, sûreté.

SI, avec cela, néanmoins, au moins, du moins. Voy. S'AINSI EST, S'VNE et S'ESTANT.

SIGNEVR, seigneur. C'est le *signor* des Italiens francisé. *Seigneur* se trouve aussi dans Louise Labé. Ce dernier mot se rapproche davantage du latin *senior*, d'où il est dérivé, aussi bien que l'italien *signor*. *Sieur, monsieur*, ont la même étymologie. Voy. Pasquier (Recherches de la France, liv. VIII, chap. 5).

SIGNEVRIE, seigneurie.

SIMOENT, Simoïs, fleuve de l'Asie mineure, dans la petite Phrygie. Il faisoit en grec *Simoentos*, au génitif.

SIMPLESSE, simplicité.

SONE, Saône, la Saône, rivière qui traverse Lyon et se jette dans le Rhône à l'extrémité méridionale de cette ville. On l'appeloit *Arar*, et plus anciennement *Brigulus*. Voy. le traité des Fleuves, attribué à Plutarque. Son nom actuel, *Saône*, dans lequel l'*a* ne se prononce pas, paroît dérivé de celui de *Sauconna*, qu'elle a porté sous le Bas-Empire. Feu M. Claude-Xavier Girault, membre de l'académie de Dijon, et correspondant de celle de Lyon, a laissé un curieux Mémoire sur les noms et la source de la Saône, Paris, J. B. Sajou, 1812, in-8.° de 26 pages: j'y renvoie le lecteur.

SONGEART, sombre, rêveur, songe-creux.

SONGNEVSEMENT, *soingneusement*, soigneusement. On écrivoit autrefois *soing* pour *soin*, et *soingner* ou *songner* pour *soigner*.

SONNER, jouer de quelque instrument de musique.

SOVCIEVS, qui prend souci à quelque chose. *Soucieus de mon bien*, s'intéressant à mon bonheur.

SOVDART, *soudard*, *souldard*, *soldard*, soldat ; au pluriel, *soudars* ou *soudarz*.

SOVEF, *soef*, doux, agréable, du latin *suavis*. *Souefuement*, *soefuement*, d'une manière douce. *Une souefflairante haleine* (MURET, Commentaire sur le sonnet XXIII du 1.er livre des Amours de Ronsard).

SOVLACIEVS, récréatif, agréable, propre à consoler, à réjouir, du latin *solatium*, d'où l'on avoit d'abord tiré *soulas*, récréation, plaisir, dont La Fontaine s'est servi plusieurs fois.

En grand *soulas* cette nuit se passa.
(La Gageure des trois Commères, conte.)

SOVLOIR, avoir coutume, avoir habitude, du latin *soleo*.

Deux parts en fit dont il *souloit* passer
L'une à dormir, et l'autre à ne rien faire.
(Épitaphe de La Fontaine, par lui-même.)

SOVVENTEFOIS, souvent.

SOVZRIS, souris, sourire.

SQVADRON, escadron. *Les noirs squadrons des Ethiopiens*, page 75. On trouve ailleurs (page 135) *escadron*, comme nous l'écrivons et le prononçons actuellement. Ce mot étoit alors nouveau : on disoit auparavant *bataillon*. Voy. Lettres d'Estienne Pasquier (liv. II, lett. 12.)

Sv (j'ay, ayant), j'ai su, ayant su. *Ie sù*, je sus. On écrivoit alors plus communément *sceu* ou *seu*, *ie sceu* ou *ie sceus*, et on a écrit ainsi encore long-temps après. Voy. Introduction, page 249.

Svcceder, avoir du succès, réussir.

Svfvmigacion, fumigation, suffumigation produite au moyen de la combustion de matières odorantes, employée principalement dans les opérations magiques.

S'vne, si une.

Svperabondant, très-abondant.

Svpernel, elle, supérieur, céleste, du latin *supernus*.

Svs, *prép.*, sur. *De sus*, de dessus. *Par sus*, pardessus.

Svtil, ile, subtil. On trouve ailleurs *subtil*, comme nous l'écrivons. Apparemment qu'à Lyon le *b* ne se prononçoit pas dans ce mot : Estienne Pasquier, dans sa lettre à Ramus (liv. III, lett. 4), blâme cette orthographe et cette prononciation. « Le « courtisan aux mots douillets, dit-il, nous couchera de ces « paroles, *reyne*, *allét*, *tenét*, *venét*, *menét :* comme nous « vismes un des Essars, qui pour s'estre acquis quelque repu-« tation par les huit premiers livres du Roman d'Amadis de « Gaule, en ses dernieres traductions de Josephe et de dom « Flores de Gaule, nous servit de ces mots, *amonnester*, *con-* « *tenner*, *sutil*, *calonnier*, *aministration*. Ni vous ni moy (je « m'asseure) ne prononcerons, et moins encore escrirons ces « mots de *reyne*, *allét*, *tenét*, *venét* et *menét*, ains demeurerons « en nos anciens qui sont forts, *royne*, *alloit*, *venoit*, *tenoit*, « *menoit*. Et quant à mon particulier, dès à present, je proteste « d'estre resolu et ferme en mon ancienne prononciation d'*ad-* « *monnester*, *contemner*, *subtil*, *calomnier*, *administrer*. En quoy « mon orthographe sera autre que celle de des Essars, puisque « ma prononciation ne se conforme à la sienne. »

T.

Tandis, tandis que.

> *Tandis* du chef ainsi trenché...
> Distiloit du sang goute à goute, page 122.

> *Tandis* rostir la perdrix on faisoit.
> (Cl. Marot.)

> *Tandis* la nuit s'en va, ses lumières s'éteignent.
> (Malherbe.)

Tant, autant. *Tant bien*, si bien. *Tant plus*, plus. *De tant plus*, d'autant plus. *Iusques à tant que*, jusqu'à ce que. *Tant que*, jusqu'à ce que, au point que, de manière que. *A tant*, alors.

Tart, arde, adj. *La tarde vespree*, page 149, le soir avancé. *La tarde seree* (Ronsard).

> Le repentir est une chose *tarde*.
> (Le même.)

Tart (a), tard, tardivement, adv.

Temples, s.f., tempes, les deux parties de la tête qui sont depuis chaque oreille jusqu'au front, du latin *tempora*. *Temple* se disoit encore du temps de Ménage (voy. ses Observ. sur la langue franç., chap. LXXIV), et on le trouve avec ce sens dans les anciens dictionnaires.

Tendrelet, diminutif de *tendre*, adj.

Thracien, de Thrace. *Le Gradive Thracien*, page 153, le Mars de Thrace.

Tovrbe, foule, du latin *turba*. J. J. Rousseau (Disc. sur l'inégalité des conditions) a dit : *La tourbe philosophesque*.

Tovrmentevr, qui tourmente. *Tourmenteurs de monde*, page 9, qui tourmentent les gens.

Tovrner, retourner.

> Pour à ton chateau *tourner*, page 149,

c'est-à-dire, pour retourner à ton château.

Tout (du), entièrement, *omninò*.

Transmuer, transformer, changer, du latin *transmutare*.

Traytrement, *traistrement*, traitreusement.

Trebucher, *v. a.*, renverser, faire tomber. Aujourd'hui ce verbe est toujours neutre, et signifie *tomber*.

>Où la droite raison *trébuche* à chaque page.
>(Boileau.)

Tremper, tempérer, modérer, du latin *temperare*. On trouve souvent dans Montaigne *attrempance* pour *modération*, *tempérance*, *continence*. *Attremper* (*adtemperare*) avoit le même sens que *tremper*. « Abelard se joüoit de son esprit comme il « vouloit, et pour *attremper* ses plus serieuses estudes faisoit « des vers d'amour en rime françoise, que l'on mettoit en mu- « sique, et se chantoient par uns et autres. » (Pasquier, Recherch. de la France, liv. vii, chap. 3). On disoit aussi *detremper* : « Achile... revenant du combat ancore tout couuert « de sueur, d'armes et de poussiere, prenoit sa lyre pour ra- « molir et *detramper* les fureurs et coleres de son ame. » (Plaidoyez de M.ᵉ Claude Expilly, Lyon, Laurant Durand, 1636, in-4.°, page 80.)

Treuver, trouver. Ce mot étoit encore en usage du temps de Molière, puisqu'on lit dans le Misanthrope, représenté pour la première fois en 1666 (act. i, sc. 1):

>Non, l'amour que je sens pour cette jeune veuve,
>Ne ferme point mes yeux aux défauts qu'on lui *treuve*.

La Fontaine en a fait pareillement usage (liv. iv, fabl. 4):

>Dieu fait bien ce qu'il fait. Sans en chercher la preuve
>En tout cet univers, et l'aller parcourant,
>Dans les citrouilles je la *treuve*.

Il s'en est encore servi ailleurs (liv. ii, fabl. 20; liv. iii, fabl. 7; et liv. v, fabl. 2). On voit dans les Observ. de Ménage sur la langue franç. (chap. clxxi), que c'étoit, de son temps, une question sujette à controverse, de savoir s'il falloit dire *treuver* ou *trouver:* il pensoit qu'en vers on pouvoit se servir du premier de ces mots. Suivant Poinsinet de Sivry, traduction de Pline l'ancien (note 14 du chap. 2, et note 1 du chap. 3 du liv. XIX), le vieux verbe gaulois *truver, treuver,* seroit la racine du mot *truffe:* conjecture que cet auteur appuie sur ce qu'en ancienne langue Thracienne, la dénomination de la *truffe* exprimoit aussi une trouvaille, un fruit fortuit et de rencontre.

TRIONFE, triomphe. *Trionfer,* triompher. *Arcs trionfans,* arcs de triomphe. Voy. Introduction, page 244.

TROP. *Trop plus,* beaucoup plus. *Trop et trop,* beaucoup trop.

TROVSSE, carquois. Ce mot ne s'emploie guères plus aujourd'hui que pour signifier l'espèce d'étui où les barbiers mettent leurs rasoirs, leurs peignes et leurs ciseaux. Cependant D. Le Brun lui a conservé son ancienne acception dans ce dixain sur Catulle et Martial :

> Le dieu Momus eut toujours deux carquois
> De traits naïfs à pointe vive et douce:
> Le premier seul arme ce dieu narquois.
> Plus brillantés dans la dernière *trousse,*
> Tant sont aigus, las! qu'un rien les émousse.
> A deux mortels son secret il apprit ;
> Par ses mots fins Martial nous surprit ;
> Mais la finesse a sa monotonie :
> De l'épigramme il n'avoit que l'esprit ;
> Catulle seul en avoit le génie.

Trousse vient de l'allemand *tross.* Voy. DESTROVSSER.

V.

VACACION, occupation, emploi.

VAGANT, qui dévague, qui erre, qui marche au hasard.

VAL, *s. f.*, vallée, vallon. *Des vaux,* des vallées, des vallons.

> Cherchant les profondes *vaux,* page 135.

Ce mot est masculin dans Ronsard (liv. I des Amours, sonnet CLXXVII) :

Au fond d'un val..........

« *Val...* n'eût-il pas dû garder sa place dans de beaux vers,
« comme *vallon!* » (MARMONTEL, Éléments de litt., art. *Usage*.)
Le mot *val* entre comme élément dans plusieurs noms de lieux:
la *Valbonne*, la *Valteline*, *Laval*, etc. Nous avons conservé le
pluriel *vaux* dans cette locution: *Aller par monts et par vaux*.
L'*aval* des bateliers et des ingénieurs, opposé d'*amont*, vient
d'*à* et de *val*, *du côté de la vallée*, *en descendant ;* d'où les
verbes *avaler; dévaler*, descendre ; *ravaler*, rabaisser. On dit
aussi *contre val*, en bas, par opposition à *contre mont*, en haut.
Quant à l'*aval* des banquiers, il n'a de commun que le son et
l'orthographe avec celui dont nous venons de parler: c'est un
abrégé des mots *à valoir*, bon pour.

VEFVE, veuve.

VENIR, devenir. *Se faire venir belle*, page 76, se faire devenir belle. *La licence des fols est venue si grande que*, etc.,
page 27, la licence des fous est devenue si grande que, etc.

VERDISSANT, qui verdit, *partic. présent* du verbe *verdir*.

VERFLORISSANT, composé des mots *verd* et *florissant*. *Florissant* est le part. présent du verbe *florir*, qui n'est plus en usage au
présent de l'infinitif, et qui n'a conservé que quelques-uns de ses
temps, dont encore on ne se sert qu'au figuré : car, au propre,
on dit *fleurir*. « Esgayé de belles et *verflorissantes* prairies. »
(Cl. BINET, *Vie de Ronsard*, 1586.) Voy. DOYSONDOYANT.

VERS, *prép.*, envers.

Il nous faut ores aquiter
Vers ce docte et gentil Fumee, page 121,

c'est-à-dire, il faut maintenant nous acquitter *envers* ce
docte, etc.

VESPREE, *s. f.*, soir, soirée, du latin *vespera*.

VESQVI (IE), je vécus, *prét. défini* du verbe *vivre*. On trouve
aussi dans les auteurs du temps, *ie vescu*. Mascaron, Fléchier,
Bossuet ont dit: *Je véquis, je survéquis*. Vaugelas admettoit

l'un et l'autre. L'Académie s'est décidée en faveur de *je vécus*, *je survécus*, et sa décision a été sanctionnée par l'usage.

Veu (j'ay, ayant), j'ai, ayant vu. Le plus souvent, Louise Labé écrit *vù*.

Veuil, vouloir, volonté, vœu.

Vid (il), *troisième personne du prétérit défini* du verbe *voir*, il vit. *Quand Vlysse vid la fumee de son Itaque*, page 62.

<blockquote>Le mieus sentant que iamais *vid* Aurore.
(Sonnet vi.)</blockquote>

La première personne du même temps étoit *ie vy*.

<blockquote>Le reconnu quand *vy* premierement,
(Sonnet xx),</blockquote>

c'est-à-dire, je le reconnus quand je le vis pour la première fois. On a écrit long-temps, *il vid*, et à la troisième personne du présent de l'indicatif, *il void*. Les premières éditions de La Fontaine offrent de nombreux exemples de l'un et de l'autre. Le *d* étoit là, en quelque sorte, un signe étymologique, *voir* dérivant du latin *videre*, *video*, *vidi*.

Vieil, vieux. *Au vieil Saturne*, page 9, au vieux Saturne. Depuis on a dit *vieux* devant une consonne, et *vieil* devant une voyelle; mais cette règle ne subsiste plus; nous ne disons plus que *vieux*, excepté dans cette locution : *Dépouiller le vieil homme*, *le vieil Adam*. *Vieil* est plus analogue au féminin *vieille*; mais il est un peu dur, surtout devant une consonne. Il existe à Lyon une rue qui a conservé son ancien nom de *rue du vieil renversé*. On appeloit encore, du temps de La Fontaine, le fameux Prince des Assassins, *le Vieil de la Montagne:*

<blockquote>Vers le levant le Vieil de la Montagne
Se rendit craint par un moyen nouveau.
(Féronde ou le Purgatoire, conte.)</blockquote>

Voy. Ménage (Observ. sur la langue franç., chap. xx).

Vogve. *Estre à la vogue du peuple*, page 53, être en vogue, être aimé, estimé par le peuple, être en grande estime auprès de lui.

VOIRE, même, du latin *verum*.

VOIS (IE), je vais, du verbe *aller*. *Ie voy*, je vois, du verbe *voir*. Les temps irréguliers du verbe *aller*, *je vais* ou *je vas*, *va*, dérivent du latin *vado*, *vade*. On a dit autrefois *voise* pour *aille*.

> Ne *voise* au bal qui n'aymera la danse.
> (PIBRAC, Quatrains.)

VOLTER, terme d'équitation, tourner, faire tourner, du latin *volutare*.

> Piquer, *volter* le cheual glorieus.
> (Élégie III.)

VOVSISSENT (QU'ILS), *qu'ils voulsissent*, qu'ils voulussent, *troisième pers. plur. de l'imparfait du subj.* du verbe *vouloir*.

VRAYEMENT, vraiment.

VS (I') ou *i'u*, tu us ou *uz*, il ut, prétérit défini. *Que i'usse, que tu usses*, qu'il ut ou *ust*, imparfait du subjonctif. *V*, participe passé. *I'ay ù, tu as ù, il ha ù*, prétérit indéfini. Ainsi se conjuguait le verbe *avoir*. Voy. HA.

VVEILLE (QVE IE), que je veuille, *première pers. du présent du subj.* du verbe *vouloir*.

VVLCAN, Vulcain. « Pour *Vulcan* et *Vulcain*, on dit l'un et
« l'autre. La question de savoir lequel des deux est le meilleur,
« a esté agitée dans l'Académie, sans y avoir esté decidée. L'o-
« pinion de M. Chapelain estoit qu'il faloit dire *Vulcan* en
« vers, et *Vulcain* en prose. Cette opinion fut réfutée par M. de
« Racan, qui dit plaisamment que, selon cette distinction, il
« faudroit l'appeler *Racan* en vers, et *Racain* en prose. Mais
« pour en parler sérieusement, je suis assez de l'avis de M. Cha-
« pelain. Je dirois *Vulcan* en vers, et dans des discours relevez;
« mais dans le discours familier, je dirois *Vulcain*. M. d'Ablan-
« court dans les premieres éditions de son Lucien avoit dit
« *Vulcan;* mais dans la derniere il a dit *Vulcain*. » (MÉNAGE,
Observ. sur la langue franç., chap. CLV.) La Fontaine a dit aussi
Vulcan:

> La sottise du prince étoit d'un tel mérite
> Qu'il fut fait *in petto* confrère de *Vulcan*.
> (Le roi Candaule et le maître en droit, conte.)

> Celui du preux Achille auroit été plus beau,
> Si *Vulcan* eût dessus gravé notre tableau.
> (Le Tableau, conte.)

L'usage actuel n'admet plus que *Vulcain*, en vers comme en prose.

Vy (ie). Voy. Vid.

Y.

Yevs. *Faire passer deuant les yeus*, page 10, expression proverbiale qui signifie, faire accroire.

FIN DU GLOSSAIRE.

ADDITIONS ET CORRECTIONS.

Page xxij, lignes 6 et 7, sur ces mots : *Pour moi, je ne me suis jamais mêlée d'affaires publiques*, mettez cette note : Rien n'annonce, en effet, que Louise Labé se soit occupée de politique, si ce n'est peut-être la manière injurieuse dont Calvin l'a traitée dans un de ses pamphlets. Voy. Notice, pag. xl. Il se pourroit qu'elle eût montré un grand éloignement pour la réforme, qu'elle se fût déclarée ouvertement contre les Huguenots, et que sa qualité de bonne catholique lui eût valu la haine de Calvin. La France étoit alors en proie à des troubles et à des déchirements, auxquels la religion servoit de prétexte, et qui finirent par amener l'horrible catastrophe de la St-Barthélemy, environ six ans après la mort de Louise Labé. Lyon fut une des villes où il se commit le plus d'excès. Les protestants avoient à cœur de s'en emparer, pour en faire le point central de leurs opérations, et, en quelque sorte, leur capitale. En 1560, sous la régence de Catherine de Médicis, gouvernant le royaume pour Charles IX, Bèze, Calvin, et Spifame, évêque de Nevers, ourdirent à Genève une conspiration dont le premier acte devoit être la prise de Lyon. Ce projet échoua par la vigoureuse résistance qu'opposèrent les bourgeois catholiques, les magistrats et le clergé; mais, deux ans plus tard, il se réalisa; Lyon tomba au pouvoir du baron des Adrets, et les protestants en restèrent maîtres pendant treize mois. Louise Labé, à ce qu'il paroit, ne partagea pas les idées d'innovation et d'indépendance qui fermentoient alors dans beaucoup de têtes, et qui ont changé la face du monde. Il faudroit cependant tirer peut-être une conclusion contraire, et effacer ce que l'auteur du Dialogue entre

Sappho et Louise Labé fait dire à celle-ci, s'il étoit vrai qu'elle eût composé un ouvrage en faveur de la liberté : or, c'est ce qu'on a supposé en 1790, à l'époque de la confédération de Lyon. Le drapeau du 19.ᵉ bataillon de la garde nationale lyonnoise, appelé bataillon de rue Belle-Cordière, est ainsi décrit dans l'Almanach de Lyon, de cette année-là, page 36 : « Louise Charly,
« femme d'un cordier, fit, en 1550, un poëme sur la liberté. Sa
« beauté et sa science ont formé l'emblême suivant : La Belle
« Cordière est vêtue simplement, assise sur un lion; une guir-
« lande de fleurs lui descend de l'épaule gauche au côté droit;
« de la main droite elle tient une pique entrelacée de lis, et
« surmontée du chapeau de Guillaume Tell, restaurateur de la
« liberté helvétique; est encore adapté à ladite pique un ruban
« sur lequel est cette légende :

« Tu prédis nos destins, Charly, Belle Cordière,
« Car pour briser nos fers tu volas la première;

« de l'autre côté du ruban est : *Belle Cordière, ton espoir n'é-*
« *toit pas vain;* audit chapeau est le panache aux trois couleurs.
« De la main gauche, elle tient son poëme sur la liberté fran-
« çoise, qui est appuyé sur un globe terrestre. Le lion tient
« sous une de ses pattes le livre de la Constitution : à côté est
« l'autel de la patrie, où brûle le feu du patriotisme; d'un côté
« est une plante d'olivier, signe de la paix, et de l'autre, une
« de laurier, signe de la gloire; des livres en désordre à ses
« pieds, qui désignent sa science. » Ainsi voilà Louise Labé transformée en ardente patriote et en écrivain libéral. Malheureusement pour ceux qui aimeroient à trouver en elle ce double caractère, il n'y a d'autre fondement à cette opinion que le poëme qu'elle auroit écrit sur la liberté, et ce poëme n'a jamais existé : il n'en est question nulle part. C'est un fait évidemment controuvé, et qui n'a pu passer qu'à la faveur de cet aveugle enthousiasme et de cette exaltation furibonde dont la France commençoit à être tourmentée, et dont les résultats, que peu de personnes prévoyoient alors, ont été si terribles.

Page xxxiv, ligne 27, 115.ᵉ, *lisez:* 215.ᵉ.

Page xlviij, ajoutez à la note qui est au bas de cette page : Poullin de Lumina donne pour un fait certain ce qui n'est qu'une conjecture. Il est probable que Louise Labé étoit membre de l'académie de Fourvière, mais aucun écrivain du temps ne nous l'apprend d'une manière positive. Quoi qu'il en soit, dans des vers adressés en 1782 à l'académie de Lyon (qui a succédé à l'académie de Fourvière, comme celle-ci avoit, s'il est permis d'employer cette expression, continué l'ancien Athénée), M. le chevalier de Cubières, célébrant l'admission de M.ᵐᵉ de Beauharnois dans cette société, dit entre autres choses :

    Sur le tombeau de Louise
    Vous versez encor des pleurs ;
    De ses talents enchanteurs
    Votre âme est toujours éprise :
    Cessez de la regretter ;
L'auteur de Stéphanie, au sommet du Parnasse
    Jalouse d'avoir sa place,
    A grands pas vient d'y monter.

Page lj, ajoutez à la note qui se termine à l'antépénultième ligne : M. D...s a donné, en l'an X, comme une traduction de l'anglois, cette petite pièce, où le sujet du *Debat de Folie et d'Amour* est traité avec une grande précision :

    AMOUR ET FOLIE.
    L'Amour et la Folie, un jour,
    Loin des regards de la Sagesse,
    Disputoient.... La vive déesse
    De dépit aveugla l'Amour.
    Soudain la faute fut punie
    Par loi de la céleste cour ;
    Et, depuis ce temps, la Folie
    Est réduite à mener l'Amour.
     (Journal de Lyon, du 15 ventôse an X, n.º 38.)

Page lv, ligne 17, et il, *lisez:* et celui-ci. Cette faute a été corrigée dans quelques exemplaires, ainsi que deux ou trois de celles qui seront indiquées plus bas.

Page lx, lignes 22 et 23, sur ces mots: *Cette anecdote démentie par tous les documents de l'histoire...*, mettez cette note: On a remarqué que la Belle Cordière, qui «commença dès l'âge « de seize ans par se distinguer sous les drapeaux de Mars, et « prit, pour ainsi dire, sa retraite auprès d'Apollon, » seroit une excellente héroïne de roman. Le romancier ne manqueroit pas de mettre en œuvre l'anecdote dont il s'agit; mais il n'auroit pas le droit de placer au bas de la page le mot : *Historique*. Au reste, le roman est sans doute déjà fait; car on assure que M. F. V. Vignon, petit-fils du célèbre Rétif de la Bretonne, a en portefeuille un ouvrage qui formeroit deux volumes au moins, et qui a pour titre : Louise Labé.

Page 165, ajoutez à la note 34 : Mirabeau, dans ses Lettres écrites du donjon de Vincennes (Paris, 1792, 4 vol. in-8.°, pag. 263-4), passe ainsi en revue les différentes versions des anciens sur la filiation de l'Amour : « L'Amour étoit fils de « Mars et de Vénus, disoit Simonide : tu vois bien que ce n'est « pas le nôtre ; c'est celui des garnisons. Selon Alcméon, il « naquit de Flore et de Zéphir : c'est bien joli ; mais Flore se « fane trop vite, et Zéphir a des ailes. Platon l'a dit fils de « la Pauvreté : c'est le dieu des filles de l'opéra. Hésiode, du « Chaos : que les ambitieux l'adorent. Mais Sapho, la tendre « Sapho, faisoit l'Amour fils du Ciel et de la Terre. Ah! Sophie, « voilà le nôtre : l'union des âmes, les délices des sens, c'est « là la volupté : double jouissance vraiment céleste, gage éter- « nel de notre fidélité. »

Page 171, ligne 33, fond, *lisez:* fonds.
Page 183, ligne 23, sa mémoire, *lisez:* son âme.
Page 222, ligne 25, placidum, *lisez:* placidam.
Page 255, ligne dernière, enseigner, *lisez:* engeigner.
Page 304, après l'art. PROVFIT, ajoutez: PVBLIQ, *s. m.*, le public. PVBLIQVE, *adj. des deux genres*, public, ique. *Aus lieus publiques et festins*, page 61.

FIN.

Liste

Des personnes qui ont fait les frais de cette édition, & entre lesquelles les exemplaires ont été partagés.

(L'astérisque indique ceux de MM. les Éditeurs qui sont membres de l'Académie de Lyon.)

MM. * Le Vicomte Paultre de la Motte, Lieutenant-général, Commandant la 19.e Division militaire.

* Le Comte de Bastard d'Estang, premier Président de la Cour Royale de Lyon, Pair de France.

* Le Comte de Brosses, Préfet du Dép.t du Rhône.

* Le Baron Rambaud, Maire de la Ville de Lyon.

Les Membres de la Chambre de Commerce de Lyon, représentée par son Président, * M. le Chevalier Mottet de Gérando.

Madame * N. de Sermézy.

MM. * Achard-James.

E. Allard.

* F. Artaud.

A. Barre.

* C. Bregbot du Lut.

P.-A. Cap.

L'Abbé Chouvy.

* N.-F. Cochard.

J.-L.A. Coste.

MM.   J.-B. Coulon.
J. de la Croix-Laval.
J. Deléglise.
* J.-B. Dumas.
* F.-M. Fortis.
James de St-Léger.
J.-A. Lambert.
* Le Comte de Laurencin.
Le Docteur Lusterbourg.
* Le Docteur Martin jeune.
Le Chevalier Mazoyer.
* J.-H. Monier.
* G. de Moyria.
Le Baron Nivière.
* A. Pericaud aîné.
L.-B. Perrin.
P.-G.-M. Phélip.
* Poupar.
* A. Regny.
* H. Revoil.
* J.-F. Richard.
Justinien Rieussec.
Roffavier.
J. Simonnet.
* H. Tabareau.
Le Docteur Terme.
De Villeneuve.

Acheué d'imprimer le XX de Iuillet de l'an M.DCCCXXIIII.

www.ingramcontent.com/pod-product-compliance
Lightning Source LLC
Chambersburg PA
CBHW052124230426
43671CB00009B/1107